Jutta Voigt

Spätvorstellung

atb aufbau taschenbuch

Jutta Voigt, in Berlin geboren, studierte Philosophie und arbeitete viele Jahre bei verschiedenen Wochenzeitungen, seit 2002 freie Kolumnistin. Im Jahr 2000 erhielt sie den Theodor-Wolff-Preis.

Im Aufbau Taschenbuch sind ebenfalls von ihr lieferbar: »Der Geschmack des Ostens. Vom Essen, Trinken und Leben in der DDR«, »Westbesuch. Vom Leben in den Zeiten der Sehnsucht« und »Stierblutjahre. Die Boheme des Ostens«.

Die brillante Feuilletonistin Jutta Voigt zeigt uns, was es heißt, jung zu bleiben, während man älter wird. Mit klugem Charme berichtet sie »aus dem Leben einer älteren Dame«, von einem Liebespaar, das nach fünfzig Jahren unverhofft wieder zusammenkommt, von einer Frau, die ihre Waschmaschine mehr liebt als ihren Ehemann, von einem Striptease am Totenbett und von einem, der seine junge Geliebte für eine Gleichaltrige verlässt, weil die »denselben Subtext in der Seele hat«. Alter und Jugend werden als untrennbar beschrieben. Das wirkt mal witzig, mal melancholisch. Die Spätvorstellung einer Generation, der die ewige Jugend zur Pflicht und das Alter zur Kür geworden ist.

»Ein starkes Buch und so schön offensiv. Das ist der Humor, den man zum Weiteraltern braucht!«

Dieter Hildebrandt

Jutta Voigt

Spätvorstellung

Von den Abenteuern des Älterwerdens

atb aufbau taschenbuch

MIX
Papier aus verantwortungsvollen Quellen
FSC® C083411

ISBN 978-3-7466-3023-6

Aufbau Taschenbuch ist eine Marke der Aufbau Verlage GmbH & Co. KG

2. Auflage 2022

Die Originalausgabe erschien 2012 bei Aufbau,
einer Marke der Aufbau Verlage GmbH & Co. KG
Umschlaggestaltung Originalausgabe hißmann, heilmann, Hamburg
unter Verwendung einer Illustration von Carmen Segovia/2agenten
graphische Adaption morgen, Kai Dieterich
Druck und Binden CPI books GmbH, Leck, Germany
Printed in Germany

www.aufbau-verlage.de

Für Jimmy und Dschingis

Catch a falling star and
Put it in your pocket
Save it for a rainy day
Perry Como, 1958

Prolog

Wer alt ist, der ist nicht jung gestorben. Janis Joplin, Sarah Kane und Georg Büchner wurden nicht alt. Mozart, Jimi Hendrix, Fassbinder und Arthur Rimbaud starben früh. Auch Jeanne, die ich kannte. Nicht jung gestorben zu sein, ist ein Hauptgewinn. Der Preis dafür ist das Älterwerden. Von den Nachteilen und Vorzügen dieses Phänomens, seinen Fesseln und Freiheiten wird in diesem Buch die Rede sein. Ich kann keine Ratschläge geben, keine Weisheiten verteilen, nur beobachten, fragen und erzählen. Von denen, die vor mir alt wurden. Von denen, die das Altwerden noch vor sich haben. Von denen, die mit mir alt werden. Von mir.

Vorgeführt werden die Tragikomödien des Alters in einer Spätvorstellung, deren Attraktion die Offenheit ihrer Protagonisten ist. Dieses Stück über Liebe, Tod und Frutti di mare ist eine Collage aus Alltäglichkeiten, buchenswerten Begebenheiten und Absurditäten. Riskant Persönliches und tröstlich Allgemeines in Symbiose. Die Darsteller der Vorstellung sind Laien. Man wird nur einmal alt im Leben, es gibt keine Probe vor der Premiere, das Lampenfieber hält sich in Grenzen. Die Observation des Älterwerdens aus verschiedenen Blickrichtungen hat ein Ziel: Fürchtet euch nicht, denn in Matinee, Nachmittagsvorstellung und Spätvorstellung läuft oft derselbe gute Film.

Venedig – das Fest

Jetzt bin ich alt, denkt Sylvie, ab heute kann ich es nicht mehr vergessen. Sie hat keinem von dem Fest erzählt, das sie nachher feiern werden, sie hat auch Konrad verpflichtet, niemandem etwas zu sagen, Wörter schaffen Wirklichkeit. Konni, warum haben wir so früh geheiratet, und warum sind wir so lange zusammen geblieben. Jetzt bin ich alt, spricht sie vor sich hin, alt in Venedig. Der Palazzo Contarini ist schon lange alt, die Seufzerbrücke und San Marco existieren ewig schon als wertvolle, alte Schätze der Weltkultur. Sylvie ist kein wertvoller, alter Schatz der Weltkultur, sie ist erst seit heute alt, seit dieser Tag, seit dieses Fest gekommen ist. Seit dieses Datum von ihr das Geständnis einfordert, alt zu sein; ein Spritz bitte, mit Aperol! Venedig sollte es sein, wo sie ihr Fest feiern, unbedingt Venedig, weil es alt ist und schön. Venedig wird versinken, untergehen, rettungslos, die Zeit, die der Stadt bleibt, ist überschaubar, Schönheit am Rande des Todes, sagt der Philosoph.

Der junge Kellner scherzt mit zwei jungen Frauen, man kann das Meer riechen, das Handy klingelt. Konrad fragt, was er für das Frühstück morgen einkaufen soll, ob Sylvia was Bestimmtes wolle, falls sie heute Abend zu viel trinken würden. Konni liebt Supermärkte, besonders die im Ausland, da fühlt er sich nicht fremd, und doch gibt es fremde Sachen, andere Kekse, anderes Bier, andere Frauen an der Kasse. Anschließend geht er in die Galleria dell'Accademia, Tizians und Tiepolos angucken. Er sucht immer wieder dieselben fünf oder sechs Bilder auf, schon nach dem ersten Frühstück in Venedig ging er los, zur Begrüßung. Ich hab mich bei meinen Freunden sehen lassen, sagte er, alle noch da. Und wie immer, kurz vorm Rausgehn, die riesige Leinwand mit der Jungfrau Maria, wie sie als kleines Mädchen die Stufen zum Tempel emporsteigt. Sie ist immer noch auf derselben Stufe, vermeldete er. Sylvie und Konrad machen nicht alles gemeinsam, sie schätzen Distanz und freuen sich, aufeinander warten zu können.

Der Mann fürs Leben – geht das? Die Frau fürs Leben – kann das sein? Ein einziger Mensch für alles? Sylvie lacht vor sich hin. An der Litfasssäule vor ihrem Wohnhaus in Berlin klebte wochenlang das Porträt eines stadtbekannten Kulturträgers, ein Friseur, dessen große Visage Konrad nicht länger ertragen wollte. Am späten Abend steckte er sich zwei rohe Eier in die Manteltasche, ging runter und warf sie auf das Plakat. Drei Anläufe musste er nehmen, bis er das Gesicht des Friseurs an der richtigen Stelle traf, sechs Eier an drei Abenden gingen drauf dafür. Das erzählte er dem Eierverkäufer vom Markt. Dem ehemaligen Punk gefiel der Eierwurf auf das Coiffeurgesicht so gut, dass er Konrad vier Eier kostenlos überließ.

Eine ältere Dame sitzt allein an einem Kanal in Venedig und lacht über ihren alten Mann, der Eier schmeißt. Ein einziger Mensch, nicht für alles, aber für manches. Konrad neigte immer schon zu Extremen. Als Sechsjähriger hatte er einen Nachbarsjungen, der ein bisschen zurückgeblieben und deshalb gut als Publikum zu gebrauchen war, an einen Stuhl gebunden und ihm Kaspertheater vorgespielt. So hatte er einen Zuschauer, der nicht wegrennen konnte und seiner Vorführung wohl oder übel folgen musste. Am liebsten hätte er das mit einem erwachsenen Publikum später genauso gemacht. Diktatoren fangen klein an.

Sylvie sieht in das sonnige Orange des Cocktails. Das Café hat ein paar Stühle rausgestellt an diesem milden Herbsttag Ende Oktober. Venedig ist dörflich hier, die Sonne scheint mit letzter Kraft. Sylvie überkommt eine bodenlose Müdigkeit, eigentlich will sie nicht denken, nur fühlen, heilige Kontemplation. Auf der anderen Seite des Kanals führt eine Frau ihre Mutter aus, die am Stock geht und ein Kopftuch trägt. Unter ihrem Kamelhaarmantel ist ein roter Rock zu sehen. Die Alte guckt nach unten, sie muss, ihr Rücken ist so krumm, dass sie ihren Kopf nicht heben kann. Mutter und Tochter gehen stumm nebeneinander her, öfter bleibt die Alte stehen und zieht ihren Rock hoch, als fürchte sie, dass er von ihrem mageren Körper rutscht, wie würde sie denn dastehen ohne ihren roten Rock.

Was hat die alte Frau noch vom Leben? Den Duft des Wassers, das Wehen des Windes, die vertraute Unebenheit des Straßenpflasters, die späte Sonne? Die Erinnerung hat sie, das Bewusstsein ihres ganzen Lebens, alles ist vergangen und nichts. Vielleicht war sie ja mal eine Femme fatale, »schön wie ein Engel, böse wie ein Dämon«, wie Madame de Villeparisis, deren Altersverfall Marcel Proust in »Auf der Suche nach der verlorenen Zeit« beschreibt. Aus der einst bewunderten und gefürchteten Schönheit war »eine abscheuliche, kleine, rotgesichtige Bucklige« geworden.

Goldene Hochzeit, spricht Sylvie vor sich hin, Goldene Hochzeit, Goldene Hochzeit. Als könne die Wiederholung den beiden Wörtern das Unfassbare nehmen und das Vergehen der Zeit weniger fremd erscheinen lassen. Fließt die Zeit oder weht sie, steht sie oder vergeht sie, ist sie ein Gefühl, ein Gesetz oder ein Geheimnis? Sie schreibt eine SMS: Hast du die Zeit gesehen, Konni? Er antwortet: Nicht persönlich, sie war in Eile.

Konrad hatte Sylvie einst bei den Schularbeiten in Kunstgeschichte geholfen, einmal verhalf er ihr zu einer Eins, einmal zu einer Fünf. Kennengelernt hatten sie sich in der Möwe, einem Club für Künstler. Das Palais derer von Bülow war nach Kriegsende von der Sowjetmacht für die deutschen Künstler beschlagnahmt worden. In dem holzgetäfelten Speisesaal bekamen sie nach dem Krieg zu essen, damit sie zu Kräften kamen und den Faust aufführen konnten und Die Zauberflöte, Mutter Courage und Die lustige Witwe. Das blieb so über vierzig Jahre, Schweinesteaks, Ginfizz und Amüsement zu ermäßigten Preisen, ein exklusiver Ort.

Bevor sie Konrad kannte, war Sylvie ein einziges Mal dort gewesen. Das Restaurant hatte sie mäßig interessiert, die Bar war es, Ort der Versprechen und Erwartungen. Gedämpftes Licht, halbrunder Tresen, Kamin, der Barkeeper in weißem Dinnerjackett. Gloria und Sylvie hatten am frühen Abend da gesessen, an einem Ginfizz genippt und geguckt, wer zur Tür reinkommt, »Love me tender« hatte Elvis Presley vom Tonband gesungen. Da erschien in der Tür ein Sänger vom Metropoltheater. Der schwarzhaarige Operettenbeau musterte mit arrogantem Blick die beiden Babydolls an der Bar, wechselte ein paar Worte mit dem Keeper und verschwand. Gloria wurde weißer als der Puder auf ihrem Gesicht, sprang auf und kündigte an, dass sie sich aus der S-Bahn stürzen würde. Sylvia ging mit ihr und hielt sie fest in der S-Bahn: Nicht wegen dem, Glory, der singt doch bloß im Chor!

Ein paar Wochen später wollte Sylvie mit drei Freundinnen in die Möwe, mit siebzehn hat man noch Träume, da wachsen noch alle Bäume in den Himmel der Liebe. Sie kicherten niedlich ins Gästebuch, bis Gertie auf einen Namen tippte: Konrad Ludens, den kenne ich. Die Garderobenfrau rief oben in der Bar an: Herr Ludens, hier sind vier junge Damen. Konrad kam die Treppe herunter, begrüßte die Mädchen und trug sie neben seinem Namen ins Gästebuch ein. Die Garderobenfrau protestierte: Vier Gäste, Herr Ludens, vier? Einen Gast durfte jedes Clubmitglied mitbringen. Seine drei Kollegen oben seien auch Clubmitglieder, entgegnete Konrad. Er hatte einen kanariengelben Pullover und grünschwarz gestreifte Röhrenhosen an, wie Marlon Brando sah der kein bisschen aus. Die Storchhosen wirkten nicht mehr ganz so katastrophal, als er im Laufe des Abends erwähnte, dass er sie von einem Gastspiel aus Paris mitgebracht hatte, aus Paris. Ein Trio spielte »Ich hab so Heimweh nach dem Schiffbauerdamm«, als Konrad und Sylvia sich in die Augen sahen. Er goss ihr das dritte Glas Rotwein ein. Ich werde aber nicht betrunken, hatte sie wachsam bemerkt.

Konni verkörperte eine andere Welt, das hatte Sylvie sehr gefallen. Sie hatte drei Monate lang kein einziges Wort gesagt vor lauter Staunen und der Anstrengung, die Röte zu verbergen, die bei den frivolen Reden der Schauspieler ihr Gesicht überzog; Osram einschalten nannte man das, nach der Firma Osram, die Glühlampen herstellte.

Das alles ist verdammt lange her und war doch gerade eben, gestern erst. So fühlen alle Alten, alle Alten fühlen so, nun auch ich, denkt Sylvie und hält ihr Gesicht in die Abendsonne. Es ist echt, dieses Gestern-erst-Gefühl, durch seine Wiederholung aber scheint es platt, abgenutzt, lächerlich. Ein milliardenfach vorgelebtes Gefühl ist kaum mehr als ein Gemeinplatz. Das Leben, gestern erst begonnen, morgen schon vorbei? Ja, was denkst denn du, Sylvie.

Bei Konni war plötzlich eine Operation notwendig geworden. Sofort, unaufschiebbar, Sylvie war in Panik. Was soll denn sein, hatte er gesagt und seine Hand auf ihre gelegt, was soll sein, da ist was drin, was weg muss, die schneiden auf, holen das raus, nähen wieder zu, das wars; Konnis Romantik ist die Sachlichkeit. Nach der geglückten Operation hatte er den Arzt gefragt: Was ist nun, Professor, habe ich Krebs, oder habe ich Krebs gehabt? Nein, Herr Ludens, Sie haben Krebs, Sie sind »auf Bewährung frei«. Das war vor drei Wochen, in Berlin.

Weit weg, hier ist Venedig. Gegenüber, auf der anderen Seite des Kanals, findet eine Hochzeit statt, eine jüdische Hochzeit. Die Braut im langen weißen Kleid schwankt auf hohen Schuhen mit dünnen Absätzen. Männer in schwarzen Anzügen, mit schwarzen Käppis, schwarzen Hüten und schwarzen Pejes laufen geschäftig umher. Man fotografiert sich, gefeiert wird im GamGam nebenan, alles koscher. Sylvie versucht zu erkennen, ob sie schön ist, die Braut, doch ihr Gesicht wird verdeckt von langem, künstlich wirkendem schwarzem Haar. Das kurze Nerzcape, ein Erbstück wohl, macht Schultern und Dekolleté unkenntlich. Sie hat noch nie so eine Braut gesehen, wie eine Marionette, so eine unwirkliche, unheimliche, eine Puppe auf Stelzen, man kann nicht erkennen, ob sie alt ist oder jung, ob sie heiratet oder geheiratet wird, und welcher der schwarzen Männer der Bräutigam ist.

Sie hatten am Morgen eine Zeitung gekauft, in den Kleinanzeigen war eine »Nozze d'oro«, eine Goldene Hochzeit, annonciert. Die Venezianer Annamaria und Tiziano begehen heute »Il 50. Anniversario di matrimonio«, den fünfzigsten Geburtstag der Eheschließung. Auf dem Foto in der Zeitung sehen sie aus, als hätten sie sehr jung geheiratet, Sylvie ist froh, dass die beiden so zugewandt wirken, sie könnten eine Weinhandlung betreiben oder eine Trattoria. Sie stellt sich vor, wie sie vor fünfzig Jahren aussahen, wie sie tanzten auf ihrer Hochzeit, lachend und mit schwarzem Haar, und wie Tiziano zu seiner Braut sagte: Tu mi piaci, amore mio. Wie wird wohl ihr Fest heute sein, mit Francesco und Tiziana, den Kindern, mit Vanessa und Gabriele, den Enkeln, mit den Urenkeln Sofia, Carlo und Anna und all den Freunden rundherum, und wer wird heute sagen: Tu mi piaci, amore mio.

Ihr kommt das alte Paar in den Sinn, das seine Goldene Hochzeit im Café Concordia in Berlin gefeiert hatte. Vor zwanzig Jahren war das. Sie hatte die beiden interviewt, Kurt und Frieda. Wie hat sie ausgesehen, Ihre Frau, damals, als Sie sich beim Tanzen kennen lernten? Den Schlager wusste Kurt noch: »Wenn du einmal dein Herz verschenkst, dann schenk es mir«, wie seine Frau ausgesehen hat, war ihm entfallen. Tochter, Schwiegersohn, Enkelin und Urenkel brachten fünfzig weiße Nelken. Es gab Cocktails, Buttercremetorte und eine Aufschnittplatte. Vati, weißt du wirklich nicht mehr, wie deine Frau aussah? Dunkelblond, grüne Katzenaugen, ein schwarzes Seidenkleid mit lila Kante, zitierte die Tochter aus der Familiengeschichte. Der Jubilar hatte nur gelächelt: Alkolat gabs. Frieda, seine Frau, trank Eierlikör und erzählte Sylvia ihre Sorgen: Mit der Rente kommen wir aus, aber es darf keiner von uns beiden sterben, Kurt ist schon fünfundachtzig, ich dreiundachtzig. Was sich verändert hat in all den Jahren, wollen Sie wissen? Wir lieben uns nicht mehr, neunzehnhundertdreiundachtzig war das letzte Mal, hätte ruhig länger gehen können.

Kurt und Frieda, zwei putzige alte Leutchen, hatte Sylvia damals in einer Mischung aus Rührung und Mitleid gedacht, Kurt und Frieda, Generationen von ihr entfernt. Kurt und Frieda sind alt, ich nicht, ich könnte ihre Tochter sein. Jung waren wir alle mal, alt sind immer nur die anderen. In unserem Unterbewusstsein kommt das eigene Alter nicht an, Altersschutzgesetz, die Vision der Jugend bleibt verbindlich bis ins hohe Alter.

Am Abend feiern sie ihr Fest. In einer Enoteca an einem schmalen, träge fließenden Kanal, Timon heißt sie, überfüllt und studentisch, zwei Jungs mit runden Brillen führen den Laden. Sylvie geht auf Reisen gern in Lokale, die sie sich mit fünfundzwanzig ausgesucht hätte, was damals nicht möglich war, denn da war die Welt geschlossen für Sylvia und Konrad in Ostberlin. Sie finden Platz an einem der Holztische und bestellen Weißwein und Cichitos, kleine Brote mit Stockfisch, Baccala, obwohl Konni lieber welche mit Lachs isst, Lachs kennt er, aber er weiß das italienische Wort für Lachs nicht. Sylvia ist besser beim Improvisieren fremder Sprachen und hat deshalb die Hoheit über die Menüauswahl: Baccala per favore! Sie trägt das

Kleid, das sie sich für den goldenen Anlass gekauft hat, schwarzer Taft mit Fünfziger-Jahre-Kragen, grundsolide, gerade noch schick.

Wusstest du, sagt Konrad, dass der Mensch nur zwei Gene mehr hat als eine Fruchtfliege?

Du wahrscheinlich zwei weniger.

Wenn hundert Fruchtfliegen vor eine Lampe gesetzt werden, fährt er fort, krabbeln siebzig Fliegen auf das Licht zu, die anderen dreißig bewegen sich weg vom Licht, die haben einen freien Willen.

Du bist eine von den dreißig willensstarken Fliegen.

Niemand vermag zu sagen, wohin eine Fruchtfliege im nächsten Moment aufbrechen wird, sagt Konrad.

Doch, ich. Du fliegst jetzt zur Nuova Strada und holst mir meine blaue Jacke, mir ist kalt.

Konrad erhebt sich: Die Fliege ist das Geschöpf, das am schnellsten fliegen kann. Gott schütze die Königin! ruft er im Gehen laut durch das Lokal, er weiß, dass ihr das peinlich ist. Obwohl sie das Spiel gern spielt: sie die Königin und er ihr Diener.

Haben sie nicht immer schon gespielt, das Leben ein Spiel? Der Mensch spiele nur, wo er in voller Bedeutung des Wortes Mensch ist, und er sei nur da ganz Mensch, sagt Schiller, wo er spielt. Sie spielen, seit sie sich kennen. Mannequin und Intellektueller, Braut und Bräutigam, Studentin und Analphabet, dann Mann und Frau, dann Mama und Papa. Vor zehn Jahren war Die Königin und ihr Diener dazu gekommen, Konrad übernahm die Rolle des alten Dieners. Er macht Frühstück und serviert Sylvie den Tee am Nachmittag. Alles, was an Konrad alt ist, hat er in die Gestalt des Dieners Franke verlagert: die Pingeligkeit, die er seit einiger Zeit kultiviert – im Besteckkasten müssen die Teelöffel nach Osten zeigen, die Kuchengabeln nach Westen. Die abergläubische Marotte, beim kleinsten Stolpern den Fehltritt zu korrigieren, was zu aberwitzigem Tänzeln führt. Vergesslichkeit, Schlurfen, seltene Rasur, Selbstgespräche. Diener Franke isst den Roquefort, der weg muss, weil er nichts wegwerfen kann. Diener Franke hat sich bei Glatteis die elfte Rippe gebrochen, Elfie nannte er sie. Diener Franke hat ein Lungenemphysem. Diener Franke hört schwer. Wer ist der alte Kerl im Spiegel? Diener Franke. Konrad hat das Alter von sich abgespalten, alles Franke. Und Sylvie schreibt Zettel: »Franke! Tee um 15.45. Königin«.

Andere Namen hat sie ihm gegeben, seit sie sich kennen. Bonifacius Buttermandel, Erich Sömmerda, Benjamin Schnitzke, er ist doch viele, nicht nur einer, auch sie ist viele, nicht nur eine. Den Dienernamen hat Konrad bestimmt: Franke; Franke reimt sich auf Danke. Der Alltag ist das Wichtigste, besonders das Frühstück. Keine Ehe wie die von anderen wollten sie führen, ernst und stumm und nachtragend. Jeder Tag sollte neu sein, heiter, keiner ohne Lachen. Die Sucht nach Leichtigkeit hat sie verbunden, die Lust am Spiel.

Plötzlich, wie immer, wenn Sylvie glücklich ist, kommt die Angst, die Angst vor dem Glück, denn Glück zieht Unglück nach sich, weil sie das Glück doch gar nicht verdient hat. Glück ist für Sylvie die Abwesenheit von Unglück. Vor drei Jahren war das, als Konrad überstürzt ins Krankenhaus musste, weil er schreiende Schmerzen hatte. Sie erinnert sich an einen langen, schattigen Gang. Wie der Arzt auf sie zukam und sagte, es sei außer der Lungenentzündung ein Virus im Spiel, ein unbekannter Virus, den Konrad von einer Reise nach Ecuador mitgebracht hatte, und dass man nicht wisse, was man tun solle, dass man mit Ecuador telefonieren würde, um sich zu konsultieren. Wie sie jeden Morgen zitterte, wenn sie im Krankenhaus anrief. Ob er das Handy hörte, ob er lebte, ob es ihm besser ging. Glück, davon ist Sylvie überzeugt, Glück ist die Abwesenheit von Unglück.

Bin Sklave dir, du Königin – Konrad ist zurück und hängt ihr die Jacke schwungvoll um die Schultern, Operette, der klassische Kavalier. »Niemand liebt dich so wie ich« – den alten Schlager hatten sie bei einem Geburtstagsfest vor vielen Jahren hintereinanderweg von der LP gespielt, und alle hatten mitgesungen. Sylvie trinkt hastig, die Angst soll weg, sie will den Ort wechseln: Wollen wir nicht rüber ins Paradiso perduto?

Warum, unser Paradies ist nicht perdü. Hier soll eine Vertreibung ins Paradies stattfinden – Konrad teilt es dem Lokal mit, laut: Vertreibung in ein Paradies, das verloren ist!

Hör auf, so benimmt sich kein seriöses altes Ehepaar – sie wuschelt ihm die Haare zurecht, sie kann nicht leiden, wenn er so cäsarisch aussieht, wie ein alter Junge soll er aussehen.

Ich bin nicht seriös – Konrad bestellt eine neue Flasche Wein, indem er dem Jungen an der Theke die leergetrunkene hochhält.

Wir sind beide nie seriös gewesen, sagt Sylvie, das ist es, nur darum sind wir so lange zusammen. Denk an Prag, Hotel Europa! Die Gäste unten im Café konnten sich nicht vorstellen, dass wir es sind, die Papierkügelchen auf sie werfen, wir, das ältere Ehepaar auf der Empore. Sie guckten immer wieder nach oben. Dabei saß da oben niemand außer uns; sie sahen es genau, aber sie konnten sich's nicht vorstellen. Stimmt, wenn einer von uns seriös würde, wären wir verloren.

Das wäre wirklich das verlorene Paradies, il paradiso perduto, sagt Sylvie.

Im Frühling waren sie umgezogen. Der letzte Aufbruch. Die fünfte Wohnung in einem halben Jahrhundert. Fünfzig Quadratmeter weniger, und genau die haben sie aussortiert, fünfzig Quadratmeter Möbel, Kleider, Bücher, Zeitungen, fünfzig Quadratmeter Leben. Bei früheren Umzügen hatten sie alle Kisten und Kästen so mitgenommen, wie sie waren, unaufgeräumt; da war die neue Wohnung jedes Mal größer als die alte. Diesmal kam es Sylvie vor, als würde sie ihren Nachlass ordnen, all die Briefe, Zettel, Fotos, all das, was irgendwann mal wichtig war, alte Fahrscheine, Flugtickets, geheime Billets doux, vergessene Geständnisse auf Restaurantrechnungen; alles, was man so aufhebt in der romantischen Annahme, man könne das Leben festhalten, indem man seine Zeichen arretiert. Sie las jeden Zettel dreimal, sah jede Kinderzeichnung sechsmal an, bevor sie entschied, welche sie aussortierte, und sie ertappte sich bei dem Gedanken: Da haben Sophie und Julie nicht so viel am Hals, wenn wir tot sind.

Konrad hatte überraschend erklärt, dass er die Bücherregale in Angriff nehmen werde. Er, der nichts wegwerfen konnte, er, der Kustos und Bewahrer der häuslichen Bibliothek, hielt unerwartet streng Gericht. Nicht: Was kann weg?, sondern: Was darf bleiben? Buch für Buch musste sich für seine Anwesenheit rechtfertigen, eine Abrechnung mit durchlebten Zeiten. Verlässliche Wegbegleiter schienen urplötzlich verfallen, literarisches Wegekraut. Sylvie hatte ein paar Standardwerke ihres Philosophiestudiums auf die Stapel gelegt, die abgeholt werden sollten zu gemeinnütziger Verwendung. Konrad hatte zwei davon schweigend wieder weggenommen. Sylvie tat, als hätte sie nichts gesehen. Die kriegen prima Bücher da in ihre Altersheime!, hatte er mit beiläufiger Fröhlichkeit gerufen, während er die beiden dunkelblauen Bände in Sicherheit brachte.

Hätte ich nicht gedacht, dass du so mitmachst bei der großen Müllabfuhr.

Dienst ist Dienst, Königin.

Danke, Franke, bravissimo, möchtest du eine Mousse au chocolat?

Als sie am Tag des Umzugs in ein Haushaltwarengeschäft gelaufen war, Haken kaufen, hatte sie unterwegs junge Männer mit nacktem Oberkörper gesehen, die zogen auch um, ein Robben&Wientjes-Auto reichte ihnen. Sie ließen sich Zeit, trugen nicht alles auf einmal hoch, machten die Anstrengung zum Spaß. Tisch und Stühle ließen sie vor der Haustür stehen, Picknick zwischen Autogehupe und Straßenbahngequietsche. Wein und Brot hatten sie auf den Tisch gestellt, eine Rose in einer Bierflasche. So zieht man nur um, wenn man jung ist. Stell dir die Szene mal vor mit Leuten in unserem Alter, weißhaarig, glatzköpfig, Wein trinkend auf der Straße, am hellerlichten Tage zwischen Gebrauchtmöbeln – würde irgendwie nicht so anmutig wirken, sagt Sylvie.

Sie waren im selben Haus umgezogen und konnten zusehen, wie ihre ehemalige Wohnung ausgeweidet wurde. Alles, was der Totalsanierung im Wege stand, wurde rausgerissen. Das schöne alte Stabparkett, das sie einst Stab für Stab aus der vorigen Wohnung mitgenommen hatten. Das sie zusammen mit Freunden

Stab für Stab vier Treppen hoch geschleppt hatten und Stab für Stab wieder verlegen ließen – jetzt noch ein unansehnlicher Haufen unten auf dem Hof, wochenlang, bei Regen und Sturm. Gedemütigtes altes Stabparkett! Metaphorisches Material die Menge, sei gedemütigt oder vergiss es!

Unsere fünfte Wohnung, sinniert Konrad, jeder Umzug ein Neustart, aber noch mal ziehen wir nicht um, das ist jetzt unsere letzte Wohnung.

Hoffentlich, sagt Sylvie, hoffentlich.

Die erste war die kleinste gewesen, eineinhalb Zimmer, parterre, »schwer vermietbar«. Den Fußboden im großen Zimmer hatten sie blau gestrichen, königsblau. Das kleine Zimmer war als Salon eingerichtet, alles schwarzweiß, die Sessel, die Vorhänge, der Fußboden. Sie haben ihren »Salon« nie benutzt, alles spielte sich im großen Zimmer ab, schlafen, feiern, rauchen, Schreibmaschinengeklappere in der Nacht, fünfzig Cabinet am Tag, Du brauchst dich über dein Lungenemphysem nicht zu beklagen, Konrad! Una Mousse au chocolat per favore, ruft sie, con due cucchiai, mit zwei Löffeln!

Lebt die Marussja eigentlich noch?, fragt Konrad. Marussja – ein Name aus alten Zeiten, Marussja, die dicke Malerin, der erste Besuch in der ersten Wohnung. Sie hatten alles vorbereitet, Kerzen, Blumen, einen großen Teller mit ungarischer Salami und eingelegten Pilzen, da war Konrad eingefallen: Die Dicke! Die kommt doch nie durch bis ins Zimmer! Im Korridor war ein Engpass, der Kleiderschrank, da würde die steckenbleiben, was dann? Rasch hatten sie alles wieder nach vorn getragen, gerade noch rechtzeitig. Und dann saßen sie zu dritt bei Kerzenlicht auf der Küchenbank, weil es in der Küche »doch am gemütlichsten« sei. Wenn sie noch lebt, sagte Sylvie, laden wir sie ein. In die Balkonsessel passt sie, und die Balkontür ist zweiflügelig.

Vom Hinterhof auf die Sonnenseite mit Balkon – der erste Balkon in ihrem Leben mit schmiedeeisernem Gitter, mit Gutsverwalterblick über die ganze Gegend, und über ihnen der Himmel. Sie spielen Balkonbesitzer. Sie frühstücken auf dem Balkon, sie trinken Tee auf dem Balkon, sie streiten sich auf dem Balkon, sie essen Spaghetti auf dem Balkon; auch wenn es regnet, man hat einen Sonnenschirm. Nach dem Regen hängen die Tropfen wie Tränen zum Trocknen am schwarzen Jugendstildekor. In der ersten Nacht in der neuen Wohnung hatte Sylvie immer wieder den Schatten betrachtet, den das bauchige Gitter durch die offene Tür auf die Zimmerwand warf, der Schatten zeichnete den Scherenschnitt einer Sehnsucht, der Sehnsucht nach einem Balkon, nach einem Leben, aus dem man sich hinauslehnen konnte.

Es gibt Tage, da senden die Wörter Todesbotschaften, da liest Sylvie anstatt Moratorium Krematorium, anstatt Leine Leiche und Tod anstatt Not. Ein Witz: Der Patient aus Nummer neun beschwert sich bei der Krankenschwester über seinen Mitpatienten. Können Sie den nicht rausnehmen hier, der röchelt schrecklich, das ist ja nicht auszuhalten. Der hat es bald hinter sich, der stirbt, sagt die Schwester. Ja, haben Sie denn kein Sterbezimmer?, fragt der Patient. Das hier ist das Sterbezimmer, sagt die Schwester und geht. Der Gedanke an den Tod fliegt Sylvie zuweilen an wie eine Stubenfliege, die sich nicht verscheuchen lässt.

Wie lange leben Fruchtfliegen eigentlich?

Goldene Hochzeit feiern die jedenfalls nicht.

Silencio, da drüben sitzen zwei Deutsche, die müssen nicht alles hören.

Wieso, wir sprechen hier von verheirateten Fruchtfliegen.

Ich wollte dich gar nicht heiraten, Fruchtfliege, sagt Sylvie.

Das ist der Beginn eines Dialogs, der zum Running Gag zwischen ihnen geworden ist:

Ich wollte dich gar nicht heiraten, du warst mir zu alt, schon siebenundzwanzig.

Nichttänzer war ich auch noch.

Und nach einem halben Jahr bist du erstmal für zwei Jahre weggegangen.

Willst du mich immer noch heiraten, hast du gefragt, als du mich in Dresden angerufen hast. Du mich!

Damit du eine Arbeiterrückfahrkarte kriegtest, musste ich Frau Ludens werden.

Und der Arbeiter fährt zurück, Rückfahrt in sein Lebensglück!

In Liebe und Treue! mahnte die Standesbeamtin. Bei Liebe hat sie mich angesehen, bei Treue dich.

Weil ich schon mal geschieden war.

Die arme Peyrette. Hättest du mich eigentlich ihr Tagebuch lesen lassen, wenn es nach ihrem Tod bei dir und nicht bei mir gelandet wäre?

Warum fragst du?

Weil ich dich wahrscheinlich nicht geheiratet hätte, wenn ich Peyrettes Tagebuch früher gelesen hätte.

Den möchte ich sehen, den du hättest, wenn nicht mich.

Jedenfalls hätte er Muskeln gehabt und schwarze Haare, eine Art Marlon Brando.

Heute wäre er fett und hätte eine Glatze.

Sylvies Männertyp war das Gegenteil von Konrad. Dein Ghandi kommt, hatten ihre Mitschüler gerufen, wenn Konrad sie von der Schule abholte. Ihr könnt zusammen die Fliege machen, hatten sie gerufen, denn auch Sylvie war dünn. Ein hauchdünnes Paar, ein Fruchtfliegenpaar.

Wenn ich zu euch kam, hat deine Großmutter jedesmal ihren schwarzen Rollkragenpullover angezogen.

Du warst ihr Typ.

Ich war von vielen der Typ.

Alles Großmütter inzwischen – Sylvie zieht ihre blaue Jacke über, kühler Wind weht durch die offene Tür.

Gold schafft nicht jeder in seinem Leben, dafür muss man wetterfest sein. Vor vielen Jahren in Hamburg war sie mit einer merkwürdigen Situation konfrontiert. Eine namensverwandte Familie hatte das Restaurant vom Hotel Reichshof reservieren lassen, und da hatte es gestanden, das goldene Wort auf einem goldenen Schild in der Hotelhalle: »Goldene Hochzeit Ludens«. Als sie Anstalten machte, ihr Zimmer zu beziehen, zeigte sich der Herr an der Rezeption außerordentlich zuvorkommend: Ah, Sie gehören zu der Bestellung im Restaurant, die Goldene Hochzeit! Der Kollege, der sie begleitete, hatte laut gelacht: Da habe sie ihn wohl alle Zeit über ihr wahres Alter getäuscht, ihn und alle Welt.

Wie absurd das damals war. Sylvie hebt ihr Glas an, hält es gegen das Licht und sieht durch den Wein hindurch einen sonnigen Schimmer: Das goldene Alter, es hat uns eingeholt.

Sei doch stolz, meint Konrad, ich jedenfalls, ich schnitt es gern in jede Rinde.

Du willst nur zeigen, dass du dir alles erlauben kannst und ich trotzdem bei dir geblieben bin.

Das ist ja eine schöne Bilanz zum feierlichen Anlass. Wenn du das Tagebuch meiner Geschiedenen gekannt hättest, hättest du mich gar nicht erst zum Mann genommen, und der Grund für die Eheschließung war eine Arbeiterrückfahrkarte.

Ich hab dich aber genommen, trotz alledem.

Sylvie holt zwei Seiten vergilbtes Durchschlagpapier aus der Tasche, Papier aus Schreibmaschinenzeiten: Zur Feier des Tages – die Wiederaufführung von »Der Bevorzugte«! Den Text hat sie vor dreißig Jahren geschrieben, für Konrad. Sie setzt ihre Lesebrille auf und liest vor.

»Liebe ist die Bevorzugung eines Menschen vor allen anderen. Eine ziemlich irdische Definition jenes himmlischen Gefühls, aber zuverlässiger als dieses. Sie bevorzugt seit zwanzig Jahren denselben. Vor allen anderen. Seit rund gerechnet siebentausend Tagen achtet sie beim Decken des Frühstückstischs darauf, dass seine Tasse links vom Teller zu stehen kommt, häufige Restaurantbesuche haben ihn misstrauisch gegen die rechte Seite gemacht, alle trinken rechts, also ist links sauberer. Sie sorgt auch dafür, dass er stets zum Hemd passende Socken im Schrank findet, Tribut an die einzige modische Kaprice eines in dieser Hinsicht gleichgültigen Menschen …«

Sollte ich das nicht lieber für mich lesen?, fragt Konrad mit einem Blick auf die Tische ringsum. Sie schüttelt den Kopf.

»Die Arbeitsteilung innerhalb der Familie ist klar. Sie die Prosa, er die Poesie. Sie die Stromrechnungen, er die Bücher, sie den Klempner, er den Klavierstimmer, sie die Kinder, er ›Das Kunstwerk im Zeitalter seiner technischen Reproduzierbarkeit‹. Solche Spezialisierung verschafft beiden Teilen Überlegenheit. Der Bevorzugte ist musisch. Sie hat sich damit abgefunden, als das Gegenteil zu gelten, Kompetenzen streitig machen bringt nichts.«

Ich überspringe jetzt mal was, beschließt Sylvie, mit einem Blick auf Konrad, der sich, von Peinlichkeit gefoltert, an sein Weinglas klammert.

Nur noch den Schluss – pass auf, drei Sätze: »Sie bevorzugen sich, weil sie sich lassen. Nur manchmal, wenn sie ihn sieht an einem sonnigen Vormittag mit einer unbekannten Schönen oder wenn er bemerkt, dass sie die Ansicht eines Freundes teilt und nicht seine, dann wünschen sie, Liebe sei die Bevorzugung eines Menschen. Ohne alle anderen.«

Hat sich einiges geändert seitdem, sagt Konrad, wir sind nun rund gerechnet achtzehntausend Tage zusammen, und ich bin jetzt dein Diener.

Eine Festanstellung in unsicheren Zeiten ist Gold wert, antwortet Sylvie, ich mache dir einen Vorschlag – wir heiraten nochmal, das ist heutzutage möglich. Wir lassen uns in der Basilica San Marco trauen, »bis dass der Tod euch scheidet«. Wir erneuern unser Eheversprechen: »In Liebe und Treue!« Diesmal nicht undercover wie damals, sondern endlich mal glorios, langes weißes Hochzeitskleid, Hochzeitskutsche und ein Fest im Hotel Excelsior am Lido, mit allen noch Lebenden.

Konrad guckt entgeistert – du willst mich nochmal heiraten? Du mich? Noch einmal? Das ist die ungeheuerlichste Liebeserklärung, die ich je gehört habe!

Draußen vor Timon, in einem Boot mit leuchtenden Fackeln, singt auf dunklem Wasser vor einem dunklen

Palazzo ein Swingchor aus Stuttgart »Bei mir bist du scheen, please let me explain«, die Türen der Lokale am Canal Misericordia sind weit geöffnet.

»Weißt du noch, so frug die Eintagsfliege, wie ich auf der Stiege damals dir den Käsekrümel stahl? Weißt du noch, wie ich, weil ich dir grollte, Fliegenleim-Selbstmord verüben wollte? Und wie ich das erste Ei gebar? Weißt du noch, wie es halb sechs Uhr war?« – Ringelnatz, zitiert Konrad.

Weißt du noch, wie es halb sechs Uhr war, Konni?

Die Nachtluft ist mild, die Palazzi stehen schwarz und schweigend, eine geschwungene kleine weiße Brücke hebt sich kokett und angeschlagen aus dem Dunkel. Schönheit am Rande des Todes. Venedig versinkt, die Jugend flüchtet aus der Stadt der Liebe, des Todes und der Zukunftsangst. Unsere Enkel, wenn sie so alt sind wie wir, werden die Serenissima nur noch in Gummistiefeln durchwaten können, in den Palazzi am Canal Grande werden keine La Traviata-Aufführungen für Touristen mehr stattfinden: »Wegen Einsturzgefahr geschlossen«.

Konrad und Sylvia haben es nicht weit zu ihrer Ferienwohnung mit dem venezianischen Bett. Unterwegs folgen sie dem Klang heiserer Männerstimmen, warum eigentlich sind alle Italiener heiser? Vier alte Männer sitzen vor einer Osteria und singen Volare oho, Cantare, hohohoho. Die Serviererin, eine Lollobrigida der Strada Nuova, tanzt dazu. Arrivederci, Roma. Dass die alten Männer auf einer herbstlichen Straße in Venedig die alten Lieder singen, in ihrer Hochzeitsnacht, alles Cinecittà.

Du bist mein Lebenslicht, sagt Konrad.

Sylvie schläft in dem antiken Doppelbett, sie hat

Schlafstörungen und braucht komfortable Verhältnisse, Konrad als Diener Franke liegt auf einer Pritsche neben der Küche, er schläft überall königlich. Man darf nicht zu viel erwarten von der Ehe, philosophiert Sylvie beim Zähneputzen, wenn man nicht zu viel erwartet, geht alles gut. Unter den Gratulationen ist eine SMS von Gloria, Sylvies Jugendfreundin, dreimal geschieden: Hast es richtig gemacht. Trotz alledem. Vielleicht finde ich ja auch noch einen für den Rest. LG Gloria. Sylvia fällt die Kalbsfüßige ein. Kalbsfüßige – so nennt sie pummelige Frauen mit kleinen Füßen in hochhackigen Pumps.

Der Erdbeerkorb

Was nun die erste Lebenshälfte, die so viele Vorzüge vor der zweiten hat, also das jugendliche Alter, trübt, ja unglücklich macht, ist das Jagen nach Glück.

Arthur Schopenhauer

Ein neues Kleid hebt Sylvies Stimmung ungemein, sie ist dreiundzwanzig. Das Kleid ist hellblau, eng, kurz, maßgeschneidert. Es hebt hervor, was hübsch ist an ihr, voller Busen, schmale Taille. Sie trägt Pfennigabsätze, und sie läuft, als sei alles an ihr perfekt. Sie kann tun, als sei sie schön. Mit ihrer Freundin Gloria fährt sie nach Babelsberg, zu einer Party von Filmstudenten, die in runtergekommenen Villen Bohème spielen. Sylvies Laune ist in Vorfreude auf den Abend so himmelblau wie ihr Kleid, dazu flirrende Frühlingsluft. Fünf Jahre ist sie jetzt verheiratet mit Konrad, der auf Motivsuche in Potsdam ist, ganz in der Nähe. Ein Wochenende ohne Ehemann, spannend. Trotzdem will sie ihn anrufen, vielleicht kommt er nach, wenn er in Sanssouci fertig ist, sie kann das nicht, in seiner Nähe sein und keinen Kontakt zu ihm aufnehmen.

Sie ruft im Interhotel Potsdam an, Konrad meldet sich nicht auf seinem Zimmer, die freundliche Dame von der Rezeption schaltet sich ein: Herr Ludens ist nicht da, aber ich sehe gerade seine Gattin, möchten Sie vielleicht Frau Ludens sprechen? Nein, danke, nein, sie legt auf, sie wird bleich. Was hast du, fragt Gloria. Larsen Rinström – Sylvie versucht zu lachen über die kleine Zote, zu jener Zeit ein häufig gebrauchtes Pseudonym für fremdgehende Ehemänner, Larsen

Rinström. Sie wird ihn in flagranti ertappen, sie muss ins Interhotel Potsdam.

Sie fahren sofort hin, mit der Straßenbahn. In der Hotelhalle bleibt sie einen Moment stehen, als würde sie Anlauf nehmen: Da sind sie! Halt den Korb, Gloria! Sie will ihren Mann nicht mit einem Erdbeerkorb in der Hand dingfest machen, sie will nicht die lächerliche Figur der betrogenen Ehefrau abgeben. Sie hat die Erdbeeren unterwegs gekauft, weil sie in einem Land lebt, wo man Erdbeeren sofort mitnehmen muss, wenn es welche gibt, auch wenn man zur Trauung oder zur Beerdigung ginge. Sylvia durchquert entschlossen die Hotellobby, die im hinteren Teil in eine Brasserie mündet. Sie ahnt, wer die Frau ist, die hier als Konrads Gattin geführt wird, und geht, zitternd vor Wut und Verzweiflung, auf die Brasserie zu. Konrad sieht sie sofort, er steht vom Tisch auf und kommt auf sie zu, in seinem Gang liegt das gesammelte schlechte Gewissen des Fremdgängers, Glanz und Elend des Ehebruchs in den zwanzig Schritten, die sie trennen. Die Frau, es ist die Kalbsfüßige, bleibt geduckt vor ihrer Grillplatte sitzen.

Sylvie bezieht eben jenes Hotelzimmer, denn Konrad ist ihr Mann, die Kalbsfüßige muss gehen. Vorwürfe, Notlügen, Tränen. Nach zwei Gin Tonic wird gelacht, sie übt sich in der Rolle der starken Frau. Später hat sie sich öfter gefragt, warum sie Konrad nicht geohrfeigt hatte und nicht die Kalbsfüßige. Warum sie nicht die ganze Hotelhalle zusammengeschrien und die Tische in der Brasserie leergefegt hatte. Konrads erste Frau, die bedauernswerte Peyrette, sei in solchen Fällen mit einem Regenschirm auf ihn losgegangen, hatte er mal spöttisch bemerkt. Außerdem wusste Sylvia es, von Anfang an wusste sie es, Konrad hatte kein Hehl daraus gemacht: Ich liebe dich, aber ich kann dir nicht treu sein. Ich kann dir nicht treu sein, aber ich liebe dich. Treue? Treue. Treue? Treue. Sylvia ist unglücklich. Erst später wird sie eine Art Verständnis für das entwickeln, was so treffend Fremdgehen heißt. Man will noch einmal neu sein für einen Fremden, vor dem man eine andere Vorstellung seiner selbst geben kann, andere Seiten seiner Persönlichkeit ausleben. Fremdgehen heißt auch, sich selber kennenzulernen. So viel Verständnis allerdings beruht auf der harten Schule des Lebens.

Die Erdbeerkorb-Szenen wiederholen sich, die Kalbsfüßigen wechseln. Sylvie leidet und lernt. Bis sie ihren Nutzen zieht. Du warst auch kein Kind von Traurigkeit, Sylvia, sagt Konrad neuerdings öfter. Weil ich ein Kind von Traurigkeit war, musste ich kein Kind von Traurigkeit werden, erwidert Sylvie.

Nach einer anstrengenden, wilden Jugend, nach einem anstrengenden, wilden Mittelalter mit zwei anstrengenden, wilden Kindern, saßen Konrad und Sylvie eines Morgens in der Küche beim Frühstück. Tags zuvor war auch die zweite Tochter, die jüngere, ausgezogen. Am Küchenschrank hingen die Laufiernschuhe der beiden, fünf Zentimeter breit, zehn Zentimeter lang. Es lebte ein Alter mit seiner Alten, bemerkte Konrad mit philosophischem Lächeln.

Ruhe! – Sylvie tuschte sich wie immer beim Frühstück die Wimpern: Ich bin viel jünger als du, acht Jahre, fast neun, das ist eine ganze Generation.

Du bist schön, sagte Konrad und schnitt mit einem Spezialmesser hauchdünne Scheiben vom Käse.

Damit du auch so schön wirst wie ich, musst du dich erstmal rasieren.

Nur jeden zweiten Tag, außerdem hast du dich nicht dafür bedankt, dass ich mich gestern rasiert habe.

Ich gehe immer noch davon aus, dass sich ein Mann täglich rasiert und dass das eine Selbstverständlichkeit ist.

Sie teilten sich wie jeden Morgen eine große goldene Kiwi. Es lebte ein Alter mit seiner Alten.

Aus dem Leben einer älteren Dame –Sylvia

Nichts macht schneller alt als der immer vorschwebende Gedanke, dass man älter wird.

Lichtenberg

Wenn ich ein Café oder ein Bistro betrete, verstummt kein Gespräch, ist kein Auge auf mich gerichtet, niemand ruckelt nervös auf dem Stuhl hin und her. Alles bleibt wie es war, bevor ich auftauchte. Ich finde das in Ordnung, dieses Verschwinden in den Hintergrund, das ältere Frauen öfter bedauern. Ich habe es lange genug gehabt, das Strammstehen vor meinem Dekolleté, die Hab-Acht-Stellung beim Klacken meiner hohen Absätze, das ehrfürchtige Verstummen vor einem Lächeln. Das ist kein Verschwinden, das ist Schichtübernahme, die hat Vorteile. Eine Freundin tanzte noch mit Mitte Vierzig im Fernsehballett, in der zweiten Reihe nunmehr, in der ersten tanzten sozusagen ihre Töchter, aber sie tanzte noch mit, darum ging es ihr, das Tanzen in der zweiten Reihe bereitete ihr beinahe mehr Vergnügen als in der ersten, weil sie es für sich tat, aus Spaß am Tanzen, ohne Ehrgeiz.

Wo ich wohne, sind die Menschen nicht älter als neununddreißig. Alte sind rare Exemplare, die Mütter und Großmütter der Zugezogenen leben in Stuttgart, Hannover oder Wanne-Eickel und kommen selten in das Wildgehege Prenzlauer Berg. Die angestammten Alten sind weggezogen, weil sie die teuren Mieten nicht mehr bezahlen konnten oder wollten. So beschränkt sich der Altenanteil auf einen Antiquitätenhändler, einen Kunstwissenschaftler mit schlohweißem Haar, einen Gemüseverkäufer und die krumme kleine Frau mit der Hasenscharte, die Flaschen aus den Abfallbehältern klaubt und sich gleichgültig zwischen die geparkten Autos hockt und pinkelt; sie hat nichts mehr zu verlieren.

In den Cafés der Gegend liegt der Altersdurchschnitt bei höchstens neunundzwanzig, ich verkehre dort undercover, höre junge Stimmen, sehe junge Gesten, beobachte jugendselige Fröhlichkeit und frühes Leid. Ich liebe diese Cafés in ihrer rumpeligen Romantik aus abgenutzten Wohnzimmersesseln, Dreißigerjahre-Couchtischen und Etageren. Solche Dinge kenne ich aus meiner Kindheit, es gab sie nach dem Krieg bei Leuten, die nicht ausgebombt waren. Unter dem goldenen Schein pergamentener Lampenschirme schienen Reste von Nestwärme auf. Ich mache mir selten Gedanken darüber, wie ich wirke in dieser Umgebung, vielleicht wie ein Möbel, das zum Stil passt, Retro. Ich sitze am liebsten auf dem Verlobungssofa, allein; wenn ein Mann oder eine Frau über fünfzig auftaucht, gehe ich; da greift so was wie ein Alleinvertretungsanspruch, ich möchte die einzige Alte unter den Jungen sein.

Als ich siebzehn war und gern das Pressecafé in der Friedrichstraße aufsuchte, saß dort zwischen übermütigen Bildhauern, aufstrebenden Schauspielern und jungen Taugenichtsen tagtäglich eine alte Dame, man sagte, sie sei die Nichte von Gustav Noske. Die Noske-Nichte saß immer am selben Platz, immer vor derselben Säule. Wir, die wir jung waren, nannten sie die Säulentante. Nun bin ich die Säulentante.

Das schließt nicht aus, dass mich das Personal dieser Art Cafés zuweilen duzt: Möchtest du den Americano zum Hiertrinken oder To go? Geduzt werden heißt jung sein, dazu gehören, zur Generation der coolen Coffee-to-go-Trinker. Das an mich gerichtete Du bedeutet genau das Gegenteil, es führt mir vor Augen, dass ich nicht jung bin und dass ich nicht zur Szene gehöre; dass man aber annimmt, dass ich gern jung wäre und dass ich gern zur Szene gehören würde, man will mir einen Gefallen tun. Das macht dieses Du irgendwie genant.

Ich weiß immer nicht, wie ich dich ansprechen soll, sagt der schlaksige Junge mit der Mafiamütze hinter der Bar. Wie's so kommt, sage ich. Dann duze ich Sie, Sie sind doch locker, beschließt der Junge, ich bin Mario, der Barista. Gegen Schmeichelei ist man wehrlos, da kann man nichts anderes tun, als sich ein bisschen in die Tasche lügen.

Als Subjekt der Begierde bin ich ausgeschieden, freiwillig. Als Objekt auch. Streift mich der Blick eines Mannes, halte ich ihn für einen Perversen, einen Verrückten oder Kriminellen. Mein letztes Kompliment habe ich vor fünf Jahren gekriegt, von einem Typ, der hinter der Frau an sich her ist, chercher la femme als Permanentprogramm, Frauen sind nicht austauschbar, auch ältere Damen nicht, mein Lieber. An einem Abend in der Kneipe, die ich öfter aufsuche, war der Typ beleidigt, weil ich ihn nicht beachtete. Ziemlich betrunken rief er, vermutlich mit der Absicht, mich zu kränken: Du bist doch auch schon fünfzig! Welch ein Triumph, ich war zehn Jahre älter.

Es gibt Komplimente, die mir mehr bedeuten. Arbeiten Sie noch? – bei dieser Frage ist klar, man hält mich für so alt, wie ich bin. Wenn aber das Mädchen bei Rossmann mir einen schönen Feierabend wünscht, bin ich froh, sie hält mich für eine Teilnehmerin am Arbeitsleben, also für jünger. Ich wünsche Ihnen ein fabelhaftes Wochenende, sagte gestern eine Verkäuferin anstatt des geschäftsmäßigen Schönen Tag noch, sie sagte wirklich fabelhaft, manche einstigen Wörter kommen wieder. Sie meinte in diesem Moment, für diese drei Sekunden, nicht irgendwen, sondern mich und sah mich dabei an mit jenem Strahlen dunkler Augen, welches das Glitzern der blauen noch übertrifft. Es war ein Freitag, das Mädchen war gut gelaunt, vielleicht freute sie sich auf zwei freie Tage oder auf eine Verabredung, oder weil die Sonne schien. Vielleicht hatte sie gestutzt, weil ich beim Rausgehen nicht Tschüss, sondern Auf Wiedersehen sagte, eine Marotte, die ich seit zwanzig Jahren pflege, auch auf die Gefahr hin, schrullig zu wirken. Tschüss gibt es bei mir nicht oder gar Tschüssi, was soll das? Dabei fällt mir ein, dass ich in meiner Jugend wie selbstverständlich eine Berlinische Verballhornung von Adieu gebrauchte: Atschö, sagte ich, es war üblich und nicht besser als Tschüss. Das Alter neigt, das weiß man, zur Selbstgerechtigkeit. Wenn ich »alt« sage und das auf mich beziehe, ist mir, als würde ich einen Witz machen. Das eigene Alter entzieht sich dem Wissen, man weiß alles und nichts.

Bis vor zwei Jahren bin ich die vier Etagen von unserer Wohnung in kleinen Sprüngen runtergetanzt, freihändig. Da geschah es. Es war Winter, ich tanzte Treppe und fiel, schwer wie eine Bombe im Zweiten Weltkrieg und grollend wie eine Lawine, die Treppe runter bis vor die Tür einer Nachbarin, wenig anmutig, dazu gefährlich, vor allem peinlich. So schnell wie möglich rappelte ich mich auf und lauschte dem dumpfen Rumsen nach, das ich verursacht hatte. Alles blieb still im Hausflur. Mir tat das Knie höllisch weh, aber ich musste los, ich hatte einen Termin. Während ich sichtlich behindert über Schnee und Glatteis trippelte, dachte ich: Jetzt kannst du nie mehr einfach so laufen, so leicht und lustig, ab heute wirst du dir jeden Schritt überlegen müssen, das Knie ist kaputt für immer. Vielleicht ist es ja was Schlimmeres als das Knie, vielleicht musst du ab morgen an Krücken laufen, flüsterte die Angst. Ein Oberschenkelhalsbruch ist der Anfang vom Ende, wisperte Kassandra. Treppetanzen verboten, sprach die Vernunft.

Genau an diesem Vormittag erlebte ich das, was man Reporterglück nennt. Zur rechten Zeit am rechten Ort erblickte ich zum ersten Mal den Spiegelsaal in Clärchens Ballhaus. Neue Eigentümer inspizierten an jenem Tag ihren Besitz, und ich folgte ihnen die seit Ewigkeiten nicht betretene Treppe hinauf. Seit 1944 war das Gründerzeitjuwel verschlossen und weggeschlossen gewesen. Die atemberaubend wundersame staubbedeckte Pracht des alten Tanzsaals, die Berührung einer bis zu diesem Moment unberührten Vergangenheit wirkte prompt, der Schmerz war weg, ein Wunder war geschehen. Wunder soll man nicht strapazieren. Ich halte mich jetzt am Geländer fest beim Treppetanzen.

Betrachte ich mich im Spiegel, fallen mir die Zerrspiegel in den Raritätenkabinetten auf Rummelplätzen ein, da sah man entweder aus wie ein Vollmond oder dünn wie eine Mondsichel, letzteres trifft, was mein Gesicht anlangt, neuerdings auf mich zu, auch ohne Zerrspiegel. Ich hatte mal eine Zahnwurzelbehandlung, in deren Folge meine linke Wange anschwoll, sie sah prall und glatt aus, mein Gesicht linksseitig wirkte jung, ich war begeistert. Das war der erste Blick, auf den zweiten machte die zufällige Verjüngung mein Gesicht erstaunlich banal; ich bekam eine Ahnung davon, was ein Facelifting mit mir anstellen könnte.

Fotos, auf denen ich mir nicht gefalle, vernichte ich. Ich scheue neuerdings nicht einmal die Photoshopmethode – wegschummeln, was stört. Das ist mein gutes Recht, zumal ich aus Ängstlichkeit und Überzeugung keinerlei Eingriffe an mir plane, nicht die klitzekleinste Botox-Spritze. Ich sitze vor dem Computer, klicke ein aktuelles Porträt von mir an, drücke auf ein virtuelles Pinselchen und fahre damit kurz über meine rechte Nasolabialfalte. Ich klicke auf »Fertig«, und fertig ist der Lack, wie meine Großmutter zu sagen pflegte. Die Falte ist weg, der Lackschaden behoben. Ich sehe auf mein Abbild und bin zufrieden. Was für eine Sensation wäre so ein Pinsel, wäre er nicht virtuell, sondern wirklich, was für ein Unglück aber auch!

Die vorübergehende Macht über mein Gesicht erzeugt eine Art Schöpfergefühl, ich pinsele nicht alle Falten weg, man darf nicht übertreiben. Dies Spiel ist Verrat, ich weiß. Ich, die ich Authentizität und dokumentarische Treue über alles schätze, verfälsche mein echtes Gesicht. Doch was heißt hier echt, wenn der Fotograf keinen Reflektor dabei hatte, weil er der Meinung ist, das Gesicht eines älteren Menschen habe eine Landschaft zu sein, »eine Landschaft mit Hügeln und Tälern«, die man »herausarbeiten« müsse. Oder wenn er einfach nicht in der Lage ist, gutes Licht herzustellen.

Licht kann Falten machen oder faltenlos, jung machen oder alt, aggressiv oder sanft. Licht leuchtet das Leben aus, könnte man Licht essen, wäre ich ein Glühwürmchen. Finde ich mich faltig, weiß ich den Grund: Früher war das Licht besser! Meine Freundin Gloria schminkt sich, seit sie dreißig ist, mit einer roten Lampe neben dem Spiegel, das wäre mir zu früh gewesen. Reise ich wohin, und das Licht ist grau im Hotelzimmer, kaufe ich für die Zeit meines Aufenthalts eine Lampe, die bei meiner Abreise dort verbleibt. Restaurants und Geschäfte mit Sparlampenbetrieb meide ich. Das Leben ist zu kurz, um ungünstig beleuchtet zu sein. Bin ich wo eingeladen, kann es vorkommen, dass ich in fremden Wohnungen Lichtregie führe. Ich versuche, hier etwas zu dimmen, dort etwas heller zu machen oder eine gelbe Serviette vor eine allzu grelle Lampe zu klemmen. Ich habe einen Lichttick, das ist klar. Schuld ist meine Mutter. Sie hat geraucht in dem Zimmer, in dem ich als kleines Kind schlief, ihre glühende Zigarette in der Dunkelheit war das Seelenfeuer, an dem ich mich wärmte. Das hatte die lebenslange Folge, dass ich mich bei kaltem Licht einsam fühle.

»Ein Lichtbild 40 Cent« – auf dem Asphalt vor einem Trödelladen steht ein Wäschekorb mit Fotos. Alle schwarzweiß, viele gezackt am Rand, sechs mal sechs oder sechs mal neun Zentimeter groß. Hunderte von vergangenen Gesichtern. Ich krame in den Bildern aus fremden Kisten und Alben, manche sind auf der Rückseite beschriftet: »Sonntag 5. 3. 1944 Klein-Machnow, Ullachens Einsegnung. Onkel Paul, Tante Helmi, Erika Pulod, Onkel Ferdinand, Rudi (in Uniform), Mariannchen«. Ullachen ist 1944 also vierzehn Jahre alt gewesen, Ullachen mit hochgestecktem, dunklem Haar und einem Mantel mit schwarzem Samtkragen. Jetzt ist Ullachen zweiundachtzig Jahre alt oder tot, das Foto stammt aus einem Nachlass, vermutlich nicht aus ihrem, sondern aus dem eines älteren Familienmitglieds, für das sie einst »Ullachen« gewesen war, die Kleine. »Vati im August 1954 auf unserem Balkon«, so die Beschriftung auf der Rückseite eines anderen Lichtbildes. Ein korrekt gekleideter Mann mit Zigarre und Hornbrille, der einen Brief liest und dem man ansieht, dass er der Chef in der Familie ist. »Vati« weilt vermutlich schon lange nicht mehr auf dieser Welt, 1954 dürfte er Ende fünfzig gewesen sein, geboren also am Ende des neunzehnten Jahrhunderts.

Ich kaufe zehn Fotos, ausgewählt nach Stimmung und Eingebung. Weil ich an einem Gesicht hängen geblieben bin. An einem Datum, einer Handschrift auf der Rückseite. Ein Mensch, ein Schicksal, ein Es-war-einmal. Das Letzte, was geblieben ist, ein Foto im Wäschekorb vor einem Trödelladen in einer Nebenstraße, frei zum Angucken und Anfassen für jedermann, stummes Zeichen, Zwischenmeldung aus dem Jenseits.

Sie haben mich gerührt, diese Lichtbilder, dieser Abglanz von Leben, dieses lebendige und zugleich vergangene Licht in einem Lächeln, einem Blick, einer Haarsträhne. Zwei junge Männer, beide im dunklen Ulster, beide haben einen weißen Schal lässig um den Hals gelegt, draufgängerisch der eine, ängstlich der andere. Sie erinnern mich an die halbwüchsigen Gangster der Gladow-Bande, die nach dem Krieg Staunen und Furcht in Berlin verbreiteten und mir, dem Kind, Schauer des Schreckens über den Rücken jagten. Alles Schwarzweißbilder, Farbfotos waren nicht üblich. Schwarzweiß ist eine Stilisierung besonderer Art, ein selbstverständlicher Verzicht auf Echtheit, keine Farbe, dafür das Erlebnis von Zwischentönen in Grau. Über der Individualität der Gesichter und Gestalten liegt etwas Gemeinsames: das Licht einer Generation, ihre Schuld und ihre Unschuld. Die Welt in Schwarzweiß, das ist die der Eltern, in Sepia getaucht war die der Großeltern und Urgroßeltern. Man kann den Bildern immer noch was hinzudenken: Papa hatte blaue Augen, Tante Christel war rotblond, der kleine Paul hatte zum ersten Mal eine Cordhose an, die war grün.

»Fotografieren heißt die Sterblichkeit inventarisieren«, sagt Susan Sontag. Ein Fingerdruck genüge, um dem Augenblick gleichsam eine postume Ironie zu verleihen. Anhand von Fotografien sähen wir uns auf höchst intime und qualvolle Weise mit der Realität menschlichen Alterns konfrontiert. Betrachte man eine alte Aufnahme von sich selbst oder von Menschen, die man persönlich kenne oder von viel fotografierten Prominenten, so sei die erste Reaktion: Wie viel jünger war ich, waren sie, damals! Da ist sie wieder, die Unfassbarkeit des Alters.

Seit einiger Zeit lese ich mit einer gewissen Spannung die Todesanzeigen in der Zeitung und stelle mir die Lebensumstände der Verstorbenen vor. Ich gucke auf die Geburtsdaten und finde nicht selten Angehörige meiner Generation, das beunruhigt, frühere Geburtsdaten hingegen beruhigen mich, da hätte ich ja noch gute zwanzig Jahre zu leben. Eben las ich, dass Frau Gudrun Gumpert gestorben ist. Ich kannte sie nicht. Oder doch? In der Anzeige steht: »F.W. Gumpert – Café und Conditorei Gumpert«. Es ist der Name der Konditorei, wo meine Mutter einmal im Monat mit mir »konditern« ging, Liebesknochen, dazu der Duft von echtem Bohnenkaffee. In einer kleinen Konditorei, da saßen wir zwei und aßen für drei. Café Gumpert – Paradies zwischen Ruinen. Schöner konnte es ein Kind nicht haben, es hatte auch andere Zeiten erlebt, noch gar nicht lange her, der Krieg war gerade erst vorbei.

Wenn man älter wird, erinnert man sich, gern oder ungern, meist jedoch gern an seine Kindheit, an seine Jugend, man denkt das Ende vom Anfang her. Man komplettiert sich. Weil man ja doch nicht nur der reduzierte, defizitäre ältere Mensch ist, sondern auch das Kind, der Starke, der Junge, der man mal war. Mit sentimentalem Eifer und kindlicher Lust fügt man dem Status quo jene vergangene Kraft und Herrlichkeit hinzu, die man einmal besaß, als elementares Eigentum. Sich an seine Kindheit erinnern heißt einen Teil von sich zurückholen, der im Erwachsenenalter oft genug verschüttet wurde – das Staunen über die Dinge des Lebens, das Jauchzen und Frohlocken, der Glaube an Wunder und weiße Elefanten. Die Kinderjahre, sagt Schopenhauer und meint damit die Zeit, bis man ungefähr fünfzehn ist, die Kinderjahre seien fortwährende Poesie, alles sei mit dem Lack des Neuen überzogen. Die Dinge und Erscheinungen liegen vor dem Kind ohne die Abstumpfung der Wiederholung. Das Kind sieht die Dinge an, als wären es die einzigen ihrer Art, und in jedem Einzelnen ist das Wesen des Lebens. Das Kind sieht, der Erwachsene will. Das, so der Philosoph, sei das Ende der Glückseligkeit: »Alle Dinge sind herrlich zu sehn, aber schrecklich zu sein.« Das Kindesalter schaffe die meisten Erinnerungen. Je älter man werde, je weniger Spuren enthalte die abgelaufene Zeit. Daher erinnern wir uns der früheren Jahre besser als der späteren. Ich erinnere mich an das Kind, das ich war, mit Distanz.

Das Kind hatte den November, auch den Dezember, im Bett gelegen. Nicht, weil es krank gewesen wäre, sondern weil es ein kalter Winter war, weil es keine Kohlen gab, und weil das Kind keine richtigen Schuhe hatte, nur welche aus Igelit, und von denen kriegte es Frostbeulen. Manchmal kam die Mutter, eine strahlende, große, unbeherrschte Frau, die dauernd unterwegs war, um was zu essen ranzuschaffen, manchmal kam sie ans Bett des Kindes und schenkte ihm einen Negerkuss. Der war weiß, mit milchfarbener, süßer Creme umhüllt, für richtige Negerküsse fehlte die Schokolade. Einmal hatte sie ein Bild mitgebracht, eine Zeichnung unter Glas, darauf ein Mädchen in einem roten Kleid und einem Spatz in der Hand. Darunter stand: »Vöglein, flieg in die Welt hinaus«. Ringsherum war Sommer. Das Kind auf dem Bild hatte ein Gesicht aus Friedenszeiten, rund und gesund, anders als das dünne Geschöpf im Bett, dem die Mutter immer sagte, es sehe aus wie Braunbier mit Spucke. Weihnachten wurde das Zimmer geheizt. Das Kind durfte aufstehen und auf die Bescherung warten. Als sich die Tür öffnete, dachte das Kind, dies wäre das Paradies, darauf war es nicht vorbereitet. Neben dem Tannenbaum stand ein richtiger Puppenwagen mit —einer richtigen Puppe drin. Nicht aus Lumpen und Lappen, sondern mit Armen und Beinen aus Porzellan, mit richtigen Augen, Schlafaugen sagte man damals. Daneben lag ein Waschbrett, graublau, mit Holzrahmen, für die Puppenwäsche. Das Kind war starr vor Glück, die Geschenke machten es sprachlos. Weinend schob es den ganzen Weihnachtsabend lang den Puppenwagen durch das Zimmer. Vierzehn Tage lang spielte es mit Puppe und Wagen und begann langsam zu begreifen, dass die Dinge ihm wirklich gehörten.

Eines Tages, und der sollte bald sein, erklärte die Mutter dem Kind, dass es alles wieder hergeben muss, die Puppe, den Wagen und das Waschbrett. Die Familie habe nichts zu essen, deshalb müsse sie zu den Bauern aufs Land fahren und die Dinge gegen einen Sack Kartoffeln eintauschen. Der Großvater leide an der Hungerkrankheit, das Kind habe ja gesehen, wie ihm das Blut an den Beinen herunter lief, wenn er aus dem Bett aufstand. Das Kind sah alles ein, es leistete keinen Widerstand, es war nicht einmal besonders traurig. Vielleicht begann Sylvies Angst vor dem Glück hier. Die Angst vor der Enttäuschung. Die Angst, dass etwas Schlimmes passieren könnte, sobald sie glücklich ist. Vielleicht hatte es hier angefangen, in der dunklen, kalten Kriegskindheit, die Sylvia dennoch als wundersam in Erinnerung hat. Sie freut sich noch heute über Dinge, die eigentlich selbstverständlich sind; vielleicht kann man das nur, wenn man den Mangel erlebt hat, vielleicht.

Gestern war der Seifenblasenmann auf dem Platz vor unserem Haus. In unregelmäßigen Abständen erscheint er mit einem Seifenlaugeneimer und einem Gerät, das riesige Seifenblasen zaubert. Die Kinder kommen angelaufen und gucken gebannt auf die bunten Gebilde, die entstehen, für kurze Zeit bleiben und verenden, sie steigen in die Höhe und gehen auf ihrem Weg in den Himmel zugrunde. Der Seifenblasenmann in seiner roten Fleecejacke breitet beim Herstellen der Seifenblasen die Arme aus wie ein Schamane, der die Unschuld beschwört. Ich kenne ihn flüchtig. Es könnte sein, dass er keine Arbeit hat, keine Liebe und wenig Gelegenheit zum Glück. Wenn er Seifenblasen macht, kommt er zu den Kindern und zu sich selbst. Er schafft

Bleibendes, denn die Fünfjährigen werden die Seifenblasen ihr Leben lang nicht vergessen, diese Regenbogenbälle, die traumhaft schön sind, auch wenn sie zerplatzen. Dass es schöne Dinge abseits des Nutzens gibt, wird zu ihrem Kindheitsmuster gehören.

Ich kann mich in meine Spur begeben, wann immer ich will, mein Kindheitsmuster ist leicht auffindbar. Ich bin immer in Berlin geblieben, der Stadt, wo ich geboren wurde, immer im selben Bezirk, mein Radius ist klein. Wenn auch nicht so klein wie der von der Frau, über die ich gerade in der Zeitung las. Frau Mußwik, die eben hundert Jahre alt geworden ist, lebt seit neunundneunzig Jahren in derselben Wohnung, Neukölln, Hasenheide, dreieinhalb Zimmer, dritter Stock. In der Wohnung wohnten schon ihre Eltern, der Vater war Barmixer in »Mampes gute Stube« am Kurfürstendamm, wo Joseph Roth den Radetzkymarsch geschrieben haben soll. Die alte Dame, Annemarie heißt sie, wie Nesthäkchen, nomen est omen, Annemarie, die gern weiße Strickjacken trägt, lebt in innigem Einverständnis mit ihrer Vergangenheit. Sie schläft in dem Zimmer, wo sie als Dreijährige die Schäfchen an der Decke zählte, sie kocht in der Küche, in der sie ihrer Mutter beim Kuchenbacken zuschaute, sie sieht aus dem Fenster das, was sie immer sah, beinahe. Frau Mußwik, und das mag verwundern, besitzt einen Laptop, erhält Mails und beantwortet sie. Die Frau ist in ihrer Spur geblieben. Vielleicht ist sie deshalb so alt geworden, Treue wird belohnt. Zuweilen.

Jetzt, wo ich älter bin, taste ich meine Spuren häufiger ab, Erinnerung ist die emotionale Reserve des Alters, sie hält zusammen, was zu zerfallen droht. »Es ist nie zu spät für eine glückliche Kindheit«, gepinnt an einen Leierkasten. Im Hausflur meiner Kindheit liegen noch immer dieselben, mosaikförmig angeordneten schwarzweißen Fliesen. Der Mauervorsprung, auf den mein erster Gummiball beim Kante-Spiel prallte, ist derselbe wie damals. Häuser, Höfe, Plätze, Keller. Nachkrieg, Neuanfang. Auf dem Hof, wo ich mit Rosi und Vroni Lackbilder tauschte, blühen die Hortensien noch immer. Der Weg zum zweiten Hinterhof, der lauschiger war als der erste, führt durch den Keller, so war es, so ist es. Der Platz, wo ich das einzige Mal in meinem Leben Rollschuh gelaufen bin, ist immer noch ein weitläufiger Ort. Ich hatte keine eigenen Rollschuhe, Marlene hatte mir einen geliehen. Eine unvergessene Stunde an einem Tag voller Leichtigkeit. Mit einem einzigen Rollschuh. Das Unperfekte kann spannend sein, die Vorfreude auf das Vollendete kann glücklich machen, die Erinnerung an die Anfänge spendiert der Gegenwart poetische Momente. Im Sommer setze ich mich öfter in ein Straßencafé, das sich in einem unsanierten Haus befindet. Die Stühle stehen über Kellergittern, ich kann die Kellerluft riechen, die aus dem Souterrain nach oben steigt und angenehme Kühlung bringt. Sie weht mein Kleid hoch wie damals meinen Glockenrock, der aus einer alten Gardine genäht worden war. Ein Windstoß aus der Zeit der Hausflure.

Die Fabrikhöfe sind immer noch schattig und kühl, Molkereien allerdings und Kühe sind da nicht mehr. Das Treppenhaus, das ich, drei Stufen auf einmal, hinaufstürmte, um pünktlich oben zum Mittagessen zu sein, ist unrenoviert geblieben. Der Balkon im zweiten Stock hat dieselbe gelbe Tünche wie vor fünfzig Jahren. Ich könnte hoch gehen, Henning rufen, und der Junge aus dem Quergebäude würde am Küchenfenster erscheinen. In dem Haus, wo Dr. Glück vor einem halben Jahrhundert meine Mittelohrentzündung behandelte, haben sich ein Internist niedergelassen und ein Homöopath. Im zweiten Stock wohnte Elli, die ich mochte, weil sie hübsch und schwerhörig war, sie hatte alle Trotzkopf-Bände. An einem Nachmittag auf ihrem Balkon lieh sie mir »Trotzkopf als Großmutter«.

Ich war nicht immer eine ältere Dame, auch wenn man von allen älteren Damen annimmt, dass sie schon immer ältere Damen waren. Wenn ich über das Pflaster meiner Vergangenheit flaniere, feiere ich mein Leben, ich halte das für angebracht, ich hab ja nur eins. Die große rote Schule, die ich das erste Mal mit einer Schultüte betreten hatte, ist immer noch eine große rote Schule. Aus einem Blechnapf, der aus einem Stahlhelm gemacht war, löffelten wir die Schulspeisung. Badura, Becker, Bettermann, so begann das Klassenbuch, Fräulein Oprotkowitz schlug mit dem Zeigestock auf die Fingerspitzen der Erstklässler. In der Zweiten kam Frau Rebhan, die Neulehrerin war erst zwanzig und schlug nie. Ich telefoniere noch ab und an mit ihr, sie verfolgt meinen Lebensweg, sie liest manchmal einen Artikel von mir in der Zeitung. Einmal rief sie an und sagte: Diesmal war ich gar nicht zufrieden mit dir, Sylvia! Für sie bin ich immer noch das Schulkind, für mich ist sie immer noch die Lehrerin, obwohl wir nun beide ältere Damen sind. Frau Rebhan, das kann man so sagen, ist keine ältere, sondern eine alte Dame, aber ihre Stimme ist so jung, dass ich sie vor mir sehe, wie sie an der Tafel stand in der großen roten Schule.

Ich konnte mir ein Leben ohne Krieg nicht vorstellen. Ich vervollkommnete meine Sammlung von Kerzenstummeln, die ich in einer Geheimschublade verwahrte, um für den Dritten Weltkrieg gerüstet zu sein, weil ja sicherlich wieder der Strom ausfallen würde. Krieg gehörte zum Leben wie Hunger, Kälte und die Aussicht auf eine bessere Zukunft und dass ich irgendwann Rollschuhe kriegen würde. Auf dem Hinterhof der Zweihundertelf, wo der Lebensmittelhändler Schummer auch nach Ladenschluss noch verfügbar war – Hol mal Salz bei Schummer hintenrum, Sylvie! – da ist jetzt ein Hotel. Ich hatte neulich die Idee, dort einzuchecken, um inkognito in meine Kindheit zu kriechen. In Schummers Laden befindet sich seit einiger Zeit der »Asia Tiger«, da essen Leute die Nummer 31 oder die Nummer 42. Irgendwann setze ich mich da hin und bestelle ein großes, dunkles Brot und hundert Gramm Marmelade, Schummers Schätze aus hungrigen Zeiten waren nicht nummeriert. Die Serviererin mit den schrägen Augen würde mich hilflos ansehen und einen wunderlichen Eindruck von mir gewinnen, sie wüsste ja nicht, dass ich mich in diesem Moment in einem anderen Jahrhundert aufhalte.

Der Schulhof meiner Oberschule eine Straße weiter sieht auch aus wie damals. In den großen Pausen hatte ich mit Angela lässig an einer räudigen Wand gelehnt, in schwarzen Strümpfen, was zu jener Zeit als Zeichen dekadenten Existentialismus von den Aufsicht habenden Lehrern grimmig kommentiert wurde. Der Torbogen, unter dem ich von einem Maurerlehrling den ersten Kuss bekam, steht da, als sei nichts passiert nach diesem Kuss. Ich kann mein Kindheitsmuster berühren und abtasten, ohne Aufwand. Ich gehöre nicht zu den Globalplayern, ich spielte mein Leben lang an lokalen Plätzen, in meiner Sesshaftigkeit bin ich ein Auslaufmodell. Das alte Kind, das ich bin, fühlt sich aufgehoben im Kokon der Zeit. Die Jugend ist weg, die Zeugen sind da. Als würde mein Leben unter Denkmalschutz stehen. Herr Fischer, Herr Fischer, wie tief ist das Wasser, was ist aus Rosi und Vroni geworden, was aus Elli, Angela und Marlene; Badura, Becker, Bettermann, was ist aus denen geworden? Acht ältere Damen, die morgens in den Spiegel gucken und zu sich sagen: Bist nicht mehr die Jüngste, mein Mädchen.

DIE ECHOS – Schwingung und Nachhall

Ich werde nicht allein alt, ich bin in Gesellschaft. Mein Altwerden hat Echos, ihre Schwingungen tragen mich. Das Alter ist der Nachhall der Jugend. Die Sechzehn, deren Echos ich aufgeschrieben habe, sind nahe oder ferne Freunde und Bekannte, ich kenne sie gut oder flüchtig. Ihr Echo ist der Widerhall einer Generation, die das Heulen der Sirenen in den Genen trägt und das Glück hatte, jahrzehntelang in Frieden zu leben. Auch die Echos Jüngerer sind dabei, weil Alter ohne Jugend nicht zu denken ist.

Die Gespräche fanden in Cafés, Kneipen, Wohnungen und Ateliers statt. Es war ein ganz normaler Frühling mit Flieder und Maiglöckchen. Ein Frühling, der bestimmt war vom Atomunglück in Fukushima. Ein Frühling mit Ehec, dem unbekannten Bazillus, der besonders die Alten beunruhigte. Der Sommer ist kühl gewesen und regnerisch, so viel Regen fiel nie, die Hibiskusblüten ertranken im Überfluss. Meine Enkel Philipp und Franz waren neun und zehn Jahre alt. Sie gingen auf Schulen, in denen es keine Zensuren gibt, malten Schlachtszenen und trugen gelbe Shorts mit aufgedruckten Palmen. Philipp isst kein Fleisch, Franz liebt Blutwurst. Philipp lernt Elektrobass, Franz will nicht mehr Klavier spielen. Philipp zerschmetterte sich das rechte Knie, Franz brach sich den linken Fuß. Ich erzählte ihnen von den Echorufen meiner Kindheit: Wie heißt der Bürgermeister von Wesel? Esel! Was kostet die Butter in Dänemark? Eene Mark!

ECHO I

Eine offene Rechnung

Zwei junge Frauen schlendern durch den Empfangssaal des Kreml, eine klein, eine groß, in Abendkleidern, glitzernd, voller Übermut. In ihrer Körperhaltung steckt Erwartung. Es war ein heißer Moskauer Sommer. Regine, die kleinere, trug keinen Slip unter ihrem Kleid. Du glaubst gar nicht, was das für ein Gefühl ist, flüsterte sie ihrer Freundin zu.

Ein Februartag, dreißig Jahre später. Das Licht ist rot an diesem Abend, die Luft vielversprechend. Riechst du den Frühling, Regine? Und wie. Ich habe mir das Rauchen abgewöhnt, wirklich, keine einzige mehr, nicht eine. Regine hatte Lockenwickler in ihre dicken, blonden Haare gedreht und drei Kilo abgenommen, sie möchte ihre Konturen erhalten, erkennbar bleiben. Aus dem Stegreif hält sie einen kleinen Vortrag zum Thema Alter: Mit fünfundsechzig war man früher eine Greisin, man konnte schlecht laufen, hatte einen Witwenbuckel, keine Zähne und graue Haut. Das hat sich geändert. Es gibt sechzig- und siebzigjährige Frauen, die sehr gut aussehen, die am gesellschaftlichen Leben teilnehmen, gepflegt sind, gut riechen und Ansprüche haben.

Allgemein gesehen sieht die Lage rosig aus, konkret verdunkelt sich der Horizont ein bisschen, und die Regenbögen werden seltener. Mich macht das Alter wütend, sagt Regine, vielleicht werde ich ja dankbar und demütig, wenn ich noch älter bin, jetzt jedenfalls bin ich wütend. Ihre Gefühle und Ambitionen passen nicht zu ihrem Alter, findet sie. Als sie ihre erste Lesebrille bestellte, null komma fünf Dioptrin, hatte sie gedacht: Das wird schon wieder, eine vorübergehende Schwäche. Ich denke immer, ich werde noch mal wie neu. Es deprimiert sie, dass sie weniger schafft als früher. Sie hat gerade alte Kalender durchgesehen, ein Riesenprogramm stand da drin, ein Dutzend Dinge an einem Tag. Hat sie alles geschafft. Heute, sagt sie, reichen schon drei Dinge, um sie nicht zu schaffen. Früher, wenn sie bei Freunden auf dem Land eingeladen war, hat sie manchmal spontan gefragt: Soll ich euch die Küche weißen? Ja, wäre schön, haben die gemeint, sie hat es gemacht, sofort. Eine Nacht um die Ohren schlagen – kein Problem, am Morgen ein paar kalte Wassergüsse ins Gesicht, ein starker Kaffee, und los gings.

Das Alter ist die erste Situation in meinem Leben, gegen die ich nichts unternehmen kann, sagt Regine. Es sei ein gewaltiger Unterschied, allein oder zusammen älter zu werden. Sie lebe und arbeite weiter in ihrem gewohnten Umfeld, da kenne sie sich aus, sie habe aber keine Pläne mehr. Mit einem Mann könne sie sich sofort vorstellen, quer durch Amerika zu fahren, sie sei nicht der Typ Frau, die so etwas allein machen würde. Gemeinsam abnehmende Energie sei schließlich immer noch mehr als einzeln abnehmende Energie: Warum habe ich keinen Mann?

Regines letztes großes Abenteuer war Jesus aus Kuba, da war sie zweiundfünfzig, er fünfundzwanzig, ein schöner Junge mit olivfarbenem Körper. Und sie flog hin, nach Minas, weit weg von Havanna, mit Geschenken für die ganze große arme Familie ihres Geliebten: Jeans, Seife, Zahnpasta, Fahrradschläuche. Sie wohnte in einem Dollarhotel mit Swimmingpool und breitem Bett, all inclusive, außer Jesus. Ihr Kubaner durfte nicht rein ins Dollarhotel, »prohibido«, verboten, er musste draußen auf sie warten. Sie liebten sich in der stinkenden Absteige eines öden Vorortes, mit Brettern vor den Fenstern und einem hustenden alten Mann im Zimmer nebenan. Sie sei nicht bei sich gewesen, als sie Jesus heiraten wollte: Ich war plötzlich sechsundzwanzig.

Die Ehepapiere waren schon fertig, die Gäste geladen, die Musik bestellt, es war warm in Kuba in jenem November, da, im letzten Augenblick, zog sie die Notbremse und wurde wieder zu einer Frau von zweiundfünfzig, die keine Dummheiten mehr machen wollte in ihrem Leben: Wenn dir im Alter eine Liebe begegnet, hast du bedauerlicherweise so viele Erfahrungen gemacht, dass dir plötzlich alles einfällt, was gegen die Verbindung spricht, du glaubst zu wissen, was dir bevorsteht. Weil die Zeit drängt, möchtest du nicht mehr so viele Versuche machen, die mit hoher Wahrscheinlichkeit schiefgehen, ich habe Jesus nicht geheiratet.

Da sei noch eine offene Rechnung mit dem Schicksal. Allein leben, das war nicht ihr Lebensentwurf. Manchmal sitzt sie auf dem Sofa und sagt leise zu sich: Das ist es jetzt gewesen. Das ist vielleicht das deutlichste Zeichen des Alters, dass du das denkst: Das ist es jetzt gewesen. Sie habe aber die Sehnsucht nicht begraben. Ihre Ansprüche würden allerdings immer subtiler: Kein Pfeifenraucher darf er sein, ach was, überhaupt kein Raucher, keiner, der nicht lustig sein kann, doof darf er auch nicht sein, arm möglichst auch nicht. Entflammen kann ich mich mühelos, hätte ich nicht gedacht, als ich jung war, dass sich daran nichts ändert im Alter. Das erotische Interesse ist da wie immer, genauso primitiv wie früher, ganz auf Oberflächenreize aus, das Beuteschema ist geblieben, aber ich traue mich nicht mehr, jemandem »frech in die Augen« zu sehen, wie du das immer genannt hast.

Vorige Woche war sie zum Klassentreffen. Sie saß neben einem ehemaligen Mitschüler, einem Frauenarzt, und der sagte zu ihr: Natürlich sehe ich, dass du eine alte Frau bist. Sie hat sich von ihm weggesetzt. Sie umgebe sich nur noch mit Leuten, die ihr gut tun. Sie sagt, wenn ihr was nicht passt. Wenn sie merkt, dass jemand nur nehmen will und nicht geben, bricht sie die Verbindung ab. Sie will nicht mehr so bedingungslos hilfsbereit sein.

Alles, was sie heute erzählt hat, würde sie an einem anderen Tag ganz anders erzählen: Die Dinge sind so. Und sie sind anders. Es gibt Tage, da sage ich: Alter – was ist das?

Guten Morgen, Klaus Fritz Max!

Müller ist aus Sibirien zurück. Von Moskau nach Peking in der Transsibirischen Eisenbahn. Er reist gern weit, nach Südamerika oder Kanada oder eben nach China. Klaus lebt allein, war kein Plan, hat sich so ergeben, nachdem die Verbindung mit Susanne, die wesentlich jünger ist als er, auseinander ging. Als Single müsse er sich dem Leben jeden Tag stellen, selbständig bleiben, und wenn es nur bedeute, dass er seine Hemden selber bügelt. Er habe keinen, der ihm sagt, wann er zum Friseur gehen soll, keinen, der ihm den Koffer packt, wenn er verreist. Er müsse wach bleiben, müsse sich mit Eindrücken und Erlebnissen füttern.

Als Optimist verlässt er sich auf sein breites Kreuz, seine Freunde und seine blauen Augen, für die er aus nicht ganz einsichtigen Gründen keine Brille braucht. Wenn im Fernsehen von Pflegefällen oder Altersheimen die Rede ist, fällt kurz ein Schatten auf das sonnige Gemüt des Wassersportlers, für den Fall seiner Hinfälligkeit hat er kein Konzept. Obwohl auch bei ihm der Tod schon mal angefragt hat. Die vierteljährliche Furcht vor dem Befund nistet in einer Ecke seines Gemüts, wobei jede Bestätigung eines nicht vorhandenen Befundes seine Lebenslust mächtig anfeuert.

Alter ist was Schönes, sagt Müller. Klaus Fritz Max Müller, wie er im Ganzen heißt. In Ruhe aufwachen, alles hübsch nacheinander machen, nicht nebeneinander wie früher. Mit dem Fahrrad zum Bäcker fahren, die Zeitung und ein Mohnbrötchen kaufen und kein Termin vor zehn. Klaus sieht keine Unterschiede zwischen dem alten und dem jungen Klaus, jedenfalls keine wesentlichen; er streicht sich durch die weißen Flusen auf dem Kopf – ich hatte mal dicke, braune Locken, weißt du noch? Alter sei eine Kategorie, die von außen an ihn herangetragen worden sei. Er selbst habe sich nie alt gefühlt, habe die Zuweisung aber schließlich angenommen und sich im Alter eingerichtet, aufgehoben im Kreis seiner lebenslangen Sportsfreunde. Wir sitzen alle in einem Boot, meine Segler und ich. Ebb Tide – ein Zweimaster, vierzig Tonnen, mit großer Koje und weiträumiger, gefliester Toilette, altersgerecht, sagt Klaus und lacht, als sei dieses Attribut ein Witz. Auf der Ebb Tide haben die versierten Segler nicht allzu viel zu tun, für die schweren Sachen kommt ein Jüngerer mit, der segelt gern mit den alten Hasen.

Das Alter, das sage er als promovierter Demograph, wird immer länger, länger als die Jugend; die Zeit aber bleibt immer gleich, eine Minute ist eine Minute, eine Stunde ist eine Stunde: Ich kann nur jedem raten – geht mit dem Alter um, als ob es keins gibt, wartet nicht auf die Kiste, die kommt sowieso, die Gegenwart ist das Leben, der Augenblick ist das Sein, carpe diem, guckt euch die Welt an!

Müller unternahm die Sibirientour als Einzelreisender, geplant von einem Reisebüro in Moskau, wo sie los ging. 1956, als Neunzehnjähriger, war er das erste Mal in Moskau gewesen, mit der Junioren-Nationalmannschaft Wasserball, da wohnten sie im Hotel Metropol am Roten Platz. Die kleine Straße neben dem Metropol, sagt er, sieht noch aus wie vor fünfzig Jahren. Diesmal war sein Hotel in einem Wohnblock außerhalb des Zentrums, nicht gerade komfortabel, alles andere aber war gut organisiert. Am Baikalsee wie in Peking standen ihm Dolmetscher und Auto zur Verfügung. Auf der ersten Etappe, eintausendachthundert Kilometer zwischen Moskau und Jekaterinburg, war Sergej sein Betreuer, der sagte, dass er einem Vierundsiebzigjährigen wie Klaus noch nie begegnet sei.

Auf den Bahnhöfen existierten weder Fahrstühle noch Rolltreppen, da quälten sich die Alten mit Sack und Pack über die Schienen. Das ist Russland, hatte Sergej geseufzt, das ist Russland, als sei die Abwesenheit von Rolltreppen ein von Gott bestimmtes Schicksal. Die Russen brauchen den Glauben, meinte er. Und Klaus konnte ihn sehen, den Glauben hinter dem Ural. Lenin-Statuen mit frischen Blumen, Kirchen, hergerichtet im alten Pomp, Frömmigkeit und Verehrung für die Veteranen des Großen Vaterländischen Krieges. Und für Wladimir Putin, weil der dafür sorgte, dass auch die Bürger hinter dem Ural ihre Rente kriegten und die Lehrer ihr Gehalt. An den großen Stationen der Reise wartete jedes Mal ein Dolmetscher auf den Einzelreisenden. Als er sich der Grenze zwischen Russland und der Mongolei näherte, kam ihm im Halbschlaf kurz der Gedanke: Was mache ich, wenn in der Mongolei morgens um sechs niemand da ist, um mich abzuholen. Auf dem Bahnhof in Ulan Bator aber stand pünktlich um sechs Uhr morgens eine Frau mit einem Schild, auf dem »Klaus Fritz Max« stand. Guten Morgen, Klaus Fritz Max, rief die Mongolin in aller Herrgottsfrühe.

Klaus möchte nicht, dass seine Asche über dem Wasser verstreut wird, wie es sich für einen Segler gehören würde. Nein, auf dem Friedhof in Köpenick, wo er geboren wurde, will er begraben sein, nicht anonym, seine Totenrede schreibt er selber. Die Leute aus Köpenick sollen an seinem Grab stehen bleiben und sagen: Ach, der Klaus Müller! Damit auch die fröhlichen Seiten des Todes garantiert sind, gründete Müller mit einigen seiner Segelfreunde den Verein »Leichenschmaus e.V.« Zweck des Vereins ist, beim Ableben eines Clubmitglieds einen Abend zu gestalten, an dem die Schwächen und Stärken des Verstorbenen belacht und begossen werden. Jedes Jahr am Totensonntag ist Jahreshauptversammlung, da steigen die Vereinsmitglieder, sportliche Herren zwischen zweiundfünfzig und fünfundsiebzig, in schwarzen Anzügen in einen Zug und fahren irgendwo hin, zum Beispiel nach Prag auf den Jüdischen Friedhof, danach trinken sie tschechisches Bier. Oder sie machen einen Ausflug zur Seebegräbnisstätte Horst Schreiber in Warnemünde, hinterher bestellen sie Tequila in der Cuba-Bar am Alten Strom. Bisher ist der Ernstfall nicht eingetreten, sie haben noch keinen Toten zu beklagen, die Jahreshauptversammlung findet dennoch statt. Schwarzer Humor, sagt Müller, gehört zum Alter.

Kalter Kuss

Wenn er beim Rasieren in den Spiegel guckt, wird er manchmal schwermütig. Jetzt biste alt, denkt er, wenn er seine weißen Haare sieht. Schlechte Zähne hatte er schon immer, zu viele Süßigkeiten. Schönfeld kehrt eben von einer Beerdigung zurück, russisch-orthodox. Er hat das Largo von Bach gespielt, auf dem Harmonium. Dann den Gefangenenchor aus Nabucco und am Ende »As time goes by« aus dem Film Casablanca. Seine Trauertracht ist sportlich, schwarzer Pullover mit Reißverschluss, schwarze Jacke: Den Harmoniumspieler sieht man nicht. Er kennt alle Friedhöfe in Berlin, seinen Lebensunterhalt verdient er mit Musik zum Rein- und Rausgehn. Die Atmosphäre von Beerdigungen ist ihm angenehm: Ich mag die Premierenstimmung, es ist ein bisschen wie am Theater, wie eine Inszenierung, die am nächsten Tag wieder abgesetzt wird. Der Friedhofsjob sei nicht so strikt an Regeln gebunden wie andere berufliche Tätigkeiten, obwohl es für Schönfeld schon Stress bedeutet, wenn er um zehn oder elf am Vormittag in der Kapelle sein muss. Andererseits schätzt er Ordnung, die von außen kommt, er ordnet sein Leben ungern selber.

Gerd Schönfeld hat mal Kirchenmusik studiert, mit Unterbrechungen wegen Alkoholismus, seit Jahrzehnten trinkt er nur noch Mineralwasser in den Cafés, die er abends mit dem Fahrrad abfährt, um Leute zu treffen und ein bisschen zu reden. Er war mal am Theater, als Requisiteur, in Anklam, bei Castorf. Schöni, wie er von seinen Freunden genannt wird, ist belesener als die meisten seiner Gesprächspartner, ein geselliger Einzelgänger.

Er hat ein Kinderfoto von sich mitgebracht. Ein Zehnjähriger steht mit Bambirad und handgestricktem Parallelo auf der Straße, irgendwo zwischen Wedding und Prenzlauer Berg, irgendwann in den fünfziger Jahren. Ein Junge, der den Kopf schief hält und ernst guckt. Er findet sich zu fein angezogen, musste immer Westsachen tragen und Tuchhosen, er wollte lieber Trainingshosen wie die anderen Kinder; seine Mutter, eine von religiösem Wahn besessene Frau, bestimmte das so, ihr Gerd war was Besonderes.

Gestottert hat er damals schon. Wenn er Kalten Kuss wollte, musste er Himbeereis nehmen, weil er Kalter Kuss nicht rauskriegte. Neulich wollte er eine Fahrkarte nach Lübben kaufen, weil er Lübben nicht rausgekriegt hat, nahm er eine nach Vetschau, die war teurer. In der Schule hat er Mauer gesagt anstatt Antifaschistischer Schutzwall, er kriegte das Wort nicht raus, der Lehrer guckte ideologisch. Seine Kindheit ist ihm allgegenwärtig, er schreibt sie gerade auf, »Briefe an Onkel Karl«, Kindheitserinnerungen, die er in den Cafés vom Prenzlauer Berg vorträgt – Lesungen ohne Honorar, am Ende geht jemand mit Hut rum und sammelt den Dank ein. Schöni ist ein Kind geblieben, ein intelligentes, nervöses Kind, das ein Leben lang spielen möchte: Ich bin aus dem Welpenstadium nicht rausgekommen.

Als junger Mann sei er schüchtern und farblos gewesen, nichts Besonderes. Er konnte sich nie unterhalten, er hatte zu tun, beim Thema zu bleiben: Meine Assoziationsspiralen konnte keiner nachvollziehen. Dazu kam das Stottern. Den Wehrdienst bei der Nationalen Volksarmee hat er gut überstanden, ihn überfiel sogar eine kleine Melancholie, als Schluss damit war. Der Schützenpanzerwagen hatte ihm gefallen, das Handgranatenwerfen und das Skatspielen am Abend, die klaren Strukturen, die von außen hergestellte Ordnung. Er tätowierte seine Kameraden und spielte ihnen auf der Flöte »Hundert Mann und ein Befehl« vor, das machte ihn beliebt.

Für ihn habe sich nichts geändert im Alter, er führe dasselbe Leben wie in seiner Jugend. Er lebte immer am Rand, von Terminen kriegt er Kopfschmerzen. Ein Manager, sagt er, für den tue sich, wenn er fünfundsechzig werde und zu arbeiten aufhöre, ein schwarzes Loch auf, der wisse nicht, wohin mit sich. Ich hatte nie Macht und konnte immer ausschlafen. Ich kann auch nicht sagen, wenn ich alt bin, kann ich endlich reisen. Ich will gar nicht reisen. Ich möchte bleiben, wo ich gerade bin.

Wenn er das Geld hätte, ein halbes Jahr auf der Toteninsel von Venedig auf Beerdigungen Harmonium zu spielen oder in Paris ein Jahr lang an einer Schachmeisterschaft teilzunehmen, wenn er dort leben könnte, nicht als Tourist, sondern einfach so, sähe die Sache anders aus: Ich möchte auch in Venedig oder in Paris ganze Vormittage im Bett verbringen und lesen, ohne das Gefühl, was zu versäumen. Solange das nicht geht, bleibe ich lieber, wo ich bin. So war das, als ich jung war, so ist es, seit ich alt bin. Für ihn sei das sogenannte aktive Leben nicht vorbei, er werde ja nicht in die Rente verabschiedet, weil er niemals in einem festen Arbeitsverhältnis gestanden hat. Er ist schon immer ohne Ehrgeiz gewesen. Als er noch Friedhofsgärtner war, traf er mal einen Schulkameraden, der fragte ihn: Was machst du beruflich, Gerd? Ich habe zwölftausend Leute unter mir, antwortete er und meinte die Toten auf dem Friedhof. Der Schulkamerad ging seiner Wege. Ein anderer fragte ihn: Willste dir nicht im Leben was schaffen, dir was aufbauen? Willste nicht auch mal ein Haus haben, Gerd, 'ne Familie und 'n Motorboot? Schöni befand sich sein Leben lang außerhalb des Wettbewerbs. Aber an den Seniorenmeisterschaften im Schach nimmt er teil, die einzige Konkurrenz, in die er sich je begeben hat. Beim Schachspielen habe er Stress ganz gerne, auch bei Beerdigungen, wenn plötzlich und unerwartet ein Geiger da ist, mit dem er nicht geübt hat, es aber so hinkriegen muss, dass die Trauergemeinde das nicht merkt.

Du bist nun alt. Auch Krokodile sterben an Altersschwäche, wenn sie hundertfünfzig Jahre alt sind, sagt Schöni. Ein Kolibri hat einen Flügelschlag von zweitausend in der Minute, dem entsprechend ist die Herzfrequenz, der Kolibri lebt nur zwei Jahre. Ich erscheine als Kolibri, bin aber eigentlich ein Krokodil, sagt Schöni. Die Zukunft sei ihm egal, bei hohem Alter oder Krankheit besorge man sich eben zweihundert Betablocker, dann sei die Sache erledigt.

Aus dem Leben einer älteren Dame – Immerblond

So richtig dabei gewesen ist man immer erst in der Erinnerung.

Ludwig Marcuse

Blond war ich immer. Vom schüchternen Kinderblond über entschlossenes Platinblond zum dezenten Haselnussblond. Mein Gesicht ist das Gesicht einer älteren Frau. Nasolabialfalten, Hängebäckchen, an schlechten Tagen Tränensäcke. An guten Tagen ein strahlendes Lachen, denn Lachen liftet, darauf bin ich angewiesen; das sage ich auch meiner Zahnärztin, mit der ich um jede kranke Wurzel kämpfe, Zahn um Zahn. Gegen alle dentistischen Ratschläge und jeden ökonomischen Verstand, die Front muss stehen, wenigstens für die nächsten fünf Jahre. Ich darf mein Gesicht nicht unbeaufsichtigt lassen, dann fällt es wer weiß wohin. Deshalb ziehe ich die Mundwinkel hoch, unmerklich und doch wesentlich, eine Art Gymnastik der Lineamente, die den Effekt hat, dass Leute mich anlächeln und nicht wissen warum und dass auch ich gute Laune kriege und nicht weiß warum.

Meine Kinnpartie ist eine Rutschpartie, anfällig für jegliche Attacken der Zeit. Ich hatte mal ein klares Profil, jetzt könnte man es als verschwommen bezeichnen. Du musst die Backen aufblasen, riet eine Kollegin, wo du nur kannst, die Backen aufblasen, sie machte es vor. Und wenn du deinen Hals glätten willst, zieh ihn lang, wie wenn ein Pferd Blätter vom Baum frisst. Manche Frau über fünfzig sieht auch auf der Straße oder im

Fernsehen aus wie ein Pferd, das Blätter vom Baum frisst, ein Nebeneffekt konsequenten Anti-Aging-Trainings. Was mal als schön galt, stellt sich irgendwann als Problem heraus: Je länger der Hals, desto mehr Falten. Aber wer möchte schon tauschen – Schönheit gegen Spurenlosigkeit?

Damals war mein Gesicht klein, oval, androgyn, die kräftige Nase stand darin wie ein Ausrufezeichen in einem Fragesatz. Mein Gesicht war erwartungsvoll, später hat es Karriere gemacht, die Erwartung ist dem Bescheidwissen gewichen. Mein junges Gesicht hatte einen Ausdruck von Neugier, heute ist die Neugier von Gelassenheit abgelöst worden, das entspannt, was nicht nur von Vorteil ist. Mein Gesicht war vor allem eins: in progress, heute muss ich es nehmen, wie es ist, ein Produkt zwischen Fragment und Reife. Von der Reife bis zur Fäulnis ist nur ein kleiner Schritt – über dieses Bonmot habe ich früher gelacht, heute ist es nichts als eine Feststellung, zu wahr, um schön zu sein.

Als ich jung war, wog ich zweiundfünfzig Kilo, ich fand mich zu dünn. Kein Arsch und kein Tittchen, siehst aus wie Schneewittchen. Ich fühlte mich zu groß, Einmetervierundsiebzig, seht ihr den Hut dort auf der Stange, das ist die Lange. Im Verständnis meiner Umwelt sowie in meinem eigenen war ich eine Bohnenstange. Das änderte sich, als mich ein Pressefotograf fragte, ob ich nicht für ein Zeitungsfoto posieren wolle, ab sofort fühlte ich mich weder zu dünn noch zu groß. Die Anerkennung der Straße ließ auf sich warten. Dafür wurde ich Fotomodell. Das heiße Licht der Scheinwerfer löste Euphorie aus, jedes gedruckte Foto war der Beweis: Sie ist Mannequin, was heißt hier Bohnenstange.

Seit einiger Zeit sagen Verkäuferinnen, während sie fachmännisch meine Figur mustern: Das dürfte eine Zweiundvierzig sein! Bei Hosen trage ich die Vierzig, bemerke ich dann, ein bisschen eingeschnappt, ein bisschen ertappt. Neulich hat mir ein alerter Boutiqueverkäufer einen breiten Ledergürtel mit massiver Silberschnalle empfohlen, weil der die Pölsterchen überdecke. Ich kaufte den Gürtel mit der festen Absicht, ihn ab sofort über jedem Pullover zu tragen, Sophie guckte auf den Gürtel und fragte: Sadomaso, Mama? Seitdem überlege ich, wem ich mit dem Gürtel eine Freude machen könnte.

Im Grunde bin ich zufrieden mit der Zweiundvierzig, ich denke nicht daran, ein Leben ohne Spaghetti Puttanesca und sizilianischen Rotwein zu führen. Ich erwäge eher, auf Jeans mit hohem Bund umzusteigen, weil sie die Polster besser verteilen. Ich habe vor, mir Wäsche der Firma Formula anzuschaffen, die, wie der Name verspricht, alles wieder in Form bringen soll; mit reizvoller Unterbekleidung hätte das allerdings nichts mehr zu tun, es wäre ein angemessener Akt der Kapitulation. Frau M., die sich in ihren reifen Jahren überraschend einen Liebhaber, ja eine Liebe zulegte, wollte die erste Verabredung mit ihm absagen, weil sie nicht die passende Wäsche hatte. Trotz ihrer mit dem Alter zunehmenden Neigung zum Kontemplativen raffte sie sich auf, kaufte passende Wäsche ein und eroberte den Mann ihrer späten Träume.

Meine erste richtige Wäschegarnitur hatte mir Oma Lieschen zur Einsegnung geschenkt, Charmeuse, grün, die seidige Oberfläche vermittelte eine scheue Andeutung von Erotik. Ich zog die Charmeusegarnitur nur an, wenn ich sonnabends tanzen ging. Da war ich Sylvie, ein Mädchen von fünfzehn Jahren, das gespannt war, auf die Welt und sich selber. Unvergessen das Saalbau-Ritual. Jeden Sonnabendnachmittag, wenn Sylvie sich für den Saalbau zurechtmachte, roch es in der Küche nach Steckenpferd-Seife und Make-up von Coloran. Die Wimperntusche befand sich in einem kleinen Kasten, man musste draufspucken, damit sie flüssig wurde und man sie mit einem Bürstchen auftragen konnte. Wenn das Küchenfenster offen stand, vermischte sich der Geruch nach Glätt-Frisiercreme mit dem nach gemahlenen Knochen, der von Machmüller, dem Schlachter, über den Hof hochzog, zu einem Duft, den Sylvie ihr Leben lang nicht vergaß, den Saalbauvorfreudeduft. Sonnabend für Sonnabend seifte sie sich von Kopf bis Fuß ab und zog die grüne Charmeusewäschegarnitur an. Auf einem Hocker stand die weiße, von einem blauen Streifen umrandete Emailleschüssel mit warmem Wasser, daneben die Flasche »Immerblond«, das Präparat, das ihr Haar hell hielt. »Immerblond« war die früheste kosmetische Maßnahme, denn ihr Haar begann, dunkler zu werden.

Sie hatte bemerkt, dass die Chancen der Mädchen mit der Blondheit ihrer Haare stiegen, »Die blonde Hexe« mit Marina Vlady war der Film der Zeit. Die Marlon Brandos im Saalbau waren kinokundig; sie wussten Bescheid, sie nannten alle Mädchen »Blondi«, blond sein hieß begehrt sein. Sie hätte auch ins Badezimmer gehen können, aber der Badeofen war kalt, und in der Küche stand das Radio, »Rock around the clock« sang Bill Haley an den Sonnabendnachmittagen. Sie drehte die Lautstärke bis zum Anschlag, sie fühlte, das war der Anfang. Der Anfang eines Lebens, in dem alles immer schöner werden würde. Es war der Rausch vor dem Start, den man nie vergisst, der Drive für ein ganzes Leben. Brust raus, Bauch rein, mahnte Erna, Sylvies Großmutter, und dass ein Mädchen kleine Schritte macht und niemals ohne Hüfthalter geht. Jeden Sonnabend zog sie das schwarzweiß gestreifte Kostüm an. Der Rock war so eng, dass sie Schritte machen musste, die Ernas Maßgaben bei weitem unterboten. Das Kostüm blieb das einzige Kleidungsstück, das gut genug für den Saalbau war. Bis das kleine Schwarze dazukam, genau so eng, genau so offensiv, mit einem dreieckigen Rückenausschnitt.

Ich bin den Vorlieben des Mädchens Sylvie treu geblieben. Die kleinen Schwarzen trug ich vier Jahrzehnte lang. Eines Morgens entdeckte ich an der Innenseite meines rechten Oberarms Haut, die mit dem Wort welk hinreichend poetisch beschrieben ist. Seitdem sehe ich die Primeln auf meinem Balkon mit mehr Empathie und hoffe, dass die welken unter ihnen sich wieder aufrichten, wenn ich sie gieße. Ich hätte ins Fitnessstudio eilen und einen Jahresvertrag abschließen können. Ich hätte wie Anna Wintour, die ehrgeizige Chefredakteurin der amerikanischen »Vogue«, meine Oberarme trainieren können, bis sie aussehen wie die eines muskulösen Jünglings, der auf keinen Fall schwul sein will. Dafür braucht man einen starken Willen. Weil ich mich kenne, zog ich andere Konsequenzen. Jener Morgen war das Ende für das kleine Schwarze. Es hatte in meinem Leben eine tragende Rolle gespielt, ärmellos, figurbetont, tief ausgeschnitten, Schwarz braucht Haut. Ich hatte sieben kleine Schwarze in meinem Kleiderschrank, sie haben mir begeistert gedient, immer bereit für eine Nummer auf der Bühne des Lebens. Ich ersetzte die sieben kleinen Schwarzen durch ein großes

Schwarzes, netter Kragen, Bauchraffung, lange Ärmel; bereits auf dem Bügel sieht man dem Kleid mein Alter an. Schwarz braucht keine Haut mehr, wenn man zu faul ist, jeden Tag mit Hanteln zu hantieren. Ich trage übrigens kaum noch Kleider, meine Beine sind nicht alt genug. Hinten Lyzeum, vorne Museum – der Spruch geisterte als Schreckgespenst durch ganze Generationen älterer Frauen.

Ich habe eine Vorliebe für die Rückspiegel des Lebens. Sylvie, das Sonnabendmädchen, hatte versucht, bescheidene Fülle in ihr dünnes Haar zu bringen. Es lockte sich, wenn sie nicht aufpasste, mit Locken ging man nicht in den Saalbau, mit Locken sah man nicht aus wie die blonde Hexe. Manchmal, an Sommersonntagnachmittagen, kamen ihre Eltern untergehakt in den Biergarten vom Saalbau, die Mutter mit tizianrot gefärbter Dauerwelle und berechtigten Zweifeln an der Liebe ihres Mannes, der Vater mit korrektem dunkelblondem Scheitel und einem verwegenen Lächeln. Sie tanzten nach »Ramona, zum Abschied sag ich dir Good bye«. Sie waren damals beide vierunddreißig Jahre alt, Jahrgang Einundzwanzig, man nannte sie die verlorene Generation, weil der Krieg ihnen die Jugend geraubt hatte.

Sylvie musste aufpassen, dass sie nicht mitkriegten, wie sie Pfefferminzlikör trank, sie war froh, wenn die Vorstellung begann und die Eltern endlich im Kino verschwanden. Es war ihr Saalbau, auch wenn er eine Tradition hatte, von der sie nur aus Erzählungen wusste. Walter Ulbricht und Joseph Goebbels sollen sich da Wortgefechte geliefert haben, ihre Mannschaften sollen in Saalschlachten gegeneinander angetreten sein. »Wacht auf, Verdammte dieser Erde« gegen »Die Fahne hoch, die Reihen fest geschlossen«. Der Saalbau war im Krieg zerbombt und danach als Provisorium wieder aufgebaut worden. Wie Sylvie rausfand, waren Provisorien das wahre Leben, sie liebte Rummelplätze und Laubenkolonien. Selbst Laufmaschen und zerlaufene Schminke sah sie gelassen, auch Schönheit war eine Improvisation, vielleicht die utopischste. Provisorien sind Hoffnung, sie nähren die Illusion, dass alles nur besser werden kann. Provisorien verlängern die Vorfreude. Sylvie erwartete vom Leben hauptsächlich Vorfreude; davon gibt es im Alter naturgemäß weniger. Vorfreude ist der Schmelz der Jugend. Weich wie Samt liegt sie auf den Wangen, träumerisch spiegelt sie sich in den Augen, übermütig im Lachen.

Ich sehe mir gern junge Frauen an. In jeder entdecke ich ein Stück von mir. Ihre Art zu sprechen, sich zu bewegen, zu denken, fröhlich zu sein oder traurig, rosig auszusehen, weil das Leben so schön ist, oder blass, weil Liebeskummer das Herz zerreißt oder das Kind Pseudokrupp hat. All das erinnert mich an mich. Die Zärtlichkeit, die ich für junge Frauen empfinde, empfinde ich auf diese Weise auch für mich. Vor ein paar Sommern ging ich morgens eine leere Straße entlang. Mir kam eine Frau in einem wehenden, durchsichtigen, bunten Kleid entgegen. Sie hatte langes, braunes Haar und trug flache goldene Sandalen, in ihrer Erscheinung war der ganze Rausch der Jugend. Als sie an mir vorüberging, war mir, als würde ein Hauch davon auf mich übergehen. Ich blieb stehen, drehte mich um und sah ihr nach. In dem Moment fuhr ein Lastwagen vorbei. Der Beifahrer lehnte sich aus der Kabine und rief mir im Vorüberfahren zu: Du bist ooch hübsch!, im Rückspiegel sah ich sein Lächeln.

Im Saalbau hatte Sylvie die Erfahrung gemacht, dass sie wählen konnte. Erst staunte sie darüber, dann gewöhnte sie sich daran. Wenn die Kapelle zu spielen begann, kamen die Jungs über die Tanzfläche und verbeugten sich: Darf ich bitten? Sie konnte sich aussuchen, mit welchem von dreien oder vieren sie tanzen wollte. War keiner dabei, der ihr gefiel, sagte sie: Danke. Oder: Der Tanz ist vorbestellt. Oder: Ich wollte gerade mit meiner Freundin tanzen. Dankbar registrierte sie die Zahl der Bewerber. Mit den meisten tanzte sie, die Unterhaltung hatte ein einfaches Muster: Sind Sie zum ersten Mal hier? Blaue Augen, Himmelssterne, lieben und poussieren gerne, oho. Die Gesellschaftstänze hatte Sylvie in einem Kurs gelernt, den die Russischlehrerin an der Schule durchführte, im Chemieraum oder in der Turnhalle, auf der einen Seite die Mädchen, auf der anderen die Jungs. Tango, Mambo, English Waltz. Rock 'n' Roll lernte man nur im Saalbau.

Die Jungs wussten, was sie zu tun hatten, die Mädchen auch, dafür gab es die Rituale. Manchmal tun mir die jungen Frauen von heute leid. Die Männer trauen sich nicht mehr, den Anfang zu machen, und wenn die Frauen die Eroberer spielen, fühlen sich Männer nicht mehr als Männer. Also tanzen sie allein durchs Leben. Wenn meine Töchter und ihre Freundinnen in die Clubs gingen, ließen sie die Schnürsenkel ihrer Turnschuhe auf, damit irgendein Junge sagte: Eh, dein Turnschuh ist auf! Das konnte ein Anfang sein.

Manchmal hatte Sylvie vor ihrer Limonade gesessen und gezittert, ob der, auf den sie wartete, an ihren Tisch kam. Sie hoffte, dass unter den drei Titeln der Runde ein langsamer sein würde, einer, nach dem man »auf Liebe« tanzen konnte. Sie wartete auf einen, den sie Killer nannten, er war der Anführer einer Bande, wenn ihm was runterfiel, hoben andere es für ihn auf. Wie Killer mussten Männer aussehen, nicht wie Wolfgang Puff aus ihrer Klasse. Killer nahm Sylvie nicht ernst, er war schon zwanzig. Wenn er aber sah, dass ein anderer sich ihr näherte, schritt er ein, wie ein Bruder seine Schwester beschützt, wie in italienischen Filmen eben. Sein Terrain waren Volksfeste und Rummelplätze, da kannte er die Schausteller und bekam Gratiskarten für die Karussells. Wie er in der Luftschaukel stand, allein, in schwarzem Anzug und weißem Hemd, das schwarze Haar glänzend von Pomade! Mit wenigen Schwüngen schaffte er Überschlag auf Überschlag. Zwischendurch, von ganz oben, warf er sein Jackett nach unten, einer aus der Clique fing es auf, ein Kofferradio spielte »Just walking in the rain«.

Es gab Männer, die sagten beim Tanzen: Sie sehen so anständig aus, Fräulein, Sie passen gar nicht hierher. Was heißen sollte: Wir beide, Sie und ich, passen nicht hierher, worauf eine Einladung in die Bar mit dem rotem Licht folgte, die sich am hinteren Teil des Saals befand, eine Einladung zu einem Ginfizz oder einer Prairieoyster. Wer in der Bar saß, war was Besseres. Manchmal kreuzten da Jungs auf mit Brecht-Haarschnitt, auch Römer genannt, Studenten der Kunsthochschule. Die erzählten von Dixielandjazz in der Eierschale in Charlottenburg. Ihre Bekanntschaft veränderte Sylvies Leben. Bald ließ sie sich ihre langen, dünnen, immerblonden Haare kurz schneiden wie Jean Seberg in »Außer Atem«. Die Art, wie Jean-Paul Belmondo mit dem Daumennagel den Schwung seiner Lippen nachzog, beeinflusste nachhaltig Sylvies Verhältnis zur Erotik.

Die Halbstarken der Fünfziger und Sechziger des vorigen Jahrhunderts, von ihren Alten beschimpft für Elvistolle, Jeans und Rock 'n' Roll, tanzen jetzt auf den Bunten Abenden der Altersheime zwischen Rollstuhl und Rollator nach Rock around the clock, das muss man sich mal vorstellen! Doch nicht genug, die jungen Wilden von gestern nörgeln an der Jugend von heute wegen ihrer Computerspiele, ihrer Rapperhosen und ihrer Heavymetalmusik. Früher war alles besser – Selbstherrlichkeit als Überlebensstrategie, nur so können sich die Alten über Wasser halten in der Flut des Neuen, das über sie hereinbricht und das sie nur zögernd und verzögert, misstrauisch und hochmütig akzeptieren. Zu ihrer Zeit war alles besser.

Zeit, was ist das? Was für Uhrmacher, was zum Totschlagen, was zum Wundenheilen oder Eier kochen? Ein Tempus in der Grammatik, ein Ereignismesser? Die Möglichkeit, Gegenwart, Vergangenheit und Zukunft zu unterscheiden, ein Ordnungsprinzip also? Möglicherweise gebe es die Zeit gar nicht, meint der Wissenschaftler David Eagleman. Als er im Alter von acht Jahren von einem Rohbau stürzte, seien ihm die 0,8 Sekunden des Falls, so rechnete er später nach, wie eine Ewigkeit vorgekommen. Es sei ein Moment absoluter Ruhe und einer geradezu unheimlichen Geistesschärfe gewesen. So müsse Alice im Wunderland sich gefühlt haben, als sie in den Bau des weißen Kaninchens fiel. Der Forscher meint, dass unser Gehirn die Zeit nicht passiv registriert, »sondern je nach Besonderheit der Umstände aktiv konstruiert«. Die Zeit wäre demnach von uns abhängig und nicht wir von ihr. »Die Zeit steht still. Wir sind es, die vergehen«, schrieb Mascha Kaléko. Die Zeit ist ein Zeitzünder.

Der Homo senex – früher war mehr Lametta

Die ersten vierzig Jahre unseres Lebens liefern den Text, die folgenden dreißig den Kommentar dazu.

Arthur Schopenhauer

Das Zirpen der Grillen, das Tropfen des Wasserhahns, die geflüsterten Dialoge in modernen Fernsehfilmen, vorbei. Der Homo senex ist schwerhörig, will aber auf keinen Fall ein Hörgerät. Zu viele Nebengeräusche, ist sein Argument, denn er hat sich an eine Welt ohne Nebengeräusche gewöhnt, den Verlust der Zwischentöne nimmt er hin und riskiert so Missverständnisse mit unabsehbaren Folgen. Zwei alte Männer im Stehcafé. Na, altes Haus, sagt der eine Alte zum anderen Alten. Der erhebt drohend die Faust gegen seinen Kumpel: Was haste gesagt, alte Sau haste gesagt?! Der Tresenkraft gelingt es, den Streit zu schlichten.

Der Homo senex trägt große weiße Zähne im Gesicht, die haben ihn ein Vermögen gekostet, das soll zu sehen sein, wenn schon neu, dann ladenneu, makellos und lupenrein. Solche Zähne hat er nie im Leben gehabt, Kronen wie Kacheln sind die Krönung seines Alters, ein Sieg der Kultur über die Natur. Selbst Alte, deren Profession das Ästhetische ist, können der Makellosigkeit nicht widerstehen, auch die Zähne von David Bowie und Wolfgang Joop sind groß und weiß.

Alte Männer bevorzugen beigefarbene Hosen, sportliche Windjacken und geflochtene Sommerschuhe, einzelne Exemplare der männlichen Spezies trifft man neuerdings mit Crememasken auf dem Gesicht in den

Schönheitssalons. Sie nehmen sich junge Frauen, und ein paar Jahre später werden sie von ihnen wie Pflegefälle in der Obhut ihrer Krankenschwester durch Vernissagen und Empfänge geleitet, denn paradoxerweise führt die Liaison mit der Jugend mitunter zu vorzeitigem Verfall. Ein großer Teil der älteren Frauenschaft ist auf Kurzhaarschnitte und Kasackblusen abonniert, manche lassen ihr Haar naturgrau rauswachsen und behaupten, das würde ihr Selbstbewusstsein stärken. Andere tragen Jeansjacken mit Nieten, lassen sich Botox spritzen und frequentieren Fitnessstudios; einen jüngeren Mann hat selten eine. Andere sind einfach alt, ohne Begründung, ohne Rechtfertigung, ohne sich zu wehren. Kein Botox, keine Fitness, statt dessen Filzpantoffeln und Weinbrandbohnen. In Seelenruhe alt sein können, mehr erwarten sie nicht vom Leben, und das kann viel sein. »Hoffnung ist ein gutes Frühstück, aber ein schlechtes Abendessen«, sagte Francis Bacon.

Drei Freundinnen betreten ein Kaufhausrestaurant, alle drei haben lange blonde Haare. Die eine trägt ihr Haar offen, die zweite zum Pferdeschwanz gebunden, die dritte mit goldenen Spangen hochgesteckt. Aus einiger Entfernung sehen sie aus wie junge Mädchen, auf kürzere Distanz kommt der Verdacht auf, dass die Jugend dieser Frauen im Präteritum liegt, ihre vorsichtigen Bewegungen deuten auf Probleme mit Rücken und Gelenken hin. Aus der Nähe schließlich wird offenbar: Die blonde Haarfülle umrahmt solariumgebräunte Gesichter gut situierter Frauen Mitte sechzig. Die drei kündigen etwas an, das es nicht mehr gibt, ihre Signale blinken ins Leere. Die so stolze wie rührende Weigerung, im grauen Heer der Alten anzuheuern, leuchtet im strahlenden Blond einer vergangenen Mittsommernacht. Sich selber treu zu bleiben ist schwer.

Der Homo senex wendet sich gern den kleinen Dingen des Alltags zu, er hat ja alle Zeit der Welt. Zum Training seines Gedächtnisses löst er Kreuzworträtsel und Sudoku-Aufgaben, liest Apothekenumschauen zur Erhaltung seiner Gesundheit und die Discounter-Beilagen der Zeitungen, um dem wahren Leben in Form günstiger Kasslerrippen nahe zu sein. Tierfilme sind die Lieblingssendungen des Homo senex, ihr Anblick spendet ihm Trost, besonders der der Jungtiere. Neben allen Gruppenmerkmalen sind Alte höchst unterschiedlich, das Leben hat sie so oder so oder so gemacht, zu achtzigjährigen Marathonläufern oder sechzigjährigen Fernsehsüchtigen, zu fünfundsiebzigjährigen Bestsellerautoren oder fünfzigjährigen Demenzkranken. Alte sind bitter oder lustig, argwöhnisch oder offen, gesellig oder einzelgängerisch. Sie sind die Summe ihrer vorangegangenen Existenz, inklusive Zufall und Schicksal. Man könne, meinte Schopenhauer, das Leben mit einem bestickten Stoff vergleichen, von dem man in der ersten Hälfte seines Lebens die richtige, in der zweiten jedoch die Kehrseite zu sehen bekäme. Die Kehrseite sei nicht so schön, aber lehrreicher, weil sie den Zusammenhang der Fäden erkennen ließe.

Die Körpersprache des Homo senex signalisiert Reduktion, Rückzug, Verinnerlichung. Kleine Schritte, schmale Gesten, leise Stimmen – Selbstbeschränkung, Kräfte sparen; nicht mehr Was kostet die Welt, sondern Was kostet mich Kraft. Solche Reduktion kann melancholisch sein. Berthold liebte sein Leben lang das Reiten, im Trab über die Felder, im Galopp über eine Wiese, auf dem Rücken des Pferdes erlebte er Glück.

Irgendwann war er zu alt für Pferde. Seine sechzehnjährige Tochter, der er das Reiten beigebracht hatte, übernahm die Leidenschaft des Vaters. Sie arbeitete und sparte für ein eigenes Pferd, einen Apfelschimmel. Das erste, was sie plante: Ich setze Papa drauf und führe ihn durch den Wald, er kann zwar nicht mehr reiten, aber er spürt das Pferd.

Der Homo senex ist mobil bis ins hohe Alter. Ihm stehen Elektromobile, Fahrräder mit Unisex-Einstieg, Treppenlifte und Badewannen mit Tür zur Verfügung.

Dusche ist besser als Wanne in unserem Alter, sagt Karlheinz zu Werner im Regionalzug von Berlin nach Waren, eigentlich dürfte ich gar nicht wegfahren, jetzt, wo die Dusche gemacht wird.

Wird schon werden, musst dir nicht vorher schon so viele Gedanken machen, alles auf dich zukommen lassen!, beruhigt ihn Werner.

Draußen zieht schneebedeckte, flache Landschaft vorbei, ein tiefer grauer Himmel hängt darüber wie ein schmutziger Baldachin. Die Männer sitzen sich gegenüber und sehen aus dem Fenster, Karlheinz und Werner, wie sie einander unaufhörlich nennen. Die ständige Wiederholung ihrer Namen soll den Respekt ausdrücken, den sie füreinander empfinden. Karlheinz, der schmale Graugescheitelte, trägt ein blaues Hemd und darüber einen fein gestrickten Pullover mit spitzem Ausschnitt. Werner, der kahlköpfige Robuste, bevorzugt ein kariertes Flanellhemd und Bluejeans. Einmal im Jahr treffen sie sich mit anderen alten Sportsfreunden an der Mecklenburgischen Seenplatte.

Karlheinz macht sich weitere Gedanken über die Notwendigkeit der Dusche im Alter: Aber Griffe brauch ick inner Dusche, Werner.

Ja, lass dir genug Griffe anmachen, Karlheinz, lieber einen mehr als einen zu wenig, und achte darauf: Die Dusche muss mindestens achtzig mal neunzig sein.

Zur Notwendigkeit der Dusche im Alter scheint irgendwann alles gesagt. Schweigende Suche nach Gespächsstoff, man möchte sich doch unterhalten, wenn man schon mal zusammen verreist.

Guck dir den Winter da draußen an, Werner, die Kälte, der Schnee, und da reden die von Klimaerwärmung.

Kannste alles nicht mit früher vergleichen, Karlheinz. Die Tiere ham jetzt nüscht zu lachen. Man soll sie nicht füttern, stand in der Zeitung. Jetzt kommen die Saatkrähen, die sollen ja klug sein und weise.

Wie wir, Werner.

Die Nebelkrähen sind auch schön, Karlheinz.

Die überfallen neuerdings Menschen, stand in der Zeitung, sie ziepen an den Haaren.

Werner lacht – da bin ich gut dran, ich hab keine mehr. Aber mein Arzt sagte neulich zu mir: Für Ihr Alter machense noch ganz schön was her. Weil ich doch am Marathonlauf übern Kudamm teilnehme, weißte, Karlheinz.

Wir machen uns öfter mal ’n Piccolo auf, ich und Marianne, und ihr?

Früher haben wir gerne mal ’ne Flasche Champagner getrunken, Christa und ich, Rotkäppchen trocken ist auch gut.

Waren/Müritz – wir sind da, Karlheinz! Pass auf, dass du nicht ausrutschst beim Aussteigen, hier schippt doch heutzutage keiner mehr den Schnee weg, das hätte es früher nicht gegeben.

Das Wort »früher« nimmt im Leben des Homo senex eine exponierte Stellung ein. Früher – das ist seine Welt, das ist die Welt, die er erschaffen hat. Früher – das ist sein Werk, seine Schöpfung, die lässt er sich nicht nehmen. Der Homo senex nörgelt am Heute und vergöttert das Gestern. Früher hat kein erwachsener Mensch auf der Straße geweint, heute passiert es, dass eine Frau im Straßencafé laut schluchzt, weil sie über Handy die Nachricht bekommt, dass ihr Freund sich von ihr trennt. Früher hätte sie so was zu Hause erfahren, am Telefonapparat, allein. Nichts ist mehr diskret. Früher guckte man im Duden nach oder im Brockhaus, wenn man was wissen wollte, da steckten Fachleute hinter, heute klickt man Wikipedia an, da darf sich jeder verewigen, der was zu wissen glaubt. Früher hat man sich Auge in Auge unterhalten, heute simsen sie oder telefonieren freihändig. Menschen, die laut mit sich selber reden, hat man früher für krank gehalten, heute bestimmen Monologe die Kommunikation. Früher hat man seinen Kaffee nicht aus Pappbechern getrunken, sondern aus Porzellantassen. Früher hatte man eine Handschrift und schrieb Briefe, heute versendet man E-Mails, in Hamburger Schulen wird gerade die Schreibschrift abgeschafft. Früher haben sich Männer und Frauen beim Tanzen oder im Biergarten oder im Freibad kennengelernt, heute suchen sich Traumfrau und Traummann im Internet. Früher war mehr Lametta, kräht Loriots Opa Hoppenstedt alle Weihnachten zum Entzücken von Jung und Alt durch die Fernsehsender.

Der Homo senex bevorzugt die Nachmittagsvorstellung. Kino während der Nachmittagsvorstellung ist Kino wie früher. Keine Popcorneimer, keine Chipsassietten mit scharfer Sauce, Bierflaschen auch nicht. Kein Knistern, Knuspern, Knacken. Höchstens mal ein Eiskonfekt von Schöller, das gab es früher auch. Die Nachmittagsvorstellung gibt dem Tag des Homo senex Struktur und lässt noch genügend Zeit für das Fernsehprogramm zum Einschlafen.

In Wien ist das Bellaria. Die Tapete dieses hundert Jahre alten Kinos stammt aus den dreißiger Jahren des vorigen Jahrhunderts, Foyerbar und Kinosessel aus den Fünfzigern, das Kassenhäuschen hat Glasscheibe und Sprechloch. Jeden Nachmittag wird ein Ufa-Film gezeigt, in Schwarzweiß, mit Stars, die lange tot sind, Hans Moser, Marika Rökk, Zarah Leander, Willi Forst. Hier verkehren Stammgäste, ältere Damen und Herren, für die jeden Nachmittag eine untergegangene Welt aufersteht, die Welt ihrer Jugend, die Welt, die ihre war, die Früherwelt. Sie ist gereinigt von allen Katastrophen eines kriegerischen Jahrhunderts, da ist nur noch Idylle, der Vorhimmel für ein Publikum, das viel hinter und wenig vor sich hat. Das Früher als Reich des Glücks und der Verlässlichkeit – Bellariaträume.

Früher hatten die Dinge Bestand, heute ist alles vorübergehend. Schneller Wechsel von Hoffnung und Enttäuschung. Man kann nicht mehr erwarten, dass es das Restaurant noch gibt, in dem man vorigen Sommer so gut gegessen hat. Dass das Geschäft mit den bunten Pullovern noch da ist, wo es war. Dass der Feinkostladen morgen noch am selben Platz ist wie heute, scheint ebenfalls ungewiss. Beschleunigte Vergänglichkeit, alles vorübergehend, vorübergehend wie das Leben. Das Leben im Vorübergehen. Der Homo senex möchte, dass die Zeit stehen bleibt, denn ihr Vergehen vergrößert seine Defizite und verschlimmert seine Schwäche.

Der Homo senex blüht auf, wenn er von früher erzählen kann, Geschichten aus seinem Leben, als er jung war oder wenigstens jünger als heute, als er zehn, zwanzig, dreißig, vierzig, fünfzig, seinetwegen auch sechzig Jahre alt war. Geschichten von den Taten seiner aktiven Zeit in Liebe und Beruf. Früher ist das Passwort, das die Stimmung hebt. Erinnerung beschwingt den Homo senex, seine Wangen röten sich, weil jene Welt vor ihm aufersteht, in der er als handelndes Subjekt den Lauf der Dinge mitbestimmte. In Gegenwart der Erinnerung wird der Homo senex wieder jung.

Ein einzelner Alter ist schwach, ein Heer von Alten kann stark sein, Gruppenbildung gehört zum Überlebenstraining. Der Homo senex, solange er rüstig ist, reist in Gruppen mit klaren Ansagen durch die Welt, die Fähnchen und Regenschirme der Reiseführer weisen ihm den Weg. Alles wird für ihn organisiert, bestellt, besorgt, gerichtet. Er steht da, die Krücke in der Hand, den Rucksack auf dem krummen Rücken, ein Basecap auf dem kahlen Kopf und wartet, was ihm geboten wird. Seniorenbanden in ihrer fordernden Verantwortungslosigkeit gleichen Kindergartengruppen mit dem natürlichen Recht auf Fürsorge. Zwei ältere Damen aus dem Fränkischen sitzen beim Lunch in einem Bistro. Sie haben Freizeit, ihre Reisegruppe trifft sich erst in einer Stunde wieder. In England, erzählt die eine, waren wir in einem Restaurant, da gab es große Tische am Fenster, aber sie haben uns hinten im Dunklen vor den Toiletten platziert. Das kenne ich, sagt die andere, in Frankreich war es genauso. Da, schauen Sie mal, Frau Weinbichler, die stehen schon alle da, dabei ist noch eine halbe Stunde Zeit, die wissen allein nichts mit sich anzufangen. Wir bleiben noch auf einen Kaffee, gell.

Der Homo senex reserviert für seinesgleichen ganze Waggons der Deutschen Bahn und lärmt bei der Platzsuche lauter als Schulklassen und Pfadfindervereine. Er schubst und drängelt beim Einsteigen, weil er befürchtet, nicht mitzukommen, seine Schwäche macht ihn rücksichtslos. Wehe, jemand hat den Platz besetzt, für den er eine Platzkarte hat. Das Platzsuchen, Platzeinnehmen und Vertreiben nicht reserviert habender Mitfahrer dauert eine halbe Stunde, ein dreißigminütiges Chaos. Sitzt man endlich, und die Koffer und Taschen sind verstaut, werden Keksschachteln durchgereicht. Die alten Damen juchzen laut durchs Abteil, ein Zwitschern ist das und ein Kichern, Klassenfahrtstimmung. Sie reden noch eine Stunde lang über ihre Platzreservierung, später über den Lindenblütenhonig, den sie sich auf ihrer Wanderreise durch Thüringen gekauft haben, direkt beim Imker. Es folgt der Austausch über die Talkshow »Frauen über fünfzig«: Da hat doch ein Mann für seine einundzwanzig Jahre ältere Geliebte Frau und Kinder verlassen, ist doch unglaublich!

Dann plaudern sie darüber, wie sie begraben sein möchten: Kein Reihengrab, 'ne Waldstelle will ich! Danach sind die Luftschutzkeller dran: Jede Nacht war Alarm, wenn ich die Sirene hörte, bin ich aufgesprungen, da war ich drei. Der Krieg geht nicht raus, der geht nicht raus.

Ich musste angezogen ins Bett gehen, damit wir schnell in den Keller rennen konnten.

Und die Wanzen, die Feuerwanzen.

Ich habe Kartoffelschalen gegessen, wir hatten ja nichts anderes.

Am Ende erzählen die Kriegskinder über ihre Arbeit damals bei der Postbank, damals bei Volkswagen, damals bei Narva. Der Homo senex, wie gesagt, blüht auf, wenn er von früher reden kann, von damals, als er noch was darstellte, hinter dem Schalter, im Büro, in der Werkhalle: Die haben gespurt, wenn ich auftauchte, kannste glauben.

Der Homo senex will die Welt nur noch sehen, nicht mehr erobern. Auf Pauschalreisen nach Thailand besucht er die Pagoden, auf den Bahamas bezahlt er mit Bahama-Dollars, in Ägypten guckt er auf die Pyramiden. Die Erlebnisse bleiben flüchtig, sie huschen vorbei, ohne einen Eindruck zu hinterlassen, nichts ist mehr unauslöschlich. In der Jugend sei die Welt unendlich reich an Bedeutungen und Verheißungen, das geringste Ereignis rufe unzählige Schwingungen hervor, schreibt Simone de Beauvoir. Später, in einem geschrumpften Universum, blieben solche Schwingungen aus.

Besser gestellte Exemplare des Homo senex in Gestalt pensionierter Zahnärzte und lebenshungriger Beamter machen ihre Ausflüge in die Welt auf riesigen weißen Schiffen. Shows, Landgang, Geschnetzeltes, die Welt zieht an ihnen vorüber wie ein Bühnenprospekt. Die betagten Kreuzfahrer lassen sich bespielen, bespaßen und füttern, ein Stück Sahnetorte rutscht noch, Frau Dr. Lehmann.

Andererseits ist der Homo senex auf Sinnsuche. Am Ende seines Lebens sucht er nach Essenz, nach Erweiterung seines Horizonts, die findet er manchmal in der Kunst, für die er sich in seinem berufstätigen Leben keine Zeit nahm. Die Seniorengeschwader durchflattern als dunkle Schwärme Museen, Kunstausstellungen und Dichterhäuser. Der Kulturgenuss ist jetzt ihre Arbeit, ihr Pensum; der Kulturgenuss gibt ihnen das Gefühl, etwas geschafft zu haben. Im Fallada-Haus in Feldberg drängeln sich die greisen Kulturtrupps im Arbeitszimmer des Schriftstellers und hören mit Ehrfurcht und Abscheu, dass der morphiumsüchtige Hans Fallada den Roman »Jeder stirbt für sich allein« in sechs Wochen verfasste. Sie schieben sich durch die niedrigen Räume der dörflichen Künstlerbehausung und staunen über die modernen Küchengeräte der Familie Fallada.

ECHO II

Der Provokateur

Nicht im Einstein, da bist du im Dienst, da bist du laufend damit beschäftigt, Leute zu grüßen, da können wir nicht reden. Er bestand auf das Café Einstein und wartete in der hintersten Ecke, in ungewohnter Ruhe und Konzentration. Michel, so spöttisch wie sensibel, so vernichtend wie hilfsbereit, so oberflächlich wie tiefsinnig. Gaißmayer, der Strippenzieher und Berater, Redakteur von Alexander Kluges Kulturmagazinen. Die zwei Stunden im Einstein – ein elegischer Moment. Ich habe mich vorhin im Spiegel gesehen, sagt er, ich sehe aus wie die alten Menschen bei Pina Bausch, eine hinfällige Person. Meine körperliche Präsenz schwindet – als wenn dich das Leben verlässt! Du hast nur noch die verbale Präsenz, die ist aber nicht mehr mit einem attraktiven Körper verbunden, ich käme nicht mehr auch nur auf die Idee, mit einer Frau schlafen zu wollen.

Er lebt so öffentlich, als gäbe es nichts Privates. Die Öffentlichkeit ist sein Bassin, da exerziert er seinen mutwilligen Freistil, seine waghalsigen Kopfsprünge und elementaren Unterwassermanöver. Hier lebt er sein unverschämtes Kommunikationstalent aus, seine Aggressivität, seinen mephistophelischen Witz. Er lässt die Puppen tanzen und erfreut sich an ihren Verrenkungen. Er kann böse sein und taktlos, sarkastisch, schroff, ja höhnisch und das aus heiterem Himmel. Ich meine immer mich, wenn ich versuche, andere aus ihren Selbstgewissheiten aufzuschrecken, sagt er. Er verunsichere, wo er selber unsicher sei, er verbreite Zweifel, wo er selber zweifle. Er setze Sympathien aufs Spiel, derer er allzu sicher sei. Seine Provokationslust sei immer auch eine Infragestellung der eigenen Person. Nimmt die Freude am Provozieren im Alter ab? Heute überlege ich mir zuweilen schon, ob ich mir in meinem Alter noch leisten kann, Leute zu verschrecken.

Auch seine Verbindungen mit Frauen spielten sich stets in der Öffentlichkeit ab. Er konnte sich nie vorstellen, mit einer Frau zu Hause auf dem Sofa zu sitzen, fernzusehen und zu Familiengeburtstagen und privaten Partys aufzubrechen: Ich fand immer, dass das gesellschaftliche Moment Vorrang hat. Zu einer Zweierbeziehung gehöre die dritte Sache, die gemeinsame Arbeit müsse das Bindeglied sein, gemeinsame Überzeugungen. Dann doch noch eine spöttische Sottise: Die Stellung im Bett ist nicht unabhängig von der Stellung im Klassenkampf.

Ein Kellner legt etwas in einer gestärkten weißen Serviette auf den Tisch. Ein Ring, schweres Weißgold, mit einem kleinen Brillanten innen und einem großen, aufwendig gravierten M außen, den hat er neulich beim Händewaschen vergessen. Der kleine Brillant, hatte die Designerin übermitteln lassen, sei der Stein der Weisen. Ich trage sowas eigentlich nicht, sagt er, solche Ringe, aber den hier hat mir Udo Lindenberg zum vierundsiebzigsten Geburtstag geschenkt, Lindenberg, Freund seit Jahrzehnten. Michel war es, der seinen legendären Auftritt damals in der DDR organisiert und gemanagt hatte. Entschuldigen Sie, ist das der Sonderzug nach Pankow.

Linke Überzeugung ist die Konstante seines Lebens. Die Mutter mit dem schönen saarländischen Namen Katharina Didier, eine große, schmale Frau mit dunklem Herrenschnitt und einer Vorliebe für Orientzigaretten, engagierte sich früh bei den Sozialisten. Michel, ihr Sohn, hat sie bewundert, auch er wollte die Welt verändern, das Unmögliche realisieren: Als ich jung war, dachte ich, dass ich alles kann, ich glaubte, dass ich allen überlegen bin. Dass ich jeden mit links an die Wand drücken kann. Dass ich alles erreiche, was ich will, und so war es auch. Im Alter habe sich das grundlegend geändert. An die Stelle von »Alles können« sei die Einsicht durchschlagender Wirkungslosigkeit getreten. Als alter Mann habe er eingesehen, dass die Dinge nur minimal voranzutreiben sind. Damit sei er höchst unzufrieden. Früher dachte er, dass sich alles korrigieren ließe, was er falsch gemacht hat, heute sieht er den Lauf der Dinge fatalistisch: Mein Leben ist gelebt, ich kann nichts mehr korrigieren, alles, was ich falsch gemacht habe, bleibt falsch. Durchschlagende Wirkungslosigkeit, wiederholt er, die überdimensionalen graublauen Augen im schmal gewordenen Gesicht sind ohne Spott und Spiel, Michel meint es ernst.

Seine Bilanz ist von Enttäuschung bestimmt. Mitten hinein in das Selbstverständnis seiner Überlegenheit überfiel ihn der Herzinfarkt, da war er fünfzig. Von da an fühlte er sich nicht mehr unabhängig, nicht mehr autonom. Vier Jahre später kam das Ende der Sowjetunion – es gab plötzlich nur noch eine Weltmacht, Amerika. Die Welt zu verändern war nicht mehr möglich, meint er, aus der Traum. Der Kapitalismus herrscht uneingeschränkt, Prometheus ist gefesselt. Der Herzinfarkt 1987 und der politische Infarkt 1991 – beide Katastrophen waren für ihn ganz und gar persönliche Verwundungen: Durchschlagende Wirkungslosigkeit, ich sehe mich als Verlierer. Sich nicht zu unterwerfen, koste Kraft, man dürfe sich im Alter dennoch nicht von seinem Übermut verabschieden, sagt Michel, nicht hinter sich selbst zurücktreten, man müsse der eigenen Subordination nicht auch noch zustimmen: Bescheiden zu werden ist für mich nicht akzeptabel. Zunehmende körperliche Beschwerden aber zwingen einen dazu, sich mit sich selber zu beschäftigen, zum Beispiel: Wie vermeide ich das Laufen?

Nach einem ärztlichen Kunstfehler lahmt sein linkes Bein: Du hast den schönsten Gang, den ich je an einem Mann gesehen habe, hat mir mal eine Frau gesagt, Uschi hieß sie. Melancholische Momente in der ehrgeizigen Öffentlichkeit des Café Einstein Unter den Linden.

Die Jagd nach Liebe hat ein Ende

Am Morgen kommt die Schlachtigall und singt das Lied vom Tod – Gigis erster Satz, als sie mir die Tür öffnet. Sie raucht Blue Line, eine dünne, lange, sehr weiße Zigarette. Schwarzes Mützchen, schwarze Zöpfe, weites schwarzes Hemd und eine orientalische Hose. Ein dämonisches Augen-Make-up und ein braun geschminkter Teint, ganz die Zigeunerin, als die sie sich ihr Leben lang in Szene gesetzt hat. Sie lacht, amüsiert von sich selber: Komisch am Altwerden ist, dass ich immer noch albern wie ein Mädchen bin, dann sage ich mir, Mensch, du bist vierundsechzig. Früher habe ich das kleine Mädchen gespielt, jetzt bin ich es und wundere mich, weil ich doch alt bin. Da haben wir sie – die komische Alte!

Die Jugendbilder an den Wänden zeigen eine extravagante Frau. Kinnlanger Pagenschnitt, ein Profil wie von Chagall. Dreiundzwanzig war sie da, unsterblich verliebt in ihren Lehrer, der wollte partout nicht. Ich habe Zahnlücken, brüllte er ins Telefon, ich bin alt. Lass mich deine Lücken lecken, hauchte sie. Unglück in der Liebe hatte für sie Glück in der Arbeit bedeutet, sie machte an der Kunsthochschule gerade ihr Diplom.

Du bist nun alt. Ja. Mit einem merkwürdigen Genuss. Ich fühle mich im Kopf jünger als damals, wo ich mich für klug hielt. Gigis Urteile haben sich verlagert. Leute, auf die sie früher reingefallen ist, interessieren sie heute nicht mehr, keine Salons, keine roten Teppiche. Ihr reicht die Kneipe an der Ecke, die skurrile Solidarität der sogenannten kleinen Leute: Ja, ich bin alt, ich wüsste in diesem Land auch nichts mit dem Jungsein anzufangen. Ich bin nicht da reingewachsen, ich bin da reingeschubst worden. Ich habe keine kapitalistischen Triebe entwickelt, vielleicht würde ich mich auch aufspritzen und mir das Bauchfett abschneiden lassen. Ich habe mich an mein Gesicht gewöhnt, auch an meinen älter gewordenen Körper. Ich finde mich schön, aber ich würde mich nicht mehr vor jemandem ausziehen. Sie hat es an die Küchenwand geschrieben: 1997 war zum letzten Mal ein Mann hier.

Sie zieht sich nach wie vor auffällig an, möchte Abstand demonstrieren. Manchmal klappt das nicht mit dem Abstand. Auf der Straße lief ihr neulich ein Araber hinterher und wollte sich unbedingt mir ihr verabreden: So eine Speckmaschine im schwarzen Anzug. Ich bin regelrecht vor ihm weggerannt, das Wort Sex raste durch meinen Kopf wie ein feindliches Geschoss. Das sei es nicht, wonach sie sich sehne. Sie sehne sich nach Witz, nach Scharfsinnigkeit, nach Menschen, die sie verstehen. Ihre kapriziöse Aufmachung ist ihr Konzept, sie möchte nicht verschwinden, nicht übersehen werden, nicht untergehen: Ich will da sein.

Gigi, die Malerin der Zauberwelten, hat gerade fünfundzwanzig Skulpturen zum Thema Tod gemacht, ihre Totengötter, »Der fröhliche Tod«, heißt das Werk. Den Schwarzen Tod in Deutschland fand sie schon immer trostlos, sie zieht den bunten aus Mexiko vor. Früher ist sie mit ihrem Sohn an das Grab ihrer Mutter frühstücken gegangen, Schwarzbrot, weil die Großmutter dem kleinen Max immer gesagt hatte, er solle Schwarzbrot essen. Gigi würde am liebsten die gesamte Grabsteinkultur revolutionieren, die ähnlich stupide sei wie die Wohnzimmereinrichtungen der meisten Leute. Es müsste, sagt sie, Knöpfe geben hinter den Grabsteinen, die könnte man drücken, und es würde das Lachen der Toten erklingen, am Totensonntag würde der halbe Friedhof lachen.

Seit über zwanzig Jahren schneidet Gigi Todesanzeigen aus der Zeitung aus: Seit die ersten Männer, mit denen ich körperlich zu tun hatte, vom Tod entkörpert wurden, fühle ich einen gewissen Triumph. Die toten Männer können mir nicht mehr wegrennen, ich weiß, wo sie wohnen, ich habe die Erinnerungshoheit, ich kann meine Beziehung zu ihnen so schildern, wie ich es für richtig halte, ich habe die absolute Macht über das, was gewesen ist. Verinnerung ist die höchst Form der Erinnerung.

Schön sei, dass die Jagd ein Ende hat, die Jagd auf Männer, die Jagd nach Liebe. Früher brauchte sie das unglücklich Verliebtsein, um einen Auftrag zu erfüllen, es war eine Art Leistungssport, sie musste was beweisen. Sie fragt sich, wie sie die fünfundzwanzig Totengötter fertiggekriegt hat, ohne verliebt zu sein. Dass sie nicht mehr verliebt sein muss, empfindet sie als entlastend. Sie liest mir aus einem ihrer schwarzen Tagebücher vor, in die sie mit unglaublich filigraner Schrift geschrieben und gezeichnet hat, wie sie an der Liebe litt: »Für jeden großen Schmerz braucht man eine Unterbrechung, damit man ihn wieder spürt – den Schmerz.« O Gott, seufzt Gigi, o Gott, was habe ich früher alles mit den Weibern angestellt, auf die ich eifersüchtig war, da will ich gar nicht dran denken, hier guck mal: »Wie mache ich keinen Skandal? Gründung einer Armee von Abwehrkörpern im sündigen Blut.« Die Liebe, sagt sie, war der größte Störfaktor in meinem Leben.

Alter schützt vor Jugend nicht? Kann man auch umdrehen, es gibt viele Junge, die alt sind. Das Schlimmste, meint Gigi, sind die Gleichaltrigen: Die waren so frei, sich nach der Wende im Dänischen Bettenlager dreimal ein neues Schlafzimmer zu bestellen. Ich dachte, die Generation davor wäre die schlimmste gewesen, die Faltenrock-Nazi-Generation. Aber die McDonald-Porno-Handy-Generation ist schlimmer. Die hat ein fatales Selbstbewusstsein durch ihre Weltliteratur – die Rabatt-Anzeigen von Lidl und Aldi – und durch ihre Busreisen nach Mallorca.

Wenn in der Zeitung steht, dass in zehn Jahren das Berliner Schloss fertig ist, denkt Gigi, dass sie dann vielleicht nicht mehr existiert: Ich würde da wahrscheinlich überhaupt nicht hingehen, aber ich möchte die Möglichkeit haben, da nicht hinzugehen, die Möglichkeit! Der Tod ist in ihrem Alltag ständig anwesend, vorwiegend als Erinnerung. Sie hat schon immer mit den Toten gelebt: Es ist ein Befehl, sich zu erinnern. Sie zeigt mir ihren Erinnerungsschrein, ein altes ausgehängtes Berliner Fenster: Wie oft mag hinter diesen alten Scheiben geweint und gestorben worden sein? Hinter dem Fenster liegen zwei eiserne Lockenwickler der Großmutter, Gigis Milchzähne und ihr erstes Ausgehkleid, gerahmt, klitzeklein, weiß, mit aufgestickten Blümchen. Das Zigarettenetui des Großvaters, ein Foto des Vaters als junger Mann, die Sofapuppe der Großmutter. Gigi möchte unsterblich werden: Nichts, was ich gemalt, gezeichnet, geschrieben oder geformt habe, soll weggeschmissen werden, wenn ich tot bin.

Die letzte Liebe? Vor acht Jahren, immer noch der Dichter, dem sie seine Bücher illustriert hat: Den habe ich nie gehabt. Er war der letzte Mann, den ich geküsst habe, im Jahr seines Todes, es war an meinem Geburtstag. Das Foto von Gigi und dem Dichter, wie sie sich küssen kurz vor seinem Tod, an ihrem Geburtstag, hängt an der Wand, Dokument eines unerfüllten Begehrens.

Flamingo

Zwei Sommer lang geht das so, er verliebt, sie verliebt, nichts geschieht. Juli auf Hiddensee, er siebzehn, sie vierzehn. Das Mädchen mit den mandelförmigen Augen schwärmt um ihn herum und ist doch nicht zu fassen, sie ist da und wieder weg. Drei oder vier Jahre später spielt er mit seiner Band im Prater. Da taucht das Mädchen auf, eine Frau nun. Sie sagt, sie wolle sich von ihm verabschieden. Sie kommt mit zu ihm nach Hause, sie verbringen die Nacht zusammen. Am Morgen geht sie, er sieht sie nie wieder, sie war in den Westen entschwunden.

An die bittersüße Romanze erinnert sich der Professor im Garten seiner Villa. Alles lange her, mehr als fünfzig Jahre. Schwarzweißfotos liegen auf dem Terrassentisch, er hat sie ewig nicht angesehen, sie regt ihn auf, die Konfrontation mit der Jugend. Michael, dickes, dunkles Haar, lachlustige Augen, Michael, der Charmingboy, mit Agnieszka aus Warschau, mit Veronika, mit Karin, mit Monika, die er später geheiratet hat. Michael mit seiner Band, sechs Jungs am gut gelaunten Anfang ihres Lebens, auf die Plätze, fertig, los! Er sehe den jungen Mann auf den Fotos durchaus mit Wohlgefallen, aber doch kritisch, sagt der Professor. Er sei ein Schmetterling gewesen, was die Frauen beträfe, hätte sich eine Weile hier und ein Weilchen da niedergelassen und sei weitergeflattert. Im Taumel des Erfolgs seien ihm ein paar menschliche Schweinereien passiert; der alte Junge zeigt späte Reue.

Mit fünfzehn hatte er mit seiner Trompete am Fenster der elterlichen Wohnung gestanden und »Das ist die Liebe im Vorübergehn« in warme Sommerabende geblasen, mit einem langen, flehenden Trompetenstoß für »Liebe«, das hat gewirkt. Einmal war er verabredet mit einem Mädchen aus seiner Straße. Die wartete mit gestärktem Petticoat, weißen Handschuhen und erwartungsvollem Lächeln auf den Trompeter. Sie stand da, er kam nicht. Sie ging in eine Telefonzelle und rief bei ihm zu Hause an. Seine Schwester war am Apparat und teilte den Verhinderungsgrund ihres Bruders mit: Michael kann nicht, Michael badet. Frisch gebadet blies der Bruder eine halbe Stunde später den Sehnsuchtstitel »Flamingo« aus dem Fenster.

Er liebte die Musik, sie brachte ihm Erfolg, aber sie wurde nicht sein Beruf. Er wollte was leisten, was entdecken, was werden. Er war fest entschlossen, sich nicht zu verzetteln, etwas zu erreichen auf seinem Gebiet, eine Kapazität zu werden auf dem Feld der Biologie. Er studierte, promovierte, habilitierte. Er erreichte, was er sich vorgenommen hatte. Er wurde eine Kapazität. Nach siebenundzwanzig Jahren fing Michael wieder an, Trompete zu spielen, suchte die alten Mitspieler zusammen: Wollen wir nicht noch mal, ehe wir alle tot sind? Er schlich sich wieder rein in die Musik, übt jeden Tag zwei Stunden, das sei anstrengend, aber wunderbar. Paul McCartney wurde gefragt, ob er mit Siebenundsechzig seinen Stimmbändern noch zumuten könne, die aggressiven Urschreie in »Helter Skelter« auszustoßen. Genau solche Fragen – wie lange halte ich das noch durch – stelle er sich nicht, nur deshalb könne er »Helter Skelter« noch singen, hatte der alte Beatle geantwortet.

Wenn Michael auf der Bühne steht neben den Gefährten der jungen Tage, schmalhüftig, ganz ohne Bauchansatz, jagt ihm »When it's sleepy time down«, der Satz mit den drei Blasinstrumenten, begleitet vom Piano, einen Schauer von Jugend über den Rücken. Für zwei, drei Minuten wird der alte Professor zu dem halbwüchsigen Trompeter am Fenster, der sich in den Jazz verliebt hatte. Von der Bühne aus aber sieht er immer öfter in ein graues Meer mit grauer Gischt, das Schneepublikum, seine Generation, in Treue ergraute Fans aus Zeiten, als Jazz Freiheit bedeutete und Aufbruch. Die Jungen fühlen sich dem Jazz heute nicht so nahe, die Alten aber pfeifen, trampeln und applaudieren dem Echo ihrer Jugend. Manchmal steht ein Rollstuhl mit einem Todkranken in der ersten Reihe, direkt vor der Bühne, dann fällt es dem Trompeter schwer, sich auf sein Spiel zu konzentrieren.

Vor dem Tod hat Michael keine Angst. Angst hat er vor Alzheimer, nicht um sich, aber um seine junge Frau, die ihn dann pflegen müsste. Gut, dass ich relativ begütert bin, Sandra könnte eine Pflegekraft engagieren und sich ab und an zwei Wochen von ihm erholen, auf Hiddensee vielleicht. Ich vergesse Namen, bemerkt Michael mit sorgenvollem Gesicht, auf Empfängen vermeide er, Leute einander vorzustellen. Der Einwand, dass fast jeder, der über sechzig ist, Namen vergisst, beruhigt ihn nicht wirklich.

Ganz klar, ich bin ein Gewinner des Lebens, denn ich kann glücklich sein, ich bin nicht allein, sagt Michael. Was ist er froh, dass es ihm nicht geht wie einem berühmten Freund. Der konnte sich vor Frauen nicht retten in seinen Mannesjahren und die sich nicht vor ihm. Im Alter war er allein und suchte Asyl. Keine seiner Ehemaligen wollte ihn bei sich aufnehmen; Babsi wollte ihn nicht, Karin wollte ihn nicht, Reni und Traudel auch nicht, sie kannten ihn zu gut. In diesem Moment kommt Michaels schöne junge Frau nach Hause, mit einer Melone. Der Professor räumt rasch die Jugendbilder vom Tisch.

Schätzchen, welcher Tag ist heute?

Du bist nun alt. Lisa kichert: Ja, die Wogen haben sich gelegt. Haben sich gelegt, die Wogen – sie lacht, und immer, wenn sie lacht, schießen ihr die Tränen in die Augen. Sie verpulvere ihre Kräfte nicht mehr für aussichtslose Sachen, sagt sie, die Meinungen anderer, besonders die politischen, interessieren sie nicht mehr. Sie will niemanden von irgendwas überzeugen, sie verteidigt keine Ansicht mehr: Ich kann lächeln, wo ich früher hätte heulen können. Sie fühle sich frei. Selbst von der Zuwendung ihrer Söhne sei sie nicht mehr abhängig, obwohl sie ihre Söhne liebt: Ich bin abgenabelt.

Neulich war sie bei der Beerdigung eines Kollegen, nur achtundvierzig Jahre alt wurde er. Die ganze Firma war da; manche begrüßten sie, andere übersahen sie, manche erkannten sie nicht, seit acht Jahren ist sie im Ruhestand. Sie stellte sich in die lange Kondolenzschlange. Niemand nahm Kontakt zu ihr auf, sie fühlte sich fremd, obwohl sie dreißig Jahre dort gearbeitet hatte. Kollegen sind nur so lange Kollegen, wie sie welche sind. Wenn der Zusammenhang weg ist, ist die Vertrautheit passé. Sie erinnert sich an ihre aktive Zeit, als die damaligen Rentner der Firma zu Betriebsjubiläen eingeladen wurden, aus Anstand und Gnade. Und sie erinnert sich daran, wie sie mit den Alten ein paar mitleidige, nichts sagende Worte gewechselt hatte, ohne ein Thema zu haben, sie hatte sie wie Wesen aus einer anderen Welt wahrgenommen, abgemeldet, vergangen, vergessen.

Sie säße jetzt aber nicht da und trauere der Vergangenheit nach, ach, wie hübsch war ich mal, wie schlank, wie begehrenswert, wie beliebt im Betrieb! Ihr ginge es heute, sagt sie, in gewisser Weise besser als in ihrer Jugend. Ihr Leben lang hatte sie Anpassungsschwierigkeiten, sie war ungestüm, rebellisch, grüblerisch, hatte wenig Begabung zum Kompromiss: Ich wollte alles anders, als es war. Sie hat immer zuviel vom

Leben erwartet, nun erwartet sie nichts mehr, kann also auch nicht enttäuscht werden. Jetzt freut sie sich, abends mit Lulu und Lotti, ihren zwei chilenischen Katzen, auf dem Sofa zu sitzen, in das Rot der Abendsonne zu sehen und was Süßes zu essen. Weil sie sich nicht mehr so für Kleider interessiert wie früher, hat sie auch keine Sorgen mehr wegen ihrer Figur; neuerdings isst sie im Kino sogar Eiskonfekt.

Eine Art Gleichmütigkeit hätte sie überkommen, der Nachteil sei der Verlust von Witz und Schlagfertigkeit, so was werde ihr nicht mehr abverlangt. Die Fröhlichkeit ginge weg, die Neugier, unter Alten würden vor allem Geschichten über Krankheit und Tod erzählt. Lisa ist nicht mehr leichtsinnig und nicht mehr leichtfüßig, Gelenkprobleme. Als hätte man einem Vogel die Flügel amputiert. Nachts in der S-Bahn zwischen den jungen Leuten kommt sie sich manchmal unpassend vor. Lisa schmückt sich gern mit bunten Federn, seidenen Blumen, glitzernden Kämmen. Die Alte ist verrückt geworden, mögen manche denken, sagt sie und lacht, bis ihr die Tränen in die Augen schießen. Das Alleinleben macht sie nicht mehr traurig, obgleich es anders schöner wäre. Ein fremder alter Mann in ihrer großen, geschmackvollen Wohnung? Unmöglich. Da vermietet sie lieber Zimmer an Studenten aus Kanada und China. Mit denen frühstückt sie ab und an und partizipiert für eine halbe Stunde an der Leichtigkeit des Seins.

Jeden Sonntagnachmittag bricht Lisa in ein Pflegeheim auf. Sie kümmert sich um einsame Alte. Ihre Mutter lebte fünf Jahre lang in diesem Heim, Lisa kennt dort alle, das Personal, die Bewohner, die Besucher; sie ist einfach weiter hingegangen, nachdem die

Mutter gestorben war. Kein Anblick mehr kann sie erschüttern, nackte Alte mit Windeln, die auf den Korridoren umherirren, Sterbende, Verzweifelte, Demente. Viele bekommen keinen Besuch, sie sitzen da und warten, dass einer kommt, jeden Sonntag. Jeden Sonntag vergeblich: Und jetzt komme ich. Jeden Sonntag. Als Besuch. Wenn ich mal nicht kann, rufe ich an und sage Bescheid, dass ich nicht komme.

Da sitzen die Alten, eine graue Garde des Verfalls, einige sind schon vierzehn Jahre hier. Frau Schiefelstein kann nicht mehr hören, Frau Tierlein kann nicht mehr sehen, Frau Schill kann nicht mehr sprechen. Herr Hoppe möchte gerne Schach spielen und findet keinen Partner. Sie sitzen da in ihren Rollstühlen, neben ihren Rollatoren, schlaff, matt, mit vom Liegen eingedrückten Haaren, manche popeln und besehen sich das Ergebnis, wie Kinder. Frau Wiegmann und Frau Wegerich haben lackierte Fingernägel, pink und gold, denn einmal im Monat kommt eine Kosmetikerin, die Maniküre und Pediküre anbietet. Die Kosmetikerin ist den Alten lieber als der Akkordeonspieler. »Es war in Schöneberg im Monat Mai« macht sie traurig.

Frau Schill hat zehn Konfektionsgrößen abgenommen, die Kleider hängen an ihr wie Lumpen; Lisa hat ihr neulich eine Hose enger gemacht. Frau Tierlein tut ihr Sohn leid, weil er, wenn er sie alle acht Wochen besucht, so viel Fahrgeld bezahlen muss, wo er doch von Hartz IV lebt. Frau Jastrow, die früher sehr lebenslustig gewesen sein soll, fragt Lisa jeden Sonntag: Sag mal, Schätzchen, welcher Tag ist heute? Lisa bringt Nachrichten von draußen mit, manchmal eine Flasche Sekt. Sie erzählt, mit welcher ihrer Freundinnen sie sich getroffen hat, dass sie Ärger mit der Hausverwaltung hatte, wie das Geburtstagsessen mit ihren Söhnen war, und was sie gegessen haben. Grüße vom Leben. Lisa konnte die Tristesse von Sonntagen noch nie ausstehen. Da macht sie lieber was Sinnvolles und besucht die Alten. Mit denen kann sie manchmal sogar lachen am Sonntag.

Meine Alten

Nur mit großer Anstrengung kann ich mich davon überzeugen, dass ich selbst so alt bin wie jene, die mir in meiner Jugend so alt erschienen.

André Gide

Die Alten meiner Jugend hatten für mich keine Vergangenheit und keine Zukunft. Sie waren niemals etwas anderes als alt. Sie waren, wie sie waren, ich habe mir sie nie jung vorgestellt. Nicht meine Großmutter, nicht meinen Großvater, nicht Tante Ella, Onkel Rudi, Tante Trudi, Oma Lieschen und Frau Radetzky. Nicht die alte Nachbarin, die zwei betrunkene Bestatter im offenen Sarg aus ihrer Wohnung trugen, oder die bleiche Zeitungsfrau mit der Bubikopffrisur, die neben den Stapeln der Täglichen Rundschau auf dem Straßenpflaster hockte. Schon gar nicht meinen Urgroßvater, der befahl, dass Kinder nicht auf Stühlen, sondern auf Holzkisten zu sitzen hatten. Das Alter war eine Alltäglichkeit. In die Gesichter meiner Großeltern, Großonkel und Großtanten sah ich mit anhänglichem Gleichmut, fühlte mich aufgefangen im großzügig gesponnenen Netz ihrer Falten.

Die Zeit, in der ich meine Alten leben sah, war die Nachkriegszeit. Es ging um Brot und um Zigaretten, die Ami, Stella und Orient hießen, um eine Wohnung ohne Wanzen. Ich habe mir nie, auch nicht als erwachsene Frau, die Frage gestellt, ob Erna und Schorsch sich liebten, ob mein Großvater fremd gegangen ist, ob meine Großmutter je eine Romanze erlebte, und warum sie nur ein einziges Kind hatten. Bekannt hingegen war, dass Schorsch aus Breslau stammte und Erna aus Hamburg Altona. Ernas Schwester, meine Tante Ella, hatte keinen Ehemann, aber eine Tochter, die mongolisch aussah. Tante Ella und der Mongole – das hatte mich interessiert, kam aber nie zur Sprache, ich fragte nicht danach, nicht einmal, als die asiatischen Augen im Doppelpack auftraten, nunmehr bei den Zwillingen der Tante-Ella-Tochter.

Frau Radetzkys Dutt war rotblond, obwohl Frau Radetzky alt war, über fünfzig bestimmt. Sie betrieb in einem Souterrain eine Gardinenwäscherei und -spannerei mit Heißmangelmaschine. Sie wohnte da auch und musste fast immer das elektrische Licht anknipsen oder Kerzen anzünden, denn das Tageslicht fiel nur spärlich durch die Kellerfenster. Meine Großmutter nahm mich manchmal mit zu ihr, ich durfte dort übernachten. In dem ebenholzfarbenen Ehebett ist die linke Seite frei gewesen, Herr Radetzky war an der Ostfront geblieben. Frau Radetzky erzählte manchmal von ihrem Mann: Harry konnte fesch tanzen, und pfeifen konnte er wie Ilse Werner, er aß gern Käsekuchen, aber ohne Rosinen musste er sein.

Ich betrachtete mich vor dem dreiteiligen Spiegel ihrer Frisierkommode und drückte auf die plüschweichen Pumpsprayer der gläsernen Behälter mit Lavendelwasser und Eau de Cologne – ob Frau Radetzky sie noch benutzte, wo sie doch keinen Mann mehr hatte? Das vertraute Kindheitsmuster Keller hatte sich erweitert. Die Beklemmung des Luftschutzkellers mischte sich im Radetzkyschen Wäschekeller mit einem Gefühl abenteuerlicher Sicherheit. Ihr Keller war eine Höhle, ähnlich der, die man sich aus einer Decke und zwei Stühlen bauen konnte, nur behaglicher. Ich habe die dunklen Souterrainnächte mit dem Duft nach Bügelwäsche und Heißmangelmaschine als den Gipfel der Geborgenheit erlebt.

Meine Alten bildeten einen Reigen weißhaariger, sonderbarer, meist freundlicher Menschen, die Geschenke mitbrachten, Geburtstage und Jubiläen feierten, sich über Blumentöpfe mit rosa Krepppapiermanschetten und silbernen Pappzahlen freuten und gelegentlich ungeniert rülpsten und furzten. Die ihre Gebisse in Wassergläser legten, Zigarren rauchten, seltsame Witze machten und starben. Sie hatten zwei Kriege überlebt, ihre Ersparnisse durch die Inflation verloren und wenig gegen Adolf Hitler unternommen. Sie hatten, so schien es mir, keinerlei höhere Ansprüche. Meine Alten errichteten einen weichen, warmen Schutzwall aus Fürsorge und Nachsicht um mich herum.

Auch ich war nachsichtig mit ihnen. Vermutlich deshalb habe ich nicht vergessen, was mit Oma Lieschen geschah. Auf meiner Einsegnungsfeier schlief sie fortwährend ein, was meine Mutter wütend machte. Sie sorgte dafür, dass die gesamte Gesellschaft in die Wohnung unserer Nachbarin umzog, wo die Feier ohne Oma Lieschens Schnarchen fortgesetzt wurde. Die lästige Schläferin blieb allein zurück, im Sessel, dösend. Was mag es gedacht haben, das arme, alte Lieschen, als es aufwachte und sich verlassen und mutterseelenallein wiederfand, wo es doch zu einer Familienfeier eingeladen war. Die Gründe für die Brutalität meiner Mutter lagen sechs Jahre zurück. Oma Lieschen hatte ihrem Sohn, meinem Vater, als der aus russischer Kriegsgefangenschaft heimkehrte, gesteckt, dass seine Frau während seiner achtjährigen Abwesenheit eine Affäre mit einem Russen gehabt hatte. Wer so was macht, darf sich nicht wundern, wenn er im Alter nicht gelitten ist. Mir tat Oma Lieschen leid. Auch wegen der Charmeuse-Wäschegarnitur, die sie mir geschenkt hatte.

Nachsichtig mit meinen Alten war ich, weil ich wusste, sie würden vor mir sterben; sie waren alt, und ich war jung, meine Jugend würde ewig dauern, ich hatte Mitleid mit ihnen, die doch so kurz vor ihrem Ende standen. Jetzt bin ich so alt wie damals sie. Sophie und Julie, meine Töchter, sind jung, Philipp und Franz, meine Enkel, noch jünger. Ich werde sie nicht fragen, wie sie mich sehen, sie könnten es nicht sagen, weil ihnen mein Anblick zu vertraut ist, um einen realen Eindruck wiedergeben zu können. Und weil sie vermutlich ebenfalls Mitleid empfinden für die, die vor ihnen sterben werden, also für mich. Der zehnjährige Philipp erzählte seinen Schulkameraden, seine Oma beherrsche Karate und hätte den schwarzen Gürtel, fragt sie doch! Philipps Klassenkameraden starren auf mich wie auf ein Weltwunder und flüstern: Karate-Oma. Ich musste Philipp versprechen, die Sache niemals aufzuklären, demnächst will er mir ein paar Übungen seines Taekwondo-Trainings beibringen, damit ich noch glaubwürdiger wirke.

Vielleicht werde ich für Philipp und Franz ja auch mal zur Legende wie meine Großeltern für mich. Unvorstellbar, selber einmal so alt zu werden wie die, die ihren Enkeln das früheste und vertrauteste Bild vom Alter darboten. Zwischendurch vergisst man die Großeltern. Wenn man älter wird, kehren sie ins Gedächtnis zurück. Ihr Bild wird neu zusammengepuzzelt, ergänzt durch eigene Erfahrung und ein Gefühl der Verbrüderung. Wie waren sie, meine Großeltern? Schorsch, mein runder, schnauzbärtiger Großvater, stand bei Familienfeiern am Wohnzimmertisch, legte seine Zigarre auf dem Aschenbecher ab und rezitierte die Lebensweisheiten von Otto Reutter, er konnte alle sechzehn Strophen seines Lieblingscouplets auswendig: »In fünfzig Jahren ist alles vorbei«. Es fing so an: »Denk stets, wenn etwas dir nicht gefällt / Es währt nichts ewig auf dieser Welt / Der kleinste Ärger, die größte Qual / sind nicht von Dauer, sie enden mal / Drum sei dein Trost, was immer es sei: In fünfzig Jahren ist alles vorbei«. Und endete so: »Drum: Hast du noch Wein, dann trink ihn aus / und hast du ein Mädel, dann brings nach Haus / und freu dich hier unten beim Erdenlicht / Wie's unten ist, weißt du – wie oben nicht / Nur einmal blüht im Jahr der Mai / und in fünfzig Jahren ist alles vorbei«.

Das Couplet, heutigen Rap-Gesängen nicht unähnlich, beschreibt präzise Schorschs Charakter und Weltsicht. Immer mit der Ruhe, in fünfzig Jahren ist alles vorbei. Die SA-Uniform, die man ihm, dem SPD-Mann, im Paket zugeschickt hatte, sandte er zurück, ohne Kommentar. Er holte belastendes Material aus der Wohnung von Onkel Rudi, seinem Schwager, der unter dem Verdacht des Widerstands stand. Nur keine Aufregung: In fünfzig Jahren ist alles vorbei. Als wir uns im letzten Moment aus dem Luftschutzkeller retten konnten, während die SS kurz vor Kriegsende das Haus über uns anzündete, auf dass die Russen nur noch verbrannte deutsche Erde vorfänden, nahm Schorsch nicht etwa eine Bettdecke mit oder einen Koffer mit Jacken und Hosen, sondern den Teekessel, sonst nichts; er wollte sich nach dem Krieg eine schöne Tasse Kaffee kochen.

Für die harte Nachkriegszeit war er nicht gemacht. Er kam mit keiner der überfüllten Straßenbahnen mit, weil er alle anderen vorließ. Während ein Brot auf dem Schwarzen Markt hundert Mark kostete, verkaufte Schorsch in seinem Kiosk den Nachtexpress für zwanzig Pfennige, als Schieber war er ungeeignet, er konnte nur anständig sein und wäre anständig verhungert, wenn meine Mutter, seine Tochter, nicht von anderem Kaliber gewesen wäre. Sein Optimismus war von Fatalismus geprägt: In fünfzig Jahren ist alles vorbei. Das Einzige, was ihn aus der Ruhe brachte: wenn eine Glühbirne kaputt ging. Dafür machte er jedes Mal seine Frau verantwortlich: dämliches Weib. Es war die einzige Ungerechtigkeit, die ich an meinem gutmütigen Großvater feststellte.

Als er mit mir in den Zirkus Barlay ging und in die Faust-Aufführung am Deutschen Theater, war ich zehn Jahre alt, er neunundfünfzig, das ist heutzutage kein Alter. Schorsch war gerne alt, er lebte sein Alter in vollen Zügen. Er lief watschelnd, hatte einen dicken Bauch, aß Eisbein mit Sauerkraut, ließ die Zigarre kalt werden und trug Hosenträger. Er war mit sich als altem Mann völlig einverstanden. Sein Selbstbild war identisch mit dem, das er wirklich abgab, seine Ausstrahlung: Opa. Ich liebte ihn, wie ich Erna, meine Großmutter, liebte – bedingungslos.

Erna regte sich über alles mächtig auf, sie war vermutlich, was man hysterisch nennt. Früher, im Theaterverein, hatte sie die Elektra gegeben, da konnte sie ihr überbordendes Temperament abreagieren. Ohne Theaterverein erregte sie sich im Thema eine Nummer kleiner, in der Form dafür eine Nummer größer. Als sich die Handtaschenmode änderte und die Taschen nicht mehr zwei, sondern nur noch einen Henkel hatten, verdächtigte sie die Hersteller des Betrugs und der Habgier. Wenn nämlich der Reißverschluss der Handtasche kaputt sei, müsse man sie wegwerfen und eine neue kaufen.

Erna litt unter chronisch entzündeten Augen und einem offenen Bein, das ihr Schmerzen bereitete und das sie zweimal täglich pudern und verbinden musste. Damit man ihre malträtierte Haut nicht sah, trug sie plattierte Strümpfe. Wenn sie mit den Fingernägeln über die Plattierten fuhr, kriegte ich eine Gänsehaut. Erna schonte sich nicht. Im Krieg hatte sie für die Familie das Wasser von der Straße geholt, unter Beschuss. Vielleicht hat sie gedacht, falls sie umkommt, trifft es ja nur die Alte, die Jungen muss man beschützen, da war sie Ende Vierzig. Ich habe meine Großmutter niemals über ihr Älterwerden jammern hören. Niemals habe ich gesehen, dass sie vor dem Spiegel stand, hängende Haut hochzog oder Cremes einmassierte. Sie hatte andere Sorgen, zum Beispiel die, ihre Tochter, meine Mutter, zu illegalen Abtreibungen zu begleiten, nach aufgeregt geflüsterten Gesprächen in der Küche, in denen es um Geld und Adressen ging.

Zuweilen stelle ich sie mir unter den gegenwärtigen, unter meinen Lebensumständen vor. Sie trüge einen taillierten Hosenanzug und einen schwarzen Rollkragenpullover, eine schlanke, brünette Frau, die ihr halblanges Haar nicht schwarz, sondern dezent braun nachfärben würde, mit ein paar hellen Strähnchen vielleicht. Ihre chronisch entzündeten Augen wären heute mit Kortisonsalbe behandelt worden und abgeheilt, auch das offene Bein. Sie würde ihre Wimpern tuschen und einen Hauch Rouge auflegen. Sie wäre

Geschäftsführerin oder Hauptbuchhalterin einer Mittelstandsfirma und würde nicht wie sechzig oder fünfundsechzig aussehen, sondern wie eine elegante Frau Mitte Fünfzig. Heute hätte sie Kühlkombi, Waschmaschine und Geschirrspüler, ihr Mann würde die Hälfte der Hausarbeit übernehmen. Erna, meine Großmutter, würde öfter lachen als zu ihrer Zeit. Und länger leben.

Als sie gestorben war, hochrot geschüttelt in einem tobsüchtigen Todeskampf, überbrachte ich meinem Großvater die traurige Nachricht. Ich sah ihn vor der Haustür in der Sonne stehen, einen kleinen, alten Mann mit goldenem Gemüt, und ich wusste, dass ich das friedliche Bild im nächsten Augenblick zerstören würde. Er wurde krank vor Trauer und lebte weiter in der Wohnung, allein. Ich besuchte ihn jeden Tag. Obwohl ich einen Wohnungsschlüssel hatte, klingelte ich und war erleichtert, wenn ich sein Schlurfen hörte. Ich hatte Angst, dass es eines Tages stumm bleiben würde hinter der Tür und ich aufschließen und ihn tot sehen müsste, es war die Feigheit vor dem Tod, dabei war ich längst erwachsen. Der Kelch ging an mir vorüber, Schorsch starb im Krankenhaus. Das Unterbewusstsein bestrafte mich mit einem Alptraum, der alle paar Jahre wiederkehrt. Meine Großeltern liegen verwest in ihrem Ehebett in dem großen Berliner Zimmer zum Hof, unkenntlich, mit offenen Augen. Ich habe vergessen, sie zu begraben. Ich hatte sie zu sehr geliebt, um sie zu begraben. Ich war zu feige, sie zu begraben. Über dem Stuhl hängt die Hose meines Großvaters, Kleingeld ist unter das Bett gefallen, wie immer. Als Kind sammelte ich die Münzen auf und behielt sie, es war eine stille Übereinkunft, diesmal war das Kleingeld liegengeblieben.

Meine Alten. In Wirklichkeit ruhen sie sanft und ahnungslos in ihren Urnen. Sie kennen nicht Computer, nicht Handy, nicht Internet. Nicht Geldautomat, CD-Player, I-Pad und digitalen Fotoapparat. Ihre Moderne waren Schreibmaschine und Fernsprecher, ihr Kommunikationszentrum die Telefonzelle: Fasse dich kurz! Dass sich auf den Berliner Straßen inzwischen Menschen aller Nationen mischen, dunkle Haut mit heller, schwarze Haare mit blonden, asiatische Augen mit blauen, hätte sie zu ungläubigem Staunen veranlasst. Auch dass man Hamburg mit dem Zug von Berlin aus in eineinhalb Stunden und Leipzig in einer Stunde und zehn Minuten erreichen kann. Manche meiner Alten erlebten nicht einmal mehr die Antibabypille. Die künstliche Befruchtung hätten sie für ein Horrorszenario von Dr. Jekyll und Mister Hyde gehalten. Dass Schwule heiraten und lesbische Paare Kinder kriegen, hätten sie als Witz verstanden. Mal abgesehen von Vaterschaftstests und DNA-Analysen, und was, du lieber Himmel, ist ein Selbstmordattentäter. Über den Niedergang der Zigarette und die Tatsache, dass ein Kerl von Einmeterachtzig heutzutage schon fast als klein gilt, hätten sie ungläubig den Kopf geschüttelt. Dass Männer Kinderwagen schieben, hätte sie zum Lachen gebracht. Dass die Leute in der U-Bahn Bratkartoffeln essen und Kaffee trinken, hätten sie geschmacklos gefunden. Die sind doch meschugge, würde meine Großmutter gesagt haben, und ihre Tochter hätte genüsslich den Rauch ihrer F6 inhaliert und das mit dem Kaffee in der U-Bahn gar nicht so übel gefunden.

Niemandes Kind mehr

Man kam zur Welt, die Eltern starben. Man wurde alt und starb dann auch.

Graham Greene

Irgendwann rief Hilde an. Sie war eine Freundin meiner Mutter, sie hatten sich seit ihrer Lehrzeit bei Wertheim gekannt. Die Primel, dachte ich, Hilde, die Primel, ihr Kopf hatte immer ein bisschen nach vorn gehangen, wie eine Primel, die zu wenig Wasser kriegt. Ich habe dich gestern im Fernsehen gesehen, Sylvie, sagte die Primel, und wenn ich dich sehe, muss ich immer an Margit denken. Du siehst ihr so ähnlich; ich habe dich schon als Baby auf dem Arm gehabt. Hilde erzählte, dass sie nicht mehr laufen kann und den ganzen Tag zu Hause im Bett liegt, sie könne nichts mehr ohne fremde Hilfe, doch die Pfleger seien sehr nett zu ihr. Hilde wirkte fast fröhlich. Ich konnte doch dreiundachtzig Jahre lang wunderbar laufen, sagte sie, gut, mit zwei habe ich erst angefangen damit, dann bin ich eben einundachtzig Jahre lang gelaufen wie ein Wiesel, jetzt sehe ich vom Bett aus fern, am liebsten Talkshows, da habe ich dich neulich gesehen, Sylvie. Wie du der Margit ähnlich bist, zum Verwechseln!

Margit, meine Mutter, war nie alt, auch als sie alt war, war sie jung. Als sie starb, mitten im Leben, war ich fassungslos. Sie hatte von dem Ding in ihrem Herzen gewusst, es konnte jederzeit platzen, sie lebte damit und starb daran. Ich war tieftraurig und zugleich dankbar, dass sie mich bewahrt hatte vor dem, was gekommen wäre, wenn sie nicht mehr sie selber hätte sein können. Ich sehe ihr ähnlich, was ich nicht wahrhaben will, welche Tochter will schon wie ihre Mutter aussehen. Sie hatte eine größere Nase, einen volleren Mund, die Schultern waren breiter, die Haare blonder. Ich erinnere mich, dass ihre Tränensäcke ausgeprägter gewesen sind. Dass sie ein Doppelkinn hatte, blaue Adern an den Beinen, und dass sie dicker war als ich, vollschlank nannte sie das stolz. Zudem hatte sie ein ausgesprochen ungezügeltes Temperament, was durch das Alter nicht gemildert wurde, sie regte sich maßlos auf, sie lachte maßlos und konnte nicht aufhören damit. Sie hatte einen maßlosen Willen, was sie sich vornahm, setzte sie durch. Ich bin Schütze, sagte sie, als wäre ihr Sternbild ein akademischer Grad.

Die Momente, wo man älter sein möchte, als man ist, sind selten im Leben, man merkt sie sich. Im Ufa-Kino am Friedrichshain lief ein Film mit Anna Magnani, die Italienerin war die Lieblingsschauspielerin meiner Mutter, so sah sie sich, leidenschaftlich und autonom. Sie hatte sich in den Kopf gesetzt, mit mir, ihrer zwölfjährigen Tochter, die Magnani zu sehen, in einem Film, der erst ab sechzehn Jahre zugelassen war. Sie malte mir die Lippen rot, stopfte mir einen Busen aus und brannte mit der Brennschere Locken in meine Flusen. So ausgestattet schickten wir uns an, den Eingang des Lichtspieltheaters zu passieren. Die Platzanweiserin guckte erst in mein Gesicht, dann auf meine Beine und sagte: Was will das Kind hier? Das ist kein Kind, empörte sich meine Mutter, bis sie sah, was sie vergessen hatte: Meine dünnen Beine steckten in langen, braunen, gerippten Kinderstrümpfen. Mutter und Kind mussten gehen. Den ganzen Heimweg über schimpfte Margit auf die Platzanweiserin, beschränkt sei sie, bürokratisch, reaktionär.

Wenn ich daran denke, dass meine Mutter zur Zeit des verhinderten Kinobesuchs erst einunddreißig war, jünger als meine beiden Töchter heute, und dass ich jetzt so alt bin wie sie, als sie starb, gerät mein gesamtes Mutter-Kind-Jugend-Alter-Gefüge ins Wanken. Generationen verschwimmen im Universum des Menschseins. Wir alle sind zugleich Kinder, Mütter, Väter, Großmütter und Großväter, parallel. Wir alle sind jung, wir alle sind alt. »Wir sind vom selben Stoff, aus dem die Träume sind, und unser kleines Leben ist von einem Schlaf umgeben.« Shakespeare.

Die Bezeichnung ältere Dame traf auf meine Mutter zu keiner Zeit und in keiner Weise zu, obwohl sie eine ältere Frau war, als sie starb und einen verzweifelten jungen Liebhaber hinterließ. Am Abend zuvor hatte sie mir am Telefon erzählt, dass sie gerade beim Friseur gewesen war, ihr Haar haselnussblond habe tönen lassen, und dass gleich ein schicker Film mit Mario Adorf im Fernsehen liefe. Am nächsten Morgen kam die Nachricht von ihrem Tod. Ein halber Windbeutel mit Schlagsahne stand auf dem Teewagen neben ihrem Fernsehsessel; dass sie den nicht aufgegessen hat, spricht dafür, dass der Tod sie überrascht hat, freiwillig hätte sie den Windbeutel nicht stehen lassen. Ihr Enkelkind Sophie aß den Windbeutel am nächsten Tag zu Ende und weinte dabei. Ihr Enkelkind Julie, das damals zwölf war, ging einkaufen wie immer, unterwegs aß sie eine ganze Tüte Cremehütchen auf, das Lieblingskonfekt ihrer Oma.

Die Beerdigung fiel in das zweite Wendejahr. »Machen Sie vom Recht des Preisvergleichs Gebrauch!«, warben die östlichen Bestattungsunternehmen mit ungewohnt marktwirtschaftlicher Chuzpe, aber der Service war noch volkseigen, das Angebot beschränkt, der Verkauf schlicht. Auf einem zerschrammten Schrank aus Hellerau standen zwei vasenähnliche Gefäße, davor hockte eine ausgebleichte Blondine: Das sind unsere Urnen, wollnse die linke oder die rechte? Wo befindet sich denn die teure Tote momentan? Was, das wissense nich, werden wir gleich haben, Nummer 74 kann nicht sein, da is keen Krankenhaus, und inne Brauerei wird sie ja wohl nich liegen, ha, ha. »Schlafe, mein Prinzchen, schlaf ein« wollnse auf dem Friedhof spielen lassen? Na, hörnse mal, Ihre Mutter is doch keen Kind mehr, nehmse »Il silencio«, passt immer. Ich hatte keine Erfahrung im Beerdigen und machte alles so, wie die Blondine vorschlug. An die Trauerfeier kann ich mich nicht erinnern, nur daran, dass ich am Grab meiner Mutter eine Birke gepflanzt habe, was nicht gestattet war.

Meine Alten waren alle tot. Ich war niemandes Kind mehr.

Vom Scheitel bis zur Seele – My Generation

Hope I die before I get old – Talkin' 'bout my generation.
The Who, 1965

Alte verkörpern Epochen. Meine Generation, geboren in den vierziger und fünfziger Jahren des vorigen Jahrhunderts, verkörpert zwei Zeitalter simultan, Kommunismus und Kapitalismus. Kinder des Krieges und des Hungers waren wir, des Nachkriegs und des Wirtschaftswunders, des Sozialismus und der Mangelwirtschaft, je nachdem. Die Kinder der Deutschen, Zwillinge in zwei Eiern, zerstritten schon im Mutterleib, Scheidungskinder alle, das Vaterland war uneins. Die Väter waren in Kriegsgefangenschaft, die Mütter enttrümmerten die Städte, und wir, wir schoben mit dem gekrümmten Zeigefinger Glaskugeln in Löcher. Maikäfer flieg, dein Vater ist im Krieg, gibste mir 'nen Bugger, kriegste fünf Murmeln, die Mutter ist in Pommerland, Pommerland ist abgebrannt. Schuld von Anfang an, Schuld bis zum Schluss. Herr Richter, was spricht er, was soll der tun, dessen Pfand ich hab in meiner rechten Hand. Die Bücher meiner Kindheit hießen »Im Feuer vergangen« und »Wie der Stahl gehärtet wurde«.

Wenn bei Capri die rote Sonne im Meer versinkt – die Alten, so um die dreißig mögen sie gewesen sein, schunkelten einer satten oder lichten Zukunft entgegen, je nachdem. Bei feierlichen Anlässen, Fußballspielen und Silvester, sangen sie Einigkeit und Recht und Freiheit oder Auferstanden aus Ruinen, je nachdem. Tor, Tor, Tor, Tor, Deutschland ist Weltmeister!, schrien siegestrunken die Kriegsverlierer. Wenn einem soviel Gutes widerfährt, das ist schon einen Asbach Uralt wert. »Der Tod ist ein Meister aus Deutschland«, zitierte Heiner Müller aus Eppendorf in Sachsen Paul Celan aus Czernowitz in der Bukowina. Mascha Kaléko, die vor den Nazis nach Amerika geflüchtet war, schrieb in einem Gedicht: »Verstohlen träumen wir von Wald und Wiese/Und dem uns zugeworfnen Brocken Glück/Kein Morgen bringt das Heute uns zurück/Wir haben keine andre Zeit als diese.«

Das Vergessen ist der Schutzengel der Erinnerung – die Alten hatten ihn nötig, diesen Engel, denn die Jungen waren unerbittlich und verlangten Rechenschaft, Geständnis, Buße. Erinnere dich, Mama, du hast deine jüdische Freundin nicht mehr gegrüßt, als man begann, die Juden auszustoßen. Du hast den Lastwagen gesehen, auf dem Nelly Gustanovitz weggebracht wurde, du hast gesehen, wie ihre Unterlippe zitterte, ja, hast du. Warst du dabei, Papa, in der Ukraine, als deutsche Soldaten die Babys aus den Armen ihrer Mütter rissen? Jahrzehnte später habe ich erfahren, dass man dich mit zwanzig in die Waffen-SS gedrängt hatte, weil du als widerspenstig aufgefallen warst, du wolltest nicht sterben fürs Vaterland.

»Du musst wissen, wenn ich falle, bin ich nicht gern gefallen«, hattest du an deine neunzehnjährige Braut geschrieben. Brauchtest nach dem Krieg viel Schnaps, um dich nicht erinnern zu müssen, musstest immer mehr, immer mehr trinken, um dir die Schuld von der Seele zu spülen. Gesprochen hast du kein Wort über den Krieg. Als ich dich hätte fragen können, warst du schon gestorben, auf offener Straße, mit einem Netz leerer Bierflaschen in der Hand, gerade mal sechsundvierzig, mit einem verdatterten Jungsgesicht. Aus dem Krieg zurückgekehrt auf zwei Beinen und doch gefallen, armer Willi.

Tanzstunden, Seitenscheitel, Dauerwelle. Wochenend und Sonnenschein und dann mit dir im Wald allein. Vom Küssen kriegt man Kinder. Wir lernten Foxtrott und langsamen Walzer nach der Musik unserer Alten. Der Rock 'n' Roll ist unsere Erlösung gewesen, unser Fanal, der Rock 'n' Roll gehörte uns allein. Seine wilde Unschuld schallte durch die stillen autolosen Straßen, er machte die Autoscooter auf den Rummelplätzen zu Rennwagen und die Tanzflächen zu Bolzplätzen. Der Rock 'n' Roll trennte uns von der Schuld unserer Alten, die die Fenster zuknallten, wenn wir unsere Kofferradios auf volle Lautstärke drehten und mit Elvis Presleys konvulsivischen Gesängen ihre Empörung übertönten.

Die Welt verändern mit der Internationale und Josef Stalin, mit Rudi Dutschke und Che Guevara, jedem trunkenen Aufbruch folgt Ernüchterung. Ein Universum ohne Anfang und Ende mit Stephen Hawking. Die Welt größer machen mit Juri Gagarin. Die Welt klüger machen mit Brecht und Sartre. Die Liebe freier machen mit Oswald Kolle und Rainer Langhans. Die Welt klingen lassen mit Glenn Gould und Louis Armstrong. Die Beatles besangen unsere Sehnsucht: »All you need is love«. Die Rolling Stones feierten unsere Wut: »I can't get no satisfaction«. Jeans, Miniröcke, Flower power, Männer mit langen Haaren und Frauen ohne Büstenhalter, die Zeiten waren sagenhaft. Eine Generation hatte was vor, eine Generation, die sich jünger fühlte als alle anderen zuvor, eine Generation, die ihr

Jungsein orgiastisch feierte: Trau keinem über dreißig! Kinder von Karl Marx und Coca-Cola, hoffnungsvolle Jünger der Demokratie, enttäuschte Zöglinge der sozialistischen Utopie – zwei Deutschlands und die Mauer mittendurch. Wir sind mit der Mauer aufgewachsen und gealtert. Sie fiel zusammen, fast wie von selbst, unser Land ist wieder eins. Und jetzt sind wir alt. Das Echo des Rock 'n' Roll verhallt in den Altersheimen der Republik, wo müde Demokraten und resignierte Weltverbesserer ihren einstigen Aufbrüchen nachsinnen und milde auf Forsythien blicken. Wenn nicht alle Blütenträume reifen, kommt ein neuer Frühling. Doch da ist auch einer wie Udo Lindenberg, der sich mit dem Ruf »Alter steht für Radikalität und Meisterschaft« in die Schlacht gegen den Bedeutungsverlust wirft. Vom Scheitel bis zur Seele my generation.

Homo senex – der Alte da, das bin nicht ich!

Vergangene Zeiten sind immer schön, und wer tot ist, war ein netter Kerl.

Juliette Gréco

Der Homo senex liebt die Gewohnheit. Das Teetrinken um eine bestimmte Zeit, heute genau so wie gestern und genau so wie morgen und wie immer am kleinen runden Tisch neben dem Fenster. Alles wie immer. Der Spaziergang am Vormittag, immer dieselbe Route. Dasselbe Parfüm wie vor dreißig Jahren, L'air du temps, und Miederwaren nur von Triumph. Am Abend das Bier in immer derselben Kneipe, am immer selben Platz. Immer und ewig. Gewohnheit bewahrt Erinnerung, Erinnerung ersetzt Hoffnung. Der gegenwärtige Augenblick, so Simone de Beauvoir, sei wieder erweckte Vergangenheit und vorweggenommene Zukunft. Alles soll sein, wie es gestern war und morgen wieder sein wird, das erhält die Illusion, dass die Zeit nicht vergeht, dass alles bleibt und sein wird, wie es war. Die Illusion vom ewigen Leben wird durch Rituale fixiert. Die Gewohnheit, so de Beauvoir, verschmelze Vergangenes, Gegenwärtiges und Zukünftiges. Auf diese Weise entreiße sie den alten Menschen der Zeit, die sein Feind ist. Die Gewohnheit verleihe ihm jene Ewigkeit, die er im Augenblick nicht mehr finde, sie verschaffe ihm Sicherheit und Ordnung. Gewohnheiten sind geschenkte Kompetenzen. Man muss sie nicht neu erlernen, sie sind eingeschliffen und vertraut, das Geländer, an dem man den

Tag abschreiten kann. Lieb gewordene Gewohnheiten geben Geborgenheit.

Alte Paare verstehen sich oft besser als junge, einer hat sich an den anderen gewöhnt, an seine Stärken, seine Schwächen, seine Marotten. Hand in Hand wandeln Philemon und Baucis durch ihre harmonisierte Welt, sie sind vielleicht nicht mehr ineinander verliebt, aber aufeinander angewiesen. Die Konflikte sind beigelegt, die Eifersucht, das Wer-bringt-den-Mülleimer-runter. Im Alter, vertraut bei einer Tasse Kaffee in der Bäckerei Kamps eine ältere Frau ihrer Freundin an, im Alter ist es am schönsten, diese schreckliche Sexualität und das Fremdgehen, das alles kaputt gemacht hat, sind endlich vorbei. Die Liebe im Alter ist die wahre Liebe. Spazierengehen, was Schönes essen, zusammen fernsehen und sich im Bett aneinander kuscheln, Gute Nacht, mein Schatz.

Alte Paare gehen gern gemeinsam einkaufen. Einkaufen bedeutet handeln, bedeutet auswählen und bestimmen. In der Drogerie Schlecker streift ein Paar durch die Regalreihen mit Babynahrung, Bohnerwachs und Coral flüssig, die Frau voran, der Mann hinterher. Die Frau sucht nach einem bestimmten Waschpulver mit einem bestimmten Entkalkungsanteil, sie ist nervös, ja erregt. Als ginge es nicht um ein Waschpulver, sondern um eine lebensnotwendige Medizin: Das stand doch immer hier, warum steht es jetzt woanders?! Ihr Mann, dem die aufgeregte Suche seiner Frau peinlich ist, versucht sie zu beruhigen, was nicht gelingt. Die Frau gesteht der Kassiererin, wie sehr sie ihre Waschmaschine liebt: Meine Waschmaschine ist das Liebste, was ich habe. Ich würde sie glattweg an Stelle des Fernsehers ins Wohnzimmer stellen. Der

Ehemann guckt ratlos ins Regal, an Liebe denkt er wohl nicht.

Manchmal ist die Gewohnheit eine Last. Brechts Unwürdige Greisin erlebte den Abbruch der Gewohnheit durch den Tod ihres Ehemanns als Befreiung. Ein Leben lang hatte sie nur für andere gelebt, sich als Tochter, Frau und Mutter aufgeopfert. Als ihr Mann starb, begann sie ein zweites Leben, da war sie zweiundsiebzig. Sie ging ins Kino, was zu ihrer Zeit als anrüchig galt. Sie aß jeden zweiten Tag im Restaurant, was als verschwenderisch angesehen wurde, sie verkehrte mit Leuten, die sie unterhaltsam fand, auch unrespektablen. Sie befreundete sich mit einem Flickschuster, weil der in der Welt herumgekommen war. Sie schenkte einem Küchenmädchen einen mit Rosen garnierten Hut, zu nichts nutze, nur hübsch. Kurzum, die alte Frau tat, was ihr Spaß machte, nicht der Pflicht lebte sie, sondern der Kür. Die einzige Konvention, der sie gehorchte, war ihr Wohlbefinden. Die Familie fand das Benehmen »der lieben Mutter« unerhört und ungehörig. Unwürdig eben. Die alte Frau genoss zum ersten Mal in ihrem Leben das Leben, sie war frei, als unwürdige Greisin und lustige Witwe.

Anruf einer alten Dame bei ihrer Jugendliebe. Wie es denn gehe, man habe sich lange nicht gesprochen, sie denke öfter an das Haus in der Chausseestraße, in dem sie damals gewohnt habe, und ob denn der Bäcker noch unten drin sei. Sie würde gern wieder mal nach Berlin kommen, sie habe ja jetzt Zeit. Im September sei ihr Mann verstorben, sagt sie mit hoher Mädchenstimme, er war schon lange krank, Krebs hatte er auch, aber daran sei Günther nicht gestorben, eher an den vielen Tabletten, die er einnehmen musste gegen sein Asthma. Wie es ihr denn gehe, so allein, nach fünfzigjährigem Zusammensein mit ihrem Mann, fragt der Jugendfreund. Ach, sagt sie und hört sich fröhlich an, mir geht es gut, ich bin ja nicht allein, ich habe doch meine Kinder, die renovieren mir gerade die Wohnung, und ich habe ja auch viele Freundschaften hier im Ort. Sie hat schon immer die Faschingskostüme für alle genäht, nun könne sie, ohne ihren Mann zu fragen, an den Karnevalsveranstaltungen teilnehmen; bei so was hätte Günther immer mürrisch reagiert, dabei sei sie doch seit ihrer Jugend ein geselliger Mensch gewesen, diesmal gehe sie als Waldteufel zum Karneval. Ich richte jetzt alles neu ein in meiner Wohnung, sagt Christel, ich werde mir das Foto, das du damals von mir geknipst hast, als Poster machen lassen und an die Wand im Wohnzimmer hängen; du weißt doch, Peter, das, auf dem ich das gestreifte Kleid anhabe, wo der Gürtel fehlt, den hatte ich in der Nacht bei dir vergessen.

Der Homo senex, so er allein ist, lebt manchmal derart in den Tag hinein, dass er nicht mehr aus ihm heraus findet und die Tage ineinander fließen zu einem endlosen, gleichgültigen Meer der Einsamkeit. Aus einem Fenster im ersten Stock winkt mit panischen Gebärden eine alte Frau eine Passantin heran: Können Sie mir sagen, welcher Tag heute ist? Dienstag, ruft die Passantin nach oben, Dienstag, Sechzehnuhrfünfunddreißig! So spät schon, wundert sich die Alte, da müsste ich doch längst im Bett sein. Alleinsein macht wunderlich, Einsamkeit löscht die Regeln, die nur im Zusammenleben gebraucht werden.

Mitunter wird der Homo senex von Demenz und Alzheimer befallen. Er sucht nach sich und findet sich nicht. Die Erinnerung, sein Trost und Trutz, hat ihn verlassen; wo sie war, ist Leere, sein Ich ist ihm vorausgegangen ins Nirgendwo. Er hat das Leben verloren irgendwie, irgendwo und weiß nicht wo. Der alte Herr im ICE redet laut und wirr vor sich hin. Er ist sorgfältig gekleidet. Olivgrüne Cargohose, kariertes Hemd, teure Schuhe, da muss jemand sein, der für ihn sorgt. Der Mann, so Mitte sechzig, hat ein markantes, gebräuntes Gesicht und helle Augen, das graue, längere Haar – ein Alt-Achtundsechziger? – ist merkwürdig stumpf, es wurde offenbar nicht von einer Fachkraft geschnitten. Der Mann trägt ein rosa Basecap mit Telekomwerbung, was seiner Erscheinung etwas Kindisches verpasst. Seine ins Weite greifenden Gesten deuten räumliche Visionen an, er könnte mal Architekt gewesen sein. Er redet zu allen und zu niemand. Was will der Mann?, fragt die Vierjährige auf dem Platz ihm gegenüber ihre Mutter. Das kleine Mädchen spürt das von der Norm Abweichende, sie fragt noch einmal: Mama, was will der Mann? Kurz vor dem nächsten Halt sagt der alte Herr höflich und klar zu der mit Gepäck beladenen Mutter: Soll ich Ihnen beim Aussteigen behilflich sein?

An die Stelle von Mutter und Kind setzt sich nun eine dunkelhaarige junge Frau. Sie lächelt zu den Reden des alten Mannes und trinkt von seinem Kaffee, den er ihr aus einer Thermosflasche anbietet. Sie isst von dem Kuchen, den er auspackt und für sie abschneidet, sie zeigt Respekt vor dem Verwirrten, in ihrem Gesicht ist freundliche Nachsicht für eine menschliche Befindlichkeit, die von ihr so weit entfernt scheint wie Grönland vom Südpol.

Zuweilen verliert der Homo senex den Sinn für Angemessenheit, auch, wenn er nicht an Demenz leidet. In einem Asia-Imbiss erscheint eine ältere Frau in einem kurzen schwarzen Anorak und schwarzen Leggins. Hat sie ihren Rock vergessen, oder will sie ihre immer noch schönen Beine zeigen? Die vietnamesische Köchin spricht sie mit Vornamen an: Rita. Lovely Rita, meter maid, hast du nicht mitgekriegt, dass Zeit vergangen ist, seit die Beatles deinen Namen berühmt gemacht haben, hast du es vergessen, weil deine Beine die Zeit unbeschadet überstanden haben und Paul McCartney immer noch singt?

Rita ist die charmante Variante der Unangemessenheit, der männliche Homo senex zeigt sich öfter weitaus ungenierter. Der breitschultrige alte Mann mit der Schiebermütze wirkt weder betrunken noch verwirrt, sondern durchaus beieinander, als er sich an einem milden Nachmittag mitten auf der Schönhauser Allee erleichtert. Nach Vollzug geht er in eine nahe Bäckerei, setzt sich mit einer Tasse Kaffee und einem Apfelstrudel an einen Tisch auf der Straße und spricht nach Verzehr mit Wohlbehagen vor sich hin: Inne DDR war besser. Allerdings hätte ihm da passieren können, dass ein Volkspolizist fünf Mark Strafgebühr »wegen Verunreinigung öffentlicher Straßen und Plätze« von ihm verlangt; Freiheit hat viele Gesichter. Die Freiheiten, die sich manche Alte rausnehmen, wirken trotzig: Wenn ich schon alt sein muss, möchte ich wenigstens tun, was sich nicht gehört.

Der Homo senex ist wissbegierig. Als Seniorstudent nimmt er den regulären Studenten die besten Plätze weg und hält die universitären Abläufe mit ausschweifenden Zeitzeugenmonologen auf. Das, denkt er, ist sein gutes Recht, er zahlt schließlich Studiengebühren, außerdem weiß er es besser, seine Erfahrungen sind hart erlebt, das eigene Leben ist sein stärkstes historisches Argument. Nur wer alt werde, so Schopenhauer, erhalte eine vollständige Vorstellung vom Leben, indem er es in seiner Ganzheit, nämlich nicht nur von der Eingangs-, sondern auch von der Ausgangsseite übersehen könne. Dieses Privileg macht den Homo senex einsamer, als er ohnehin schon ist, er fühlt, wie alles enden wird.

Falls er wohlhabend ist, kann er seiner Einsamkeit eine Art müder Eleganz verleihen, wie Frau Burkert im Café Roseneck. Die hoch aufgeschossene Dame mit den dünnen, erstaunten Augenbrauen isst Lachs auf grünen Bandnudeln und trinkt in kleinen Schlucken aus ihrem Rotweinglas. Sie wird nächstes Jahr achtzig und ist seit fünf Jahren Witwe. Zweiundfünfzig Jahre waren sie zusammen, sie und ihr Mann. Sie sind Cousin und Cousine gewesen, Kinder keine. Frau Burkert macht einen sachlichen Eindruck, Persönliches scheint für sie keine Rolle mehr zu spielen, sie geht im Allgemeinen auf. Als hätte sie ihre individuelle Existenz sortiert, ordentlich zusammengelegt und die gepackten Koffer voraus geschickt ins Nirwana. Auf diese Weise ist sie ein schwereloses Wesen, befreit vom Gepäck persönlichen Geschicks. Ihre Strategie gegen die Einsamkeit: Wer sich nicht mehr als Einzelner begreift, fühlt auch nicht mehr, dass er allein ist. Die wahre Einsamkeit, sagt sie, ist eine andere: Die Jüngeren wollen nichts mehr von der Vergangenheit wissen, nichts mehr von dem, was ich nicht vergessen kann. Die jüdische Mutter, die im Untergrund lebte und ihrem Baby Schlafmittel gab, damit sein Schreien sie nicht verraten konnte. Diese Angst davor, zu helfen, die Hilflosigkeit. Die antisemitischen Vorurteile sind zurück, sagt sie, man hört sie versteckt in allerlei Bemerkungen, man möchte es nicht glauben, aber es ist so. Seit vier Jahren besucht Frau Burkert Philosophievorlesungen an der Freien Universität: Ich versuche, die Leere zu meistern. Sie erwähnt einen jungen Studenten, der immer einen Platz im Hörsaal für sie frei halte, sie lächelt mit schmalen Augen im hageren Gesicht: Enkelkinder habe ich ja nicht.

Der Homo senex unterstützt seine Kinder und Enkel, es geht ihnen schlechter als ihm, findet er, sie müssen aus ihrem Leben was machen, das hat er hinter sich. Regelmäßig lässt er ihnen Geld zukommen und spart, damit sie erben. Genügsam lebt er bis zum Schluss. Seine Beerdigung soll die Nachkommen möglichst wenig kosten. Deshalb unternimmt er Kaffeereisen nach Tschechien zwecks Preisvergleich der konkurrierenden Krematorien. Er starrt in die preisgünstigen tschechischen Verbrennungsöfen und sieht seine Zukunft lichterloh, ein Freudenfeuer, wenn er an den Preis denkt.

Der Homo senex hat weniger Angst vor dem Tod als vor dem Altersheim, denn dort, fürchtet er, findet die endgültige Enteignung seines Lebens statt. Auf Spaziergängen wirft er scheele Seitenblicke auf die Fenster von Altenheimen und freut sich, dass er nach Hause gehen kann, zu seinen Büchern, seinem Teetisch und seinem Baum vorm Fenster. Da! Ein Plattenbau mit uniformen Fenstern und Gardinen. Ein Fenster steht offen, ein Spalt nur, der Vorhang weht schwach. Von gegenüber, aus dem Starbucks-Café, siehst du ein Bettgestell aus weißem Eisen, einen Arm, der schlaff herunter hängt, den durchsichtigen Urinbeutel – es ist die Pflegestation des Altenheims Pro seniore vis-à-vis der Hackeschen Höfe in Berlin. Was für eine Adresse! Drastische Mahnung an die Vergänglichkeit im Trubel der Moderne. »Der Tod muss abgeschafft werden«, steht groß an einer Hauswand. Im Pro seniore wohnen alte Großstädter, die nicht aus der Welt sein wollen, solange sie noch da sind. Frau Reich ist achtundachtzig. Die schönste Zeit ihres Lebens? Als sie, die gelernte Anwaltsgehilfin, nach dreißig Jahren in Familie, wieder arbeiten gehen konnte, als Stenotypistin beim Diplomatenamt in der Grotewohlstraße. Wie sie da morgens Unter den Linden lang spazierte zum Dienst, in frischer, weißer Bluse und engem Rock, selbst geschneidert. Sie hat immer parterre gelebt, jetzt ist sie in eine Wohnung im sechsten Stock von Pro seniore gezogen: Ich kann endlich Sonne, Mond und Sterne sehen. Das Mahagonibuffet, das sie in die Ehe einbrachte, hat sie in ihr Pro-seniore-Zimmer gestellt. Frau Reich ist glücklich. Vielleicht, sagt sie, ist es ja wirklich so, wie die Philosophen sagen, dass der Jugend eine gewisse Melancholie, dem Alter eine gewisse Heiterkeit eigen ist.

Der Homo senex hegt mitunter absonderliche Vorstellungen von der Welt; vielleicht treffen sie zu, vielleicht auch nicht. Ich brauche kein Geld, sagt Herr Fülsenstein und hält seine Tasse hoch: Diesen Kaffee zum Beispiel muss ich nicht bezahlen. Ich gebe es auf meine Art zurück, alles ein Tausch, alles ein Kosmos. Der alte Herr trägt eine Lederjacke mit vielen Reißverschlüssen, sein schütteres Haar endet in einem Nackenschwänzchen, der graue Bart ist ab Kinnhöhe zu einem dünnen Zopf geflochten, die Augen leuchten babyblau. Herr Fülsenstein redet gern und viel, über Gott und die Welt und das Sonnensystem und die

Chaostheorie und König Salomon und Ying und Yang und Newton und Descartes. Weil ja alles mit allem zusammenhängt. Ich tue extremste Dinge, sagt Fülsenstein, ich sammle Haftbefehle und beschlagnahme Güterwaggons. Er teilt mit, dass er jede Nacht um drei Uhr Nachrichten hört, die am Tage nicht mehr auftauchen. Der Mensch ist das Gehirn vom Kosmos, sagt er. Die Bäckersfrau habe ihm erzählt, dass sie nur noch Teilzeit arbeite, damit sie mehr Zeit für ihr Gehirn habe. Wir sind alle göttlich, sagt Fülsenstein fröhlich.

Der Homo senex leidet an nichts so sehr wie an Einsamkeit. Gut dran sind jene, die sich einer Sache außer sich selber widmen. Schwebfliegen zum Beispiel. Herr Sjöberg, Biologe und Schriftsteller aus Schweden, sechsundfünfzig Jahre alt, widmet sich Fliegen, schon als Kind sammelte er Insekten. Seine Sammlerleidenschaft wird ihn wohl bis ans Lebensende begleiten. In einer chaotischen Welt, sagte er, verschaffe ihm das Sammeln Kontrolle über ein bestimmtes Gebiet, das mache ihn glücklich. Er fühlt sich den Schwebfliegen verbunden, weil sie, so hat er rausgefunden, fortwährend vorgeben, jemand anderes zu sein. Schwebfliegen sind Verwandlungskünstler, Schauspieler oder Spione, mal sehen sie aus wie eine Wespe, mal wie eine Honigbiene, mal wie eine Bremse, solche Camouflage reizt ihn. Herr Sjöberg beobachtet sie lange und genau, dann jagt er sie mit einem Fangnetz und macht sie dingfest. Der Fangaugenblick, so der Sammler, der auch Schriftsteller ist, sei ein »Panthersprung mit hoch erhobenem Kescher«. Er fährt auf Schwebfliegenkongresse und tauscht sich mit anderen Liebhabern aus. Daran wird ihn kaum je einer hindern können, als Schwebfliegenspezialist ist er unkündbar, die

Fliegen werden ihn niemals nach seinem Alter fragen. Beim Sammeln vergisst er alles andere, wenn er einsam wäre, würde er bei den Schwebfliegen auch seine Einsamkeit vergessen.

Die Seiltänzerin im Paillettenröckchen, der waghalsige Artist am Trapez, Zauberer, Jongleure, Dompteure. Die Magie der Manege – ein Kindertraum, da mitzumachen. Ein Zirkus auf der Insel Sylt sucht Nachwuchsartisten zwischen sechzig und achtzig. Nicht Sensation, sondern Poesie ist gefragt. »Reife Leistung« heißt die Vorstellung, die reife Leistung wird durch Training erreicht, ein professioneller Zirkusdirektor bildet die alten Artistenschüler aus, eine unvorstellbare Spätvorstellung von Fähigkeiten. In der Manege treffen sich Kindheit und Alter. Ich kann alles, dachte das Kind. So was kann ich nicht, meinte der Erwachsene. Sieh da, ich kann ja doch alles, wundern sich die späten Zirkuskünstler. Im bunten Licht der Träume balanciert der Verwaltungsangestellte auf dem Drahtseil, läuft der Ingenieur auf Stelzen, betritt die Amtsrichterin als Clown die Arena; alte Clowns können komischer sein als junge, sie haben mehr Lebenserfahrung. Einsamkeit kommt nicht auf, wenn man trainiert, probiert und triumphiert. Es gibt ein gemeinsames Ziel: die nächste Vorstellung.

Fußball geht auch. Auf Fußballplätzen erlebt der Homo senex Höhepunkte und Gemeinschaft. Der alte Mann kann seine schwindenden Kräfte kompensieren, indem er auf die Jungen und Starken guckt, in ihnen findet er ein Stück von sich. Wenn er im Stadion oder vor dem Fernseher sitzt und schreit: Hau ihn rein, Müller! lebt seine Begeisterungsfähigkeit auf, er ist nicht allein. Unter den Fans des Fußballvereins FC Eisern

Union ist eine ältere Frau, die sie Olle Oma nennen. In Berlin spricht man so: Olle Mike, Olle Sven, Olle Marcel. Olle Oma. Keine Altersdiskriminierung, eher Zärtlichkeit.

Schwer vorstellbar, dass die alte Dame mit der Pferdeschwanzfrisur im Starbucks-Café sich jemals für Fußball begeisterte, eher schaut sie sich Germany's Next Topmodel an. Sie wird jeden Tag von ihrem Sohn hergebracht. Vermutlich wohnt sie im Altersheim gegenüber und will doch dabei sein – das Café mit den vielen jungen Leuten vor ihren Laptops ist für sie das Leben. Sie frühstückt hier, allein, mit einem arroganten Ausdruck in dem spitzen kleinen Gesicht, der vermuten lässt, dass sie ihr Leben lang gewohnt war, begehrt und bewundert zu werden. Man kann es noch sehen, dass sie mal eine süße Schönheit gewesen ist, ein Schmollmundmädchen wie Brigitte Bardot; in ihrem Gesicht findet eine Art zierlicher Verfall statt. Nach zwei Stunden holt der Sohn sie wieder ab. Er wirkt genervt, die Mutter scheint immer noch Befehlsgewalt über ihn zu haben. Dass sich die alte Dame herabließe, an Bastelnachmittagen teilzunehmen oder an einem Tanzabend im Gruppenraum, wohl kaum – sie macht sich nicht gemein, lieber bleibt sie allein.

Seniorendiskos gehören zum Leben des frei lebenden Homo senex. Wer hierher kommt, hat die halbe Strecke auf der Flucht vor der Einsamkeit schon hinter sich. Adios, Amigos, sie war schön, die Zeit. Mancher Tänzer hält seine Dame in respektvoller Distanz, wie ein in Rüschen verpacktes Präsent, das lange in der Schublade gelegen hat. Bei anderen finden Arme und Hände erst in Höhe der Oberschenkel zueinander, so tanzten in den Fünfziger Jahren die Kinder des

Rock 'n' Roll lässig die langsamen Nummern, Only you. Auf der Tanzfläche herrscht Frauenüberschuss, Männerleben sind kürzer, die seltenen Exemplare heiß begehrt. Auf drei Frauen kommt ein Mann, ein Mann wie Erwin, der den Damen am Tisch Würstchen spendiert und Stonsdorfer. Vor zwei Jahren starb seine Frau, die eifersüchtig und streng war, und Erwin wusste nicht, ob er trauern oder tanzen sollte. Ist man gut, dass die abgegangen is, meint Edeltraud, die ihm damals über die schlimme Zeit geholfen hat, jetzt kannste leben, wie du willst, biste nicht angebunden. Eine haste verloren, viele haste gefunden, ergänzt die große Gerda mit den großen Ohrclips. Sie kann sich über sich nur wundern: Da hab ich soviel erlebt und durchgemacht, und jetzt sitz ich hier und hab noch Lust zum Tanzen, komm, Erwin, is ne Schmusenummer. Tanzen und an früher denken. Die Schlager der Jugend hören und die Jugend wieder spüren, Alter schützt vor Jugend nicht. Ich liebe die Sonne, den Mond und die Sterne, doch am meisten liebe ich dich, schreit die große Gerda in Erwins Ohr. Manche Alte sterben beim Tanzen, das könnte man einen schönen Tod nennen. Wenngleich in solchen Fällen der schöne Nachmittag dahin ist.

Der Homo senex übt sich in Selbstironie, so stellt er Distanz zu sich selber her. Er versucht, die Tragikomödie seines Alterns als fremdes Schauspiel zu betrachten: Der Alte da, das bin nicht ich, das ist der Alte da. Bei einem traditionellen Mai-Treffen in einem Haus am See macht der dezent gebräunte Gastgeber im weißen Leinenjackett einem Neuankömmling die Mitteilung: Heute ist der Erste mit Krücke da! Ein Ausruf der Verwunderung über etwas lang Erwartetes. Später unternimmt er mit einigen Gästen eine Motorbootfahrt, in jugendlichem Überschwang rast er mit ihnen über das Wasser. Der mit der Krücke ist auch dabei. Eine Frau, die mit ihrem Mann im Boot sitzt, sagt: Mir ist ja nicht so wohl hier mitten auf dem See, und sie zeigt auf ihren Mann: Helmut ist nämlich Nichtschwimmer. Ich bin auch Nichtschwimmer, sagt der mit der Krücke. Na ja, aber Sie kenne ich nicht so lange, sagt die Frau, ihr Gatte lächelt zufrieden.

Der Homo senex hat nichts zu verlieren. Man lebt nur einmal, von weitem winkt schon der Tod, da wäre es doch schade, die Facetten seiner Persönlichkeit zu minimieren. Unter dem Motto »Ist doch eh egal jetzt« packt er aus. Heimliche Liebschaften, illegitime Kinder, nicht ausgelebte Homosexualität. Geständnisse von Seitensprüngen en famille, der Cousin mit der Cousine, der Schwager mit der Schwägerin, der Schwiegervater mit der Schwiegertochter. Beichten vom One night stand mit dem Abteilungsleiter, der Affäre mit der Praktikantin, dem jahrelangen Verhältnis mit der Nachbarin. Ist doch egal jetzt, war doch schön.

Die Gefühlslage des Homo senex ist ambivalent. Er sucht einerseits Bestätigung und Jugend, andererseits Ruhe und Beschaulichkeit. Dieser Widerspruch kann zu unerhörten Entscheidungen führen. Ein promovierter Soziologe Ende sechzig hatte eine Freundin namens Emmi. Hübsch, intelligent, witzig, liebevoll, das auch. Emmi war dreißig Jahre jünger als er. Der Alte konnte es nicht fassen, dass sie ihn ausgesucht, dass sie ihn gewollt hatte. Sie kümmerte sich um ihn, kaufte ihm Hemden mit hohem Kragen und einen kurzen taillierten Mantel. Sie gingen zusammen tanzen, sahen sich Inszenierungen von Frank Castorf an und Filme von Quentin Tarantino. Er wirkte wie beschwipst von ihrer Jugend. Seine Freunde staunten und bewunderten ihn für sein Schmuckstück, er nannte sie Schmucki. Er nennt sie Schmucki, raunten nachsichtig lächelnd die alten Freunde, ein bisschen Neid war auch dabei. Im Laufe der folgenden fünf Jahre normalisierte sich die Beziehung. Der Soziologe verlor peu à peu die Lust auf Castorf-Inszenierungen und Tarantino-Filme, tanzen gehen mochte er auch nicht mehr. Er lud sich die Freunde von früher ein. Sie tranken guten Rotwein und redeten über vergangene Zeiten. Emmi fing an, sich zu langweilen und suchte Zerstreuung, was Doktorchen, wie sie ihn titulierte, nicht weiter störte, im Gegenteil. Geh nur, Schmucki, sagte er, amüsier dich!

Eines Tages, sie saßen beim Frühstück, eröffnete er seiner jungen Lebensgefährtin: Ich werde mich von dir trennen, Schmucki. Du bist zu jung für mich. Ja, ja, Doktorchen, lachte sie, ist ja gut, sie kannte seine Witze. Es ist eine Jugendfreundin, fuhr er fort, wir sind seit drei Monaten zusammen, stell dir vor, sie hat immer noch dieselbe kurze Strubbelfrisur wie damals an der Uni! Nun ist sie sechzig, sieht aber zehn Jahre jünger aus, sie schreibt an einem Buch über das soziale Umfeld von Langzeit-Drogensüchtigen.

Strubbelfrisur, sagte Emmi tonlos, Strubbelfrisur. Sie begriff, dass es ihm ernst war, und erbleichte. Sie hatte sich auf ein Leben mit dem alten Mann eingerichtet. Auch mit dem Dunklen, was kommen könnte, Krankheit und Tod, und dass sie ihn vielleicht pflegen würde, und jetzt das. Emmi verstand die Welt nicht mehr: Eberhard, so hieß der Abtrünnige, verließ sie wegen einer Älteren. Er streichelte ihr blasses Gesicht, ich bin immer für dich da, sagte er, aber Annemone und ich, wir haben denselben Subtext in der Seele.

Annemone und Eberhard leben seitdem zusammen. Sie passt zu ihm. Weil sie gern neben ihm auf dem Sofa sitzt und Rotwein trinkt. Weil sie seine Ansichten teilt und ihm selten widerspricht. Weil sie nichts von ihm verlangt. Weil sie solidarisch ist in Bezug auf ihr gemeinsames Alter. Sie toleriert, wenn er sich beim Erzählen wiederholt, er muss seine Zahnprothese nicht verheimlichen, muss seinen Gang nicht jugendlich halten, es kann ihm egal sein, wenn er das Zirpen der Grillen nicht mehr hört. Sie sehen dieselben Fernsehsendungen über Wehrmacht, Hitler, Holocaust und den Wüstenfuchs Rommel, sie haben die selben Erinnerungen. Die Anforderungen, die sie aneinander stellen, sind maßvoll, sie erwarten voneinander nichts als Zusammengehörigkeit. Was findest du an ihr, hatte Emmi ihn gefragt. Ich finde mich, hatte Eberhard geantwortet, mich finde ich.

ECHO III

Der Preis

Sibylle ist, was man die Frau meiner Träume nennt. Dunkle Lockenmähne, blaues dekolletiertes Kleid, sinnliche Formen. Die Augen in einem unablässigen Hochdruck der Gefühle, ein wenig hervortretend, gerade richtig für die Leinwand, Melancholie und Lebenslust im Kampf um die Stimmungslage. Ich werde meinen Mann beim Sterben begleiten, wenn es soweit ist, sagt sie, das ist die unausgesprochene Verabredung. Das Lokal ist fast leer, eine schmale Bar, kleine runde Tische. Die Männer hinter dem Tresen sind Anfang zwanzig und wirken schwerelos. Eine Stunde vor Thekenschluss, wir trinken Campari, draußen regnet es in die Nacht.

Sibylle ist achtunddreißig, ihr Mann vierundvierzig Jahre älter. Sie war achtzehn, er zweiundsechzig, als sie sich kennenlernten in dem Theater, an dem er Regisseur war. Er hat sie umworben, mit seiner Berühmtheit, seiner Verliebtheit, seiner Fürsorge. Mit den Rosen und Büchern, die er ihr vor die Tür legte. Mit seiner Weltgewandtheit, es war das Jahr Neunundachtzig. Er ließ sich scheiden für sie. Ihre tiefen dunklen Augen sahen nur die Momentaufnahme – das blutjunge Mädchen und der kluge, berühmte Regisseur, welch ein Bild, welch ein Paar! Man fuhr im Auto nach Italien, sie trug ein langes weißes Kleid und einen riesigen Strohhut, der Mann an ihrer Seite war ihr Prinz, ihr Professor Higgins, ihr Ehemann. Irgendwann bekamen sie einen Sohn.

Am Anfang hatte sie ihn nicht gefragt, wie alt er sei, es interessierte sie nicht, sie war überwältigt. Sie dachte nicht an morgen, war fixiert auf den Augenblick, auf den Punkt, an dem sie beide standen, umarmt und verliebt, blind für die Perspektive. Zwei Jahre später hatte sie in der Universitätsbibliothek in einem Theaterlexikon nach seinem Geburtsjahr geguckt; dass sie ihn nicht selbst gefragt hatte – Feingefühl oder Flucht vor der Realität. Sie hatte sich schon immer zu Älteren hingezogen gefühlt, als Einzelkind war sie unter Erwachsenen groß geworden, ihre Mutter hatte den Vater verlassen und das Kind Sibylle auch. Als dann der Vater von der in seinen Augen skandalösen Liaison mit Max erfuhr, brach er den Kontakt mit seiner Tochter ab, er verstand nicht, wie sie einen Mann nehmen konnte, der ihr Großvater hätte sein können.

Ich denke manchmal, dass Max mich auf das Unerhörte unserer Verbindung hätte hinweisen müssen, sagt Sibylle, auf die Asynchronität unseres künftigen Lebens. Er hätte wissen müssen, dass er zu alt für mich ist und was das bedeuten könnte. Diese Verantwortung gegenüber einer Achtzehnjährigen hätte er gehabt, denke ich jetzt, die Pflicht, ihr vor Augen zu führen, dass der immense Altersunterschied irgendwann einem Schicksalsschlag gleichkommen könnte.

Sie war seine junge Frau, die ihn bewunderte und liebte, er aber verfolgte sie mit höllischer Eifersucht, sie gab ihren Freundeskreis auf, die Eifersucht wurde zerstörerisch. Jedoch, sie wurde erwachsen, und er wurde älter, noch älter. Das Verhältnis begann sich umzukehren, die Überlegenheit schlug sich auf ihre Seite. Sie hatte einen Beruf, sie war erfolgreich, selbstbewusst, sie begann, neben ihm ein eigenes, junges Leben zu führen. Ein Kampf, in dem sie beide Verlierer waren. Doch sie trösteten einander. Er sie, wenn sie unglücklich verliebt war, sie ihn, wenn er Angst hatte, wegen eines Jüngeren von ihr verlassen zu werden.

Nach und nach begreift er, wie alt er ist. Es entlastet sie, dass er das Alter jetzt nicht mehr verdrängt, obwohl er über das Ende, über seine Beerdigung oder über Testamentarisches nicht sprechen möchte, er will nicht sterben. Ihr gesamtes bisheriges Erwachsenenleben hat Sibylle mit ihm verbracht, das Fundament der Erinnerung macht das Zusammenleben heute möglich. Doch sie sieht den Abbau, die Reduktion von Woche zu Woche, die Verluste; was sie ihm vormittags sagt, hat er nachmittags vergessen. Sie sieht den einsamen, alten Menschen, störrisch, trotzig, und traurig. Sie wird ihn nicht verlassen, aber sie hat Angst davor: Ich sehne mich manchmal nach dem Mann, in den ich mich verliebt habe, nach seiner Phantasie, nach seinem scharfen Geist. Mit ihm an der Seite bin ich geworden, was ich bin. Er rettete mich vor Unbehaustheit, der Glamour, der von ihm ausging, war Fürsorge – geistige und seelische. Unsere langen Spaziergänge durch den Wald vor unserer Tür, zwischen Kiefern und Eichen, die Gespräche über das, was Leben ist und was Literatur sein kann.

Für die schönen Jahre zahlen beide einen hohen Preis. Er spürt, dass seine junge Frau sich mehr und mehr von ihm entfernt, sie fühlt das Unabwendbare näher kommen: Unser Sohn wird in drei Jahren aus dem Haus gehen, Max wird sterben, ich werde allein sein.

Doch die zehn Jahre, diese wunderbaren zehn Jahre mit meinem Mann, möchte ich nicht missen.

Die Bar schließt, Sibylle geht in den Regen, immer noch schön, immer noch jung. Auf der nassen Straße ertönen Pfiffe von einsamen Männern, die sich nach der Frau ihrer Träume sehnen.

Endstation Sehnsucht

Der Mann hat ein Gesicht wie ein Junge, einen Körper wie ein Schwergewichtsboxer im Ruhestand und einen Gang wie Charlie Chaplin, wenn man ihn in doppelter Zeitlupe laufen ließe. Er vermeidet das Treppensteigen, weil ihm die Luft fehlt. Er werde jedoch, so vermeldet er, niemals das Rauchen aufgeben. Seine Mutter sei neunzig geworden und gestorben, weil die Krankenschwester ihr die Zigaretten weggenommen hat. Ich wiege zuviel und bewege mich wie ein Nilpferd, sagt Thomas. Wenn ich aber abnehmen würde, wäre ich faltig, alles soll bleiben wie es ist. Weil er als Kind Tuberkulose hatte, habe er immer gut gegessen, das sei so geblieben, auch als die Tuberkulose weg war. Er sei in seiner Jugend alles andere gewesen als ein Fußballspieler, nämlich extrem unsportlich, also musste er sich in der Schule auf anderen Gebieten hervortun. In Deutsch bekam er nur Einsen, was in ihm die Idee aufkommen ließ, ein berühmter Dichter werden zu wollen, ein Dichter mit marxistischen Ideen, ein Dichter wie Bertolt Brecht. Er studierte Theaterwissenschaft und Soziologie. Es war die Zeit, in der es hieß: Lass deine Dichterflausen, arbeite politisch! Thomas wurde Leiter des Sozialistischen Studentenbundes; was Rudi

Dutschke für Berlin war, war er für München. Das Jahr 1968 wurde sein Schicksalsjahr. Alle Begabung, alle Zeit, alle Kraft gingen an Achtundsechzig, alles Künstlerische in ihm verwandelte er in politische Aktion.

Er traute sich nicht, Mädchen anzusprechen, die Schüchternheit habe sich bis heute nicht gelegt, sagt er: Mein größter Traum war, dass eine kommt und sagt: Wir gehen jetzt zu mir! So geschah es, 1968, da war er fünfundzwanzig. Sie wurde seine Lebensgefährtin und ist es seit dreiundvierzig Jahren. Nicht nur Zuneigung hat sie verbunden, auch der gemeinsame Kampf für eine aussichtslose Sache, bis heute arbeiten sie dafür, dass der Kommunismus kommt, unbeirrbar. Silke, seit je schmal und grazil, ist dünn geworden in diesem Kampf, dünn wie die wirklichkeitsgeschundene Theorie, auf die sie fixiert ist mit jeder Faser ihres Wesens. Thomas, der Gefährte, wurde, könnte man annehmen, aus den selben Gründen, aus denen sie mager geworden war, schwer und unbeweglich. Seinen Überzeugungen treu zu bleiben, birgt, so scheint es, körperliche Risiken.

Der Anarchist, wie er von seinen Ostberliner Freunden genannt wird, liebt Berlin, nicht allein wegen Brecht, auch wegen der breiten Straßen und einem Nachtlokal, das Trocadero heißt. In Berlin möchte der Münchner begraben sein, auf dem Dorotheenstädtischen Friedhof in der Chausseestraße, die Zusage hat er schon. Wenn er zu Treffen mit seinen Genossen in Rostock, Amsterdam oder Stettin unterwegs ist, macht er in Berlin Station. In der Invalidenstraße gibt es ein Seniorenstift, untergebracht in jenem imposanten Gebäude, das früher einmal das Hotel Newa war. Es hat ihm gefallen, so mitten in der Stadt, Altersheime im

Grünen sind ihm ein Greuel. Er ist reingegangen und hat sich in einer Anwandlung die Aufnahmepapiere geben lassen. So was könnte ich mir gar nicht leisten, sagt er mit seiner sanften Stimme, dreitausend Euro im Monat, das ginge nicht. Was für Zeiten, in denen Anarchisten Einlass in Altersheime begehren!

Du bist nun alt. Ich bin schon lange alt, sagt er, mit zweiundfünfzig habe ich beschlossen, dass ich alt bin. Da hatte er sich verliebt. Sie war vierzehn Jahre jünger als er, er war vierzehn Kilo zu schwer. Das wird nichts, dachte er, schon dabei, sich abzufinden. Dann wurde es doch was, er fühlte sich zehn Monate lang jung und leicht. Als es vorbei war, beschloss er, nun wirklich alt zu sein und seine körperlichen Beschwernisse zu Altersschwächen zu erklären. Von da an ruhte er in sich wie in einem Bett, in dem sich die Federn verklumpt haben.

Die Liebe aber hat er nicht vergessen: Ich kaufe sie mir, das musst du nicht schreiben, ach was, das kannst du ruhig schreiben. Er traf Melanie, die eigentlich Mascha heißt und aus Weißrussland kommt, sie saßen danach auf dem Bordellbett und tranken Krimsekt. Sie erzählte ihm, dass sie sich im Internet »ein Hundchen« gekauft hatte, einen kleinen Malteser. Er schreibt ihr Mails, sie antwortet ihm und unterschreibt mit »Kusschen, Deine Melanie«. Für ihn ist sie keine Nutte, sondern ein russisches Mädchen mit einem süßen Gesichtchen, womöglich die Enkelin eines Rotarmisten, wie er in einer Geschichte über sie schrieb. Er könnte für sie der Teddy mit den Knopfaugen sein, mit dem sie schon als Kind gespielt hat; keine Identität ist eindimensional, wir alle sind Teddybär und Revolutionär zugleich. Als Mascha von einer Reise zurückkehrt, mailt er ihr, dass er gern der Erste wäre, dem sie ihren schönen Busen zeigt, wenn sie wieder da ist.

Kinder hat der Anarchist nicht. Er sorgte auf andere Weise für seine Unsterblichkeit. Von Brechts Tochter Hanne hat er geerbt und mit dem Geld die »Stiftung für die unliterarische Verwendung der Literatur« gegründet: Nun muss sich die Nachwelt mit dem, was ich gemacht habe, auseinandersetzen. Er sieht sich als Gewinner. Weil er Achtundsechzig erlebt hat: Du spürst, was in dir steckt, du merkst, was du kannst – Leute begeistern und führen, Reden halten ohne Zettel in der Hand. Achtundsechzig hat mir Hoffnung gegeben für mein ganzes Leben.

Manchmal, sagt der lebenslange Revolutionär, sehe er junge Männer und denke, wie schön es wäre, noch einmal fünfundzwanzig zu sein. Und dann schlägt wie ein Blitz der Gedanke ein: Wenn ich jünger wäre, hätte ich Achtundsechzig nicht erlebt, dieses große Glück nicht erfahren. Es wäre trostlos, im Alter ohne eine dritte Sache zu sein, ohne Ideale. Aber die Zeit, in der ich noch etwas erleben kann, wird knapper, die Sehnsucht hat eine Endstation.

Tinas Lächeln

Wenn Tina auftaucht, guckt man hin. Sie setzt sich, schlägt die Beine übereinander und wirkt unabhängig. Groß ist sie, blond, struppig, riesige graue Augen, ein Lächeln aus Distanz und Interesse gleichermaßen. Sie sieht alt aus und jung. Ihre Wohnung ist von jener lässigen Gemütlichkeit, die die Freiheit des Geistes und des Gemüts signalisiert. Wir kramen gemeinsam das

Hochzeitsfoto aus dem großen Karton, der oben auf dem Schrank steht. Das Paar sitzt nebeneinander am weiß gedeckten Tisch, der Bräutigam trägt einen dunklen Anzug, die Braut ein schlichtes Kleid mit einer weißen Nelke am Ausschnitt, zwischen ihnen ein voller Aschenbecher, 1960 war das. Tina hat ihn geliebt, diesen Mann, sie sind heute noch befreundet. Sie war ein Mädchen mit langen, seidigen Haaren, das den Mann mit zweifelndem Lächeln von der Seite ansah. So wie auf dem Hochzeitsfoto lächelt sie auch jetzt, auf dem Sofa in ihrer Küche. Das Lächeln ist geblieben, ein halbes Jahrhundert lang. Tina war achtzehn gewesen und hatte wegen einer Wohnung geheiratet, die nur verheiratet zu kriegen war, eineinhalb Zimmer, Küche und Bad in Gemeinschaftsnutzung. Zettel holen beim Standesamt, Name ändern, fertig.

Das junge, weiche Wesen auf dem Foto – findest du dich da schön? Ich erkenne mich wieder, auch von anderen werde ich wiedererkannt, manchmal noch nach vierzig Jahren. Schön fand sie sich nie, attraktiv vielleicht, sie finde sich auch heute noch attraktiv: Ich habe keine vermanschte Figur, mir fallen nicht die Haare aus, ich muss nicht krumm gehen, ich habe noch weibliche Formen, das ist doch was. Ihre Selbsteinschätzung ist nicht aus der Luft gegriffen. Sie trägt einen kurzen Rock, ihre Beine in den schwarzen Strümpfen sehen wohlgeformt aus.

Seit fünfundzwanzig Jahren, nach drei langen Beziehungen, lebt sie allein. Sie sei inzwischen ein Beziehungsvagabund, sagt sie, und dass sie nur mit Mühe umgelernt habe. Ihre Maßstäbe seien heute differenzierter als mit siebzehn oder dreißig oder vierzig. Viele Pärchenfreundschaften von früher erscheinen ihr heute langweilig, weil beim langen, ruhigen Zusammenleben die Lebendigkeit abhanden gekommen sei. Die meisten ihrer Freunde sind so alt wie ihre Kinder, in den Vierzigern: Die sind beweglicher, die kann ich auch mal ohne Voranmeldung besuchen. Mit Jüngeren kann sie ihre Biographien mitleben, da entwickelt sich noch was, sagt sie, da ist noch nichts abgeschlossen. Jüngere haben noch was vor, bei Älteren hat sich vieles erschöpft. Du bist auch alt. Ja, sie habe es neulich drastisch zu spüren bekommen. Eine Freundin plante einen Ausflug. Mit von der Partie war ein Mann um die Fünfzig, klein, nicht sehr ansehnlich, ohne Fortune bei Frauen. Dem sagte die Freundin, in ihrer Anwesenheit: Tina kommt auch mit. Darauf rief der, nicht mehr nüchtern, empört und deutlich coram publico: Was, mit so einer alten Frau willst du mich verkuppeln?

Tina liebt jungenhaften Charme, der käme bei Alten leider selten vor: Bei jungen Männern kommst du aber zu kurz, du machst dich kleiner, als du bist, nur, weil der jünger ist. Jüngere Männer kosten Kraft, da gerätst du in eine Falle. Man kriegt es nicht mehr zusammen, die erotische Anziehung und das menschliche Verständnis. Männer um die Fünfzig prahlen gern mit ihren Erfolgen, erzählen viel und halten es für selbstverständlich, dass du dich mit der Zuhörerrolle begnügst. Falls du mal was erzählst, hören sie nicht zu. Einmal hat sie zu jemandem dieser Art gesagt: Kann es sein, dass du vergisst, was ich dir erzähle? Aber nein, sagte der. Du weißt zum Beispiel nicht mehr, dass mein Vater Halbchinese war. Doch, doch, meinte er, weiß ich, dein Vater war Halbchinese. Das eben war der Irrtum.

Dass Altsein die Befreiung von der Sehnsucht bedeuten könnte, kann Tina nicht nachempfinden, die Sehnsucht beträfe doch nicht nur das eigene Leben. Ich habe die Sehnsucht, dass die Menschheit sich von ihrer Dummheit befreit. Wenn ich diesen Rückfall in mittelalterlichen Irrationalismus sehe, der sich gerade vor unser aller Augen abspielt, diese Verdunklung des gesellschaftlichen und individuellen Bewusstseins, könnte ich die Hoffnung verlieren, ich verliere sie aber nicht und die Sehnsucht auch nicht.

Tina erhebt sich von dem kleinen Sofa und kehrt mit einem anderen Jugendfoto zurück. Darauf ist sie nackt vor einem Kleiderschrank zu sehen; es ist derselbe Schrank, der immer noch in ihrer Wohnung steht. Ein Rückenakt, jung und anrührend. Ideale Kurven von Taille zu Hüfte, das lange Haar fällt über die Schulter wie ein Seidentuch. Selbstverständliche Schönheit, unvergänglich, so scheint es. Tina sieht auf das Foto mit ihrem Tina-Lächeln, mit einer Ironie, die eher Schutz ist als Spott.

Weißhaariger Verrat

Das Alter, nun ja, unbestreitbar, ich bin vierundsiebzig – der Uhu lacht sein glucksendes verlegenes Lachen, das Thema ist ihm irgendwie suspekt. Manfred sieht aus wie Jesus Christus, seine Freunde nennen ihn Uhu. Das machen die Augen, sie blicken milde wie Jesus auf den Bildern alter Meister, aber auch weise wie der Uhu im Wald, dem man nachsagt, er sei der König der Nacht in der Vogelwelt. Er kommt regelmäßig eine halbe Stunde vor Mitternacht angeradelt auf ein Bier in seiner Stammkneipe, vielleicht werden es zwei.

Drei werden es nie, denn Manfred achtet auf seine Gesundheit, er hat noch viel vor in diesem Leben. Wütend sei sein Naturell von Jugend an gewesen, fröhliche Wut. Mit dieser Haltung guckt er auch auf die Zecher im Stammlokal, durch das ein langes Rohr gelegt wurde, um den Zigarettenrauch auszuleiten, was nicht gelingt, der Rauch steht dick und dampfend. Die nebligen Runden ringsum üben sich in resignativen Aphorismen. Wir waren alle mal nüchtern, ruft Max, der Maler. Und der kleine Herr K. deklamiert im Vollbesitz seiner Pointenpotenz: Der Untergang macht ein Schiff erst groß!

Viele ältere Männer verwüsten sich, sie treiben Schindluder mit ihrer Gesundheit, bemerkt der Uhu und lacht, glucksend, wie denn sonst. Fröhliche Wut sei die Grundlage seines Optimismus: Nietzsche wurde mal gefragt, warum er schreibt. Aus Rache, antwortete der Philosoph. So sehe ich das auch, sagt Manfred. Das Alter ist unabwendbar, da bin ich Fatalist. Ich mache allerdings viel, um es hinauszuzögern, aus Rache. Radfahren jeden Tag, manchmal bis ins Oderbruch, Gymnastik ebenfalls jeden Tag, inklusive Liegestütze.

Das Foto, das er mitgebracht hat, zeigt einen jungen Mann im Halbprofil, längeres dunkelblondes Haar, weißer Kittel. Das war in Bernburg, Sachsen-Anhalt, da war er siebzehn, Gebrauchswerberlehrling. Das Foto wurde am Tag seiner Auszeichnung gemacht, das Abzeichen links am Kittel ist ein Orden im Berufswettbewerb. Manfred hatte ein auffallendes Talent zum Großporträt. Marx, Engels, Lenin, Stalin, die konnte er bis in die kleinste Stirnfalte, bis ins letzte Barthaar, er war der Star der Porträtmaler in der Gebrauchswerberwerkstatt: Ich war stolz, ich war aufstrebend, ich dachte, ich reiße die Welt ein und zieh sie neu wieder hoch.

Er ist der Liebling des Lehrausbilders gewesen, diese Hochschätzung hat er genossen. Auch die der Mädchen, auf die er mit seinem Talent Eindruck machte, keiner konnte den Stalin wie er: Es war eine unfertige, glückliche Zeit, man kannte noch keine Grenzen, nicht die eigenen und nicht die äußeren. Sein milchbartartiges Aussehen auf dem Foto ist ihm allerdings suspekt: Da guckt noch das Kind durch, das unbedingt ein Mann sein wollte, Mannsein hatte damals noch einen anderen Kurswert, weißt du. Er wollte unbedingt Künstler werden, eine Karriere habe er nie angestrebt. Als Restaurator hatte er Erfolge, bei der Wiederherstellung des Bildes in der Potsdamer Nikolaikirche zum Beispiel, sechzehn heilige Männer, Apostel und Evangelisten.

Du bist nun alt. Ich bin nicht alt. Natürlich bin ich alt. Wieder das glucksende Lachen, das die Albernheit der Jugend konserviert hat: Ich bin vielleicht alt, was die Frauen anbelangt, aber nicht, was die Produktion betrifft, da bin ich nicht alt. Das Ich altert nicht, es wird nur manchmal angeweht von Herbstgefühlen. Man muss tätig sein. Wenn man nichts mehr macht, verdämmert man. Er arbeite in aller Stille seit vielen Jahren an etwas, wovon er hoffe, dass es ein Erfolg werde, der alles, was er bisher geleistet hat, übertreffe, sein Geheimnis. Er begann mit diesem Projekt schon, als er noch auf der Kunsthochschule war, und hat dafür auf viel Materielles in seinem Leben verzichtet. Früher habe er den Fehler gemacht, Leuten davon zu erzählen, die fragten dann und fragten und fragten nach und irritierten ihn mit ihrer Fragerei. Aber jetzt im Stillen wird es, es wird. Weitblick, sagt Manfred, sei der Vorzug des Alters, man falle nicht mehr auf modische Lebensentwürfe rein, sondern verlasse sich auf seine innere Überzeugung: In der Jugend war ich ehrgeizig, im Alter nicht, der Ehrgeiz braucht immer den Gegner, eine Sache um ihrer selbst willen zu tun, ist kein Ehrgeiz.

Das Stammlokal hat Stühle rausgestellt, die Luft ist mild, man erzählt sich Dinge, die man sich bei kühlerem Wetter nicht erzählen würde. In den Altersheimen wird jetzt Rock 'n' Roll getanzt, was sagst du dazu? Ich habe nie Rock 'n' Roll getanzt, war mir zu sportlich, Tanzen muss Gefühlsannäherung sein. Außerdem will ich nicht ins Altersheim, ob mit Rock 'n' Roll oder ohne. Wenn ich irgendwohin komme, und es empfängt mich durchgehende Weißhaarigkeit, empfinde ich das als Verrat. Der Tod? Früher kannte ich ihn nicht, und er kannte mich nicht, jetzt weiß ich, dass er mich kennt. Ich versuche, ihm auszuweichen, ich bekämpfe ihn mit Obst und Gemüse, Äpfel sind meine Kanonenkugeln gegen den Tod.

Vor sechs Jahren war er in eine viel jüngere Frau verliebt. Er habe sich das Glück selbst bemessen, er habe keine Gründergefühle mehr, es muss nichts mehr halten für die Ewigkeit: Früher war die Liebe ein loderndes Feuer, heute ist sie eine mit Asche bedeckte Glut. Das Alter hat ihn nicht von der Sehnsucht befreit, er wartet darauf, dass etwas geschieht. Er wartet auf die schöne junge Frau, die ihn erwählt und aus der Einsamkeit erlöst. Die Apathien, sagt der Uhu, sind das Merkwürdigste am Alter. Dass man nicht mehr so viel möchte, wo man doch früher alles wollte.

Aus dem Leben einer älteren Dame – Herzensangelegenheiten

Es ist der andere in mir, der alt geworden ist, das heißt jener, der ich für die anderen bin; und dieser andere bin ich.
Simone de Beauvoir

Ich vereine in mir alle meine Lebensalter. Ich bin sechs, die Lehrerin glaubt nicht, dass ich lesen kann, sie sagt, ich hätte alles auswendig gelernt. Ich bin acht. Mein Vater kehrt aus russischer Kriegsgefangenschaft zurück, meine Mutter holt ihn nicht vom Bahnhof ab, sie hat jetzt Onkel Günther. Ich bin vierzehn, ich werde schnell noch getauft, damit ich eingesegnet werden kann. In meinem Einsegnungskleid sehe ich aus, als hätte ich Brüste, ich habe aber keine. Ich bin sechzehn, in der Mathematikstunde erstelle ich eine Liste mit den Namen der Jungs, die ich geküsst habe, meistens unter dem Torbogen in meiner Straße. Ich verliebe mich erst in Pit Pietsch, dann in Peter Fagott, schließlich in Konrad Ludens. Ich bin fünfundzwanzig, begeistert von Majakowski, Karl Marx und von der Schweizer Grotesk, einer Schrift, die sich dem gesellschaftlichen Fortschritt verschrieben hat, ich meine, an einem geistigen Aufbruch teilzunehmen. Ich bin achtundzwanzig, mein erstes Kind wird geboren, ein Mädchen, unser kleiner Beatle, sagt die Hebamme, Lady Madonna singen die Beatles. Ich bin fünfunddreißig, ewig schon verheiratet, treu sind wir uns nicht und doch. Julie, unser zweites Kind, wird in einer programmierten Geburt binnen fünfundvierzig Minuten auf die Welt geworfen wie ein Betrunkener aus der Eckkneipe, dem Säugling stehen die Haare zu Berge, unser kleiner Punker, sagt die Hebamme. Ich bin achtundvierzig, die eine Welt ist zusammengebrochen, die andere steht offen. Ich nehme mein Älterwerden nicht wahr, die Macht der Geschichte verdrängt das Unausweichliche des individuellen Lebenslaufs, so bleibe ich jung. Wende und Wechsel, Wendejahre – Wechseljahre, schicksalhafte Verkettung. Ein Vorzug großer Zeiten ist, dass man sich selbst groß erlebt. Was sind Hitzewallungen gegen den Fall der Mauer, was ist das Ende der Menstruation gegen einen Neuanfang in Deutschland, was der Beginn des Alters gegen das Ende einer Epoche. Die Veränderung der Verhältnisse wirkt als Jungbrunnen, ich muss mich durchschlagen, ich muss kämpfen. Ich werde neu, nicht alt. Ich bin sechsundsechzig, ich bin additiv, ich stelle eine Privatsammlung meines Lebens dar, eine Kollektion von Erfahrungen und Gefühlen. Ich führe ein Doppelleben. Gestern war ich jung, heute bin ich alt.

Seit vierzig Jahren liegt es in meinem Schrank, das Pepitakleid. Größe sechsunddreißig, mit korrekten Abnähern und Spaghettiträgern und so eng, dass ich Trippelschritte darin machen musste, aber kurz genug, dass das Trippeln nicht anstrengend wurde. Noch heute laufe ich mit kleinen Schritten, weil mir das so beigebracht wurde. Ich habe beschlossen, mir die Mädchenschrittchen abzugewöhnen, es könnte ängstlich aussehen in meinem Alter. Dagegen nehme ich öfter eine Position ein, die nicht zu einer älteren Frau passt. Ich sitze männlich, mit aufgelegtem Unterschenkel; das werde ich mir nicht abgewöhnen, ich trage ohnehin meistens Hosen.

Das Pepitakleid war maßgeschneidert, zwei Anproben sind Pflicht gewesen, den Saum hatte die Schneiderin mit einer Kreidepumpe markiert. Dreimal bin ich vergeblich bei ihr gewesen, Frau Krüger war nicht fertig und hatte kein Telefon, um mir abzusagen. Enttäuscht sah ich der Schildkröte beim Fressen von Stoffresten zu und Frau Krügers stummer alter Mutter beim Löcher-in-die-Luft-Starren. Was für ein Tag, als das Kleid schließlich fertig war. Als Fetisch habe ich es aufgehoben, es erzählt mir aus meinem Leben, wenn ich seinen kühlen, festen Stoff alle Jahre mal in die Finger bekomme, während ich den Schrank aufräume. Der Stoff riecht nach Jugend, nach Vorfreude, nach einer Zeit, in der man sich weniger Kleider leisten konnte. Als Kleidungsstücke noch eine Patina hatten, die durch Erlebnisse entstanden war: Erinnerst du dich, ich hatte das rote Kleid mit dem weißen Kragen an, als wir uns kennenlernten. An meinem dreißigsten Geburtstag hast du mir Rotwein über das neue Hellblaue gekippt, das mit dem Ausschnitt, wir haben Salz über die Flecke gestreut. An einem Abend in Warschau waren wir zum ersten Mal in einem jüdischen Restaurant und haben Gefillte Fisch gegessen, ich hatte das Pepitakleid an; am nächsten Tag haben wir eine Kirche besichtigt, und eine alte Frau schimpfte, dass ich mit so einem Kleid ein Gotteshaus betrete; kurwa, hatte sie gezischt, kurwa, das polnische Wort für Hure. Da hast du mir den Arm um die Schulter gelegt, so dass das Dekolleté bedeckt war, und wir haben heimlich gelacht im Gotteshaus.

Wenn ich mir was Neues kaufe, wähle ich öfter etwas aus, das eher für meine Töchter geeignet ist, ich gebe solche Sachen nach einer kurzen Bedenkzeit an sie weiter. Einmal gefiel mir ein schwingender schwarzer Rock mit Tüllsaum. Die Verkäuferin bedeutete mir, dass er »zu jugendlich« für mich sei; weiß ich, sagte ich und nahm ihn doch. Zu Hause probierte ich den Rock lange an, fand ihn wunderschön und schenkte ihn eine Woche später Sophie. Manchmal kaufe ich auch Kleidungsstücke, die denen gleichen, die mir als Kind an meiner Mutter gefielen, bunt gestreifte Blusen mit mädchenhaft kurzen Ärmeln, »merzerisierte Baumwolle«, wie sie mit Lust am Fachausdruck betonte. Merzerisierte Baumwolle! – habe ich nicht vergessen.

Das sich ständig reproduzierende Bild der Jugend ist berauschend wie ein Frühlingstag im Februar. Die Sehnsucht nach sich selber wird gestillt. Ein Nachmittag auf dem Balkon wird heiterer, wenn mir einfällt, wie man mich an solch lauen Sommertagen Punkt fünfzehn Uhr – da wurden die Geschäfte nach der Mittagspause wieder geöffnet – zum Bäcker geschickt hatte für zwei Stück gedeckten Apfelkuchen mit Sahne. Wie ich, das Päckchen vor mir wie eine Trophäe, nach oben gerannt war, in Aussicht des bevorstehenden Genusses. Noch heute muss ich zum gedeckten Apfelkuchen Sahne haben. Es ist, als würde ich Besuch von mir selber kriegen: Ich, das Kind, stehe neben mir, der älteren Frau, wir essen beide Apfelkuchen.

Alt sein hat Vorteile. Man muss morgens nicht mehr aus dem Bett springen, um pünktlich bei der Arbeit zu sein, Aufwachen ist ein Programmpunkt des Tages, das ist Luxus, aufwachen und Sonnenflecke gucken. Mit welcher Andacht, schrieb Jacob Grimm in seiner Rede über das Alter, mit welcher Andacht schaut der Mensch im Alter empor zu den leuchtenden Sternen, die seit undenkbarer Zeit so gestanden haben, wie sie jetzt stehn, und die bald auch über seinem Grab glänzen werden. Meine Sterne sind die Sonnenflecken. Wenn die Sonne durch die Blätter der großen Platane scheint, die vor meinem Schlafzimmerfenster steht, bilden sich bizarre Muster auf den orangebraunen Seidenvorhängen. Die Ornamente verhalten sich ruhig oder aufgeregt, sie variieren ihr Muster, legen sich nicht fest. Je nachdem, wie der Wind weht durch Platane und offenes Fenster, verändern sie Form und Rhythmus. Sonnenflecken sind jung. In dauernder Bewegung und Veränderung tauchen sie auf, verschwinden und kommen wieder, mal scheu, als würden sie anfragen, ob sie willkommen sind, mal mit ruhiger Selbstverständlichkeit, dann wieder übermütig tanzend. Sie reagieren auf jeden Windhauch, sind flexibel und immer wieder neu. Ich liege im Bett und staune über dieses Detail des Universums, vor allem aber staune ich über mein Interesse an solcher Einzelheit.

Ich hätte schon früher im Bett liegen und Sonnenflecke gucken können, wenigstens am Wochenende. Hab ich aber nicht. Ich habe jede Minute genutzt, um zu schlafen. Weil es Samstagnacht spät geworden war. Weil ich mich in meinem bisherigen Leben für alles andere als für Sonnenflecken im Schlafzimmer interessiert habe. Für Kontemplation war wenig Zeit, es musste gehandelt werden, die Welt wartet auf meine Taten, dachte ich. Nicht handeln macht depressiv, schreiben die Altersforscher, sie haben Recht, man muss tätig sein, um froh zu bleiben. Untätig aber auch. Die Sonnenflecken in ihrer unbeirrbaren Aktivität ermutigen mich zum Handeln. Allerdings: Wenn die Sonne nicht scheint, gibt es keine Flecke und keine Andacht.

Ein Fotograf entdeckte in seinem Archiv ein Foto von mir. Das Bild hat er vor vierzig Jahren gemacht, im Espresso Unter den Linden, wo Redakteure, Mannequins und Fotografen ihre Mittagspause zubrachten. Ein Goldschmied erfreute die Frauen im Café mit dem illegalen Verkauf dünner goldener Ringe, denn in dem Land, in dem ich lebte, herrschte Goldmangel. Das Foto, das so unverhofft aufgetaucht war, zeigt eine Frau, die gefallen will. Kurze Haare, direkter Blick, kokettes Selbstbewusstsein. Der Maria-Stuart-Kragen ihres Kleides verleiht der Frau auf dem Foto eine Strenge, die im Gegensatz zu ihren kindlichen Zügen steht. Ich muss da ungefähr sechsundzwanzig gewesen sein und arbeitete schon bei der Zeitung. Ich besitze Dutzende Fotos aus diesen Jahren und habe sie oft angesehen, ich kenne sie. Dieses eine kannte ich nicht. Es war eine unerwartete Begegnung mit mir selber und den temps passés, die Auferstehung eines Moments, den ich vergessen hatte. Der wiedergefundene Augenblick von Jugend war ein unverhofftes Geschenk. Am Abend stellte ich das Bild neben den Spiegel im Badezimmer und verglich mein altes und mein junges Gesicht. Hier Härte, da Weichheit, hier Ergebenheit, da Forderung. Es sind nicht die Falten, die den Unterschied machen, es ist der Blick auf die Welt, dieser Blick ohne den Schleier des Träumerischen. Ich fotografierte mich im Spiegel, abgeschminkt und abgeschmückt: Guck nicht so, Sylvie, das bist du, immer noch du!

Die ewige Identifikation mit der Jugend macht, dass unser Selbstbild gegen alle Vernunft und trotz vielfältigen Widerspruchs des Spiegelbilds das alte bleibt: forever young. Je länger man sich mit seinem Körper als jungem Körper, mit seinem Gesicht als jungem Gesicht identifiziere, um so mehr fürchte man das Alter, warnen Psychologen. Der beherzte Entschluss, Veränderungen wahrzunehmen und zu akzeptieren, schütze einen vor der Angst, zu altern. Klingt weise. Andererseits: Die Jugend nicht aus seiner Vorstellung zu vertreiben, sie bei sich zu behalten, hat auch Vorteile. Im Spiegel sein altes Gesicht zu sehen und das junge dahinter nicht zu vergessen. Nur dieses, das doppelte, ist das wahre Gesicht.

Vor einem Café sah ich einen älteren Mann, den ich schon als jungen Mann gekannt hatte, mit einer älteren Frau sitzen. Ach, guck an, Armin hat Besuch von seiner Mutter. Später erst ging mir auf: Es war nicht die Mutter des Bekannten, sondern seine Freundin. Der Bekannte, die mir unbekannte Frau und ich waren etwa gleichaltrig. Für mich aber war von uns dreien nur eine alt: die unbekannte Frau. Da der Bekannte und ich in meinen Augen wie gewohnt jung waren, fragte ich mich: Armin mit so einer alten Frau, das konnte nur seine Mutter sein. Im Kapieren dessen, dass es wohl doch seine Freundin war, mischten sich Verwunderung – so eine alte Frau? – und Anerkennung: Anders als die meisten in seinem Alter nimmt er sich eine gleichaltrige Freundin, wie nobel von ihm.

Warum hält man es für unwirklich, älter zu werden, obwohl man doch ständig damit konfrontiert ist. In dem finnischen Film »Le Havre« tauchte in einer Nebenrolle ein alter Mann auf, der mich an jemanden erinnerte. Auf dem Abspann sah ich, es war der Godard- und Truffaut-Schauspieler Jean-Pierre Léaud, eine Ikone der Nouvelle Vague, ein Junge, der sich Film für Film geweigert hatte, erwachsen zu werden. Und jetzt stand da ein alter Mann, unbestreitbar ein Angehöriger meiner Generation. Als sein knabenhaft träumerisches Gesicht mit »Sie küssten und sie schlugen ihn« in Frankreich berühmt wurde, machte ich in Ostberlin Abitur. Nun ist er, unversehens, wie mir scheint, ein alter Mann, und wenn Jean-Pierre Léaud ein alter Mann ist, bin ich eine alte Frau.

Gut, dass ich nicht Marlene Dietrich bin, sonst müsste ich schleunigst in die Matratzengruft, immerhin in Paris, aber was nützt einem Paris, wenn man nicht mehr aus dem Haus geht, weil man sich selber in die Einsamkeit gebeamt hat, damit aus der Ikone Marlene nicht »die alte Dietrich« wird. Damit der »Mythos des 20. Jahrhunderts« nicht zu einer mageren Greisin schrumpft. In der Avenue Montaigne 12 hat sie zuletzt gewohnt, nahe den Champs Elysées, hinter zugezogenen Gardinen. Sie hat bestimmt, wann der Vorhang fällt. Der freiwillige Ausschluss aus der Welt war, wie der Maler Gottfried Helnwein, einer ihrer letzten Freunde, es formulierte, »die Verteidigung ihres Gesichts«.

Sie sehen aus wie eine amerikanische Schauspielerin, sagte die Frau an der Supermarktkasse, während sie meine Einkäufe scannte. Fernsehen oder Film, fragte ich und hoffte inständig, dass sie Helen Mirren meinte und nicht die alte Sophia aus Golden Girls. Nicht Fernsehen, sagte die Kassiererin, Hollywood. Als frisch gekürte Eintagsdiva packte ich die Tiefkühlgarnelen und den Reis ein und überlegte, wen sie mit Hollywood gemeint haben könnte. Vielleicht doch Sophia. Die muss nicht in die Matrazengruft, die kann spazieren gehen, wo und wann sie will, zum Mythos wird die nie.

Das schaffe ich immer noch: Bei durchgedrückten Knien mit den Fingerspitzen den Boden berühren, was nicht auf sportliches Training, sondern auf anatomische Gegebenheiten zurückzuführen ist, kein Grund, übermütig zu werden. Die Schauspielerin Lilli Palmer, die ich bei den Dreharbeiten zu dem Film »Lotte in Weimar« traf, konnte das auch und war so stolz darauf, dass sie es mir, einer fremden jungen Journalistin, in ihrer Künstlergarderobe vorführte, da war sie sechzig. Mich hat das damals verblüfft, nicht, dass sie es konnte, sondern dass sie es mir zeigte. Anerkennung, die öffentliche Form der Liebe, ist lebensnotwendig, wir bleiben alle Kinder und wollen geliebt werden.

Wie habe ich mich lustig gemacht über meine siebzigjährige Schwiegermutter, die auf ihrem Perserteppich gymnastische Übungen für einen flachen Bauch machte, »in ihrem Alter!« Dass die zierliche alte Dame nicht aufhörte, hohe Absätze zu tragen, sogar im Haus klapperte sie mit hochhackigen Pantöffelchen. Als ich jung war, hatte ich das lächerlich gefunden. Oma Anneliese hatte alt zu sein, befand ich, sie hatte draußen Gesundheitsschuhe zu tragen und drinnen Kamelhaarpantoffeln, hatte einen dicken Bauch zu haben und ein Gebiss. Ist doch egal, wie die Alten aussehen. Was wollten sie noch, Eindruck machen, bewundert werden? Oma Anneliese hatte weder das eine noch das andere vor. Sie wollte ihr Selbstbild erhalten, das aus den dreißiger Jahren des vergangenen Jahrhunderts stammte und sich an dem Ufa-Star Lilian Harvey orientiert hatte. Sie wollte ihre Konturen erkennen können, wenn sie in den Spiegel sah. Ein Echo ihres Lebens als schöne Frau wahrnehmen, einen Nachhall der Dame von Welt, der Gattin eines Theaterintendanten und Gastgeberin fröhlicher Runden. Ein flacher Bauch war für sie die Voraussetzung mondänen Daseins, sie sah sich noch mit achtzig als mondäne Frau. Heute absolviere auch ich auf dem Teppich gymnastische Übungen, ich versuche, aus dem Schneidersitz ohne Hilfe aufzustehen, was mir nur gelingt, wenn ich die Übung regelmäßig exerziere. Hohe Absätze trage ich nur deshalb nicht mehr, weil ich mir im letzten halben Jahr zweimal einen Bänderriss zugezogen habe.

Manchmal passiert es, dass ich in den Bus steige und meine BVG-Karte vergessen habe. Ich will ein Ticket kaufen und frage beim Einsteigen, wie viel es kostet, weil ich ja eigentlich eine Jahreskarte habe und deshalb den Preis für den Einzelfahrschein nicht weiß. Es ist vorgekommen, dass der Busfahrer das Geld für den Fahrschein nicht wollte. So was nehme ich als Kompliment, als Trostpflaster für die Anzeichen des Alters, die ich an mir bemerke. In der Handtasche kramen zum Beispiel. Ich krame in der Handtasche rum und behaupte, dass mein Portemonnaie weg ist, gestohlen vermutlich, was ich zwei Minuten später widerrufe, weil sich das Portemonnaie natürlich anfindet. Als Studentin habe ich mal auf einer Station für sterbende alte Frauen geholfen, das Abendessen auszuteilen. Da sah ich, wie eine Alte unentwegt mit den Händen auf der Bettdecke herumsuchte; ich dachte damals, sie tastet nach Halt in ihrer Not oder nach einer Hand, die ihre hält. Heute denke ich, dass die alte Frau möglicherweise etwas in ihrer imaginären Handtasche gesucht hat, weil das eine Gewohnheit ist, die Frauen früh annehmen und niemals ablegen, selbst im Angesicht des Todes nicht.

Ein anderes Zeichen des Alters: Die Verschlüsse von Kaffeesahneportionen, Saftkartons und Weinflaschen, Pfefferminzdrageeschachteln, WC-Reinigern und Make-up-Spendern werden zunehmend rätselhafter. Verschlüsse sind meine Feinde, Verschlüsse und Gebrauchsanweisungen, ich verstehe immer weniger, was sie mir sagen wollen und warum sie mir ihre Dienste verweigern. Sie müssen nur den Nippel durch die Lasche ziehn, hieß es in einem Schlager der siebziger Jahre, ich finde den Nippel seltener denn je. Ein weiteres Symptom: Mein Computer guckt auf mich wie das Uhrwerk aufs Schwein. Gestern war meine Internetverbindung gestört, ich konnte keine Mails versenden. Eine halbe Stunde dauerte das Telefonat mit dem Spezialisten. Geben Sie bitte Ihr Passwort ein! Passwort, Passwort? Keine Ahnung. Haben Sie Outlook? Weiß ich nicht, Entourage steht da. Klicken Sie die Website Ihres Providers an! Provider? Wie, was? Der Spezialist blieb geduldig, fast hätte ich ihm erzählt, ich sei sechsundachtzig, damit er noch mehr Geduld mit mir hat, als er schon hat, er wusste ja nicht, dass ich bereits in jungen Jahren Probleme mit der Technik hatte. Im Alter, sagt man, verstärken sich die positiven wie die negativen Eigenschaften eines Menschen, ich kann also nichts dafür. Wenn auch meine geistigen Fähigkeiten auf voraussehbaren Gebieten zu schrumpfen beginnen, körperlich bin ich erstaunlicher Weise noch nicht geschrumpft, Einmetervierundsiebzig groß war ich, Einmeterdreiundsiebzig groß bin ich, ein Verlust von nur einem Zentimeter, da bin ich stolz wie Lilli Palmer.

Sobald es Frühling wurde, erfasste mich früher eine wilde Freude, dass es die Welt gibt und die Maiglöckchen und einen neuen Anfang. Ich warte jedesmal auf dieses Gefühl, aber es kommt nicht. Auch mit der Erinnerung an den Geschmack früher Küsse an heller werdenden Abenden in grauen Straßen lassen sich die Frühlingsgefühle nicht heraufbeschwören, Neuanfänge wissen, wo sie hingehören, sie verweigern sich dem Alter. Je älter ich werde, um so weniger Hochgefühl steht zur Verfügung. Nicht nur der Frühling ist nicht mehr, was er mal war, Weihnachten, Ostern und Geburtstag auch nicht, die Begeisterung ist aufgebraucht. Ein Frühstück hingegen ist immer noch ein Frühstück. Schwarzer Tee, Pampelmusensaft, Toast und eine brennende Kerze, verlässliches Ritual, schöne Wiederholung. Mitten im Frühstück das Telefon. Ein Mann. Sein Name sagt mir nichts, seine Stimme auch nicht. Du kannst ruhig Du zu mir sagen, sagt der Mann. Wer ist er, warum soll ich Du zu ihm sagen, mein Gedächtnis war schon immer miserabel. Erinnerst du dich? Jan ist hier, du hattest einen kurzen braunen Lederrock an. O Gott, denke ich, eine Herzensangelegenheit, ich komme mir vor wie ein Kerl, der so viele Affären hatte, dass er etliche davon dem Vergessen anheimgegeben hat. Der Toast auf dem Teller wird kalt. Können wir uns treffen, ich würde dir gerne ein paar Briefe übergeben, du hast doch sicher eine Email-Adresse, drängelt der Fremde. Ich gebe sie ihm, aus schlechtem Gewissen und um das Gespräch zu beenden.

Am Nachmittag kommt seine Mail, im Anhang ein Foto, auf dem mich ein älterer Mann mit gelichtetem Haar freundlich ansieht, Typ rüstiger Rentner, er hält einen Blumenstrauß in der Hand. Wir verabreden uns vor dem Café Mira, er soll den Tagesspiegel aus der Jackentasche rausgucken lassen. Ich denke nach. Jan, Jan, Jan, Jan, da dämmert was am Horizont. Das verschwommene Bild eines perfekten Körpers, zu perfekt, wie ich damals fand, Männer mit Muskeln schienen mir egomanisch, wer so viel Wert auf sich selber legte, konnte nichts für andere empfinden, dachte ich.

Ich rufe die Freundin mit dem pathologisch guten Gedächtnis an. Kannst du dich an einen Jan erinnern, siebziger Jahre? Kann ich, sagt die Freundin, so ein muskulöser Typ, ihr habt euch im Auto geküsst, der hatte ein tschechisches Cabrio, wir sind mit dem über Land gefahren, Antiquitäten einkaufen, der sah nicht schlecht aus. Warum fragst du? Er hat mich gestern angerufen, und ich weiß nicht mehr, wer er war.

Der Mann wartet vor dem Café, er trägt eine braune Wildlederjacke über einem schwarzen T-Shirt und hat einen trainierten Oberkörper. Wir sitzen uns gegenüber, der Fremde und ich. Er hat Jugendfotos von sich mitgebracht. Damit ich ihn erkenne. Ein junges Gesicht mit einem Mund, der Frauen in die Knie gezwungen haben muss einst, mich auch. Michelangelos David hätte ihm nicht das Wasser reichen können, selbst ein amerikanischer Filmstar ist nichts gegen diesen Mann, wie er damals aussah. Jetzt erkenne ich dich, sage ich. Seine Fotos bleiben auf dem Tisch liegen, so ist er mir weniger fremd. Es ist die Zeit, die aus Nähe Fremdheit macht. Einmal, eines fernen Tages, wirst du mich in der U-Bahn nicht wiedererkennen oder nicht wiedererkennen wollen, du wirst die Straßenseite wechseln, wenn du mich bemerkst – ein oft gesagter Satz in Liebesnächten, die Melancholie des Moments steigert die Nähe des Moments.

Der Fremde übergibt mir einen Packen Briefe. Es sind Liebesbriefe einer Frau, mit der er zusammen war, als wir uns kennenlernten, sie sind an ihn gerichtet, an Jan. Bianca war Sängerin, eine bekannte Sängerin. Ich verstehe gar nichts, warum will er mir die Briefe geben, warum gibt er sie nicht ihr zurück. Bianca wird im August fünfundsechzig, sagt Jan, sie sieht jetzt aus wie eine Omi. Mir ist das Ganze peinlich, ich will sie nicht, die Briefe. Der Mann von damals erzählt mir von seiner Frau, die Physiotherapeutin ist, von seinen Söhnen, einer arbeitet als Sportreporter, von seinem Enkel, der seiner Meinung nach falsch erzogen wird. Ein Großvater, der an der Erziehung seiner Enkel rummeckert, ist mir suspekt, einer, der seine einstige Geliebte als Omi bezeichnet, auch. Das mit den Briefen verstehe ich nicht, warum soll ich zur Voyeurin einer fremden Liebe gemacht werden. Und dann sagt er diesen Satz: Wir Herztransplantierten räumen auf.

Herztransplantiert, du? Es sei jetzt zehn Jahre her, so lange überlebten Herztransplantierte für gewöhnlich. Was er mit den Briefen machen solle, als sie mir zu geben, jemand anderes hätte keine Verwendung dafür. Wie man lebt mit einem fremden Herz? Nichts sei wie vorher, er würde es nicht noch einmal tun. Das fremde Herz habe ihm kein Glück gebracht, es schlage nicht wie das eigene, es klopfe anders, es fühle anders, es sei eben ein Stiefherz. Selbst der Sport mache ihm keinen Spaß mehr, dabei sei er mal ein begeisterter Leistungssportler gewesen, Schwimmer. Das hatte ich vergessen. Daher also jener perfekte, muskulöse Körper einst, ich wusste nur noch, dass er an der Akademie der Wissenschaften gearbeitet hatte. Anabolika, ja, die auch, deshalb machte sein Herz schlapp. Jetzt müsse er sich weiter sportlich betätigen, um das fremde Herz am Schlagen zu halten, eine lästige Pflicht. Ich würde es nicht noch einmal tun, wiederholt er. Aber du lebst, sage ich. Mir wäre lieber, ich wär gestorben.

Irgendwann greift er nach meiner Hand. Ich ziehe die Hand zurück, es ist alles lange her, der alte Mann ist nicht der junge Mann, Berührungen vergessen sich im Laufe eines Lebens, Nähe und Fremdheit liegen so dicht beieinander, dass man sie verwechseln kann.

Das allumfassende Hochgefühl der Jugend machte uns großzügig und ungenau. Es gibt kein Comeback für Gefühle. Wir waren andere einst, sein Mund ist anders als der, in den ich mich verliebt hatte. Auch die Melancholie ist eine andere als die von damals, keine romantische Traurigkeit, sondern eine fatalistische: Was ist, vergeht. Wir verabschieden uns und gehen in verschiedene Richtungen. Ich erschrecke. Da steht einer vor dem Ende seines Lebens, jemand in einer Ausnahmesituation, jemand, der letzte Dinge ordnen will. Dass er meine Hand genommen hat, ist kein Versuch der Wiederaufnahme einer amourösen Beziehung gewesen, sondern ein Zitat vergangener Nähe, Posten einer Schlussbilanz. Missverständnis, Scham meinerseits.

Den Packen mit den Liebesbriefen habe ich dann doch mitgenommen. Er liegt vor mir, vergilbt, versehrt, verletzlich, das Intimste ausgeliefert mir, einer Fremden. Gemildert wird der Vertrauensbruch allein durch vierzig vergangene Jahre. Ich beschließe, die alten Briefe als Recherche zu betrachten, kühl, ohne Verbindung zu mir selbst. Doch beim Lesen spüre ich eine seltsame Affinität zu der unbekannten Frau und ihrem Liebeskummer. Nicht wie ein Eindringling fühle ich mich, sondern wie eine Seelenverwandte. Welche Lust, welche Angst, welche Eifersucht ist in diesen Briefen. Die Schlacht zwischen einem Mann und einer Frau, eine Schlacht, wie sie die Jugend bereit hält. Die Geschichte einer Liebe, die glühend begann und kalt endete.

Man darf die Schönheit und Sauberkeit und Reinheit eines Mannes nicht überbewerten, auch die Nächte der Liebe nicht, schrieb die unbekannte Frau an ihren Geliebten. Sie sehe sein geliebtes Gesicht und seinen sinnlichen Mund und spüre die verdammte, wilde Sehnsucht, sie sehne sich nach ihm, wie sie sich noch nie nach einem Mann gesehnt habe. »Ich möchte Dich nie mehr loslassen«, schrieb sie. Und knapp zwei Jahre später: »Ich bitte dich letztmalig, meine Wohnung zu räumen. Ich werde niemals zu Dir zurückkehren. Mit jedem Tag wird mir bewusster, wie sinnlos und irrtümlich meine Neigung zu Dir war. B.«

Liebesbriefe sind austauschbar, Gefühle auch. Wenn man jung ist, erscheint alles einzigartig; später weiß man, Nähe ist vorübergehend. Was man für Liebe hält, ist allenfalls eine Vermutung, der Geliebte eine wechselnde Projektionsfläche. Die Austauschbarkeit des geliebten Objekts könnte Liebeskummer besänftigen, die Einzigartigkeit an der Liebe ist die Liebe selbst. Die Glut der B. ist wahr gewesen, die Hoffnung echt, die Enttäuschung auch. Die Sehnsucht bleibt; wer sagt denn, dass derselbe Brief nicht auch von einer alten Frau oder einem alten Mann geschrieben werden könnte.

Wo ist es geblieben, das Hochgefühl. Das Hochgefühl, zu leben. Das Hochgefühl, zu fühlen, zu riechen, zu schmecken, zu laufen, zu lachen. Gestern habe ich eine Kassette mit zehn CD's voll mit Rock 'n' Roll gekauft, Be-Bop-A-Lula. Meine ganze Jugend für Neuneuroneunundneunzig. Rock 'n' Roll wirkt bei mir wie ein Pawlowscher Reflex, ein Glücksversprechen, ich muss tanzen. Ab und an gehe ich mit meinen jungen Freundinnen in Clärchens Ballhaus. Da hält zwischen dreißigjährigen Swingschülern der Swingkönig Hof, mit weißem Schal, Hut und Lackschuhen, der einzige Alte im Ballhaus. Der kann nicht nur Swing, der kann auch Rock 'n' Roll. Einmal lässt der König sich herab, mit mir zu tanzen. Wohl lange nicht mehr auf dem Tanzboden gewesen, stellt er fest und meint meine mangelnde Perfektion, er selber übe jeden Tag, Rock 'n' Roll sei sein Leben. Das berichte ich, atemlos nach nur einer Runde, meiner Freundin Simone: Rock 'n' Roll ist sein Leben, hat der Swingkönig gesagt. Das ist zu wenig, meint Simone, du weißt schon, »Wolke 9«. Nicht das jetzt, ein Film, in dem Sex zwischen alten Leuten gezeigt wird, ist taktlos. Sei nicht immer so kategorisch – Simone zündet sich im Wintergarten des Ballhauses die dritte Zigarette an, ich habe sie in die Raucherlounge begleitet, obwohl ich nicht rauche. In Filmen über junge Liebe taucht man die Sexszenen in günstiges Licht, damit die Körper noch makelloser aussehen, in Filmen über alte Liebe werden die Runzeln und Hängepartien der betagten Leiber gnadenlos ausgeleuchtet, ereifere ich mich. Du immer mit deinem Licht, grinst Simone.

Gestern traf ich Ilona, sie saß hinter mir im Kino und sah sehr viel jünger aus, als sie jetzt sein musste. Michel hat mir geschrieben, sprudelte sie aufgeräumt, sie betonte den Namen auf der zweiten Silbe, du weißt doch, Michel, der Spanier! Na, eben, sagte ich, er war Spanier, nicht Franzose – Miguel, nicht Michel! Michel war dreißig damals, ich fünfundvierzig – Ilonas Gesicht bekam einen gerührten Ausdruck. Wir haben in letzter Zeit öfter telefoniert, Michel ist immer noch sehr sexy, sagte sie etwas zu laut. Nicht Michel – Miguel!, verbesserte ich, was sie nicht weiter beachtete. Ich habe ihn zu meinem siebzigsten Geburtstag eingeladen, seitdem hat er sich nicht mehr gemeldet – Ilona teilte es mit Nachsicht mit, dann wurde es dunkel im Kino.

Ich habe alte Freundinnen und junge. Die alten sind kompliziert geworden. Evi will sich nicht erinnern, sondern »nach vorne schauen«, was soll mir eine Jugendfreundin, die sich nicht an die Jugend erinnern will. Du musst dich auf dein Alter vorbereiten, mahnt sie jedesmal, wenn wir uns treffen. Ihr müsst euch ein WC mit Haltegriffen installieren lassen. Du musst deine Bücher verschenken und dich von alten Briefen und Fotos trennen. Man muss loslassen können, alte Menschen brauchen nicht mehr viel. Du musst loslassen!, das sagt sie oft. Sie schaffe sich schon lange keine neuen Kleider und keine Bücher mehr an, sie lese die alten Bücher und trage ihre alten Kleider ab, sie käme ohnehin nirgendwo mehr hin außer zur Langen Nacht der Museen, und da behalte sie den Mantel an. Loslassen, vielleicht sollte Evi erst einmal ihre alten Kleider loslassen.

Du musst dir Prospekte über Mehr-Generationen-Häuser und betreutes Wohnen besorgen, über die besten und billigsten Pflegeheime, du bist ja gänzlich unvorbereitet, wenn es soweit ist, sagt Evi. Ich kann mich nicht mehr auf das Alter vorbereiten, bemerke ich matt, ich bin schon alt. Du nimmst das zu leicht, meint Evi, die sich seit zwanzig Jahren auf ihr Alter vorbereitet. Wir haben schon unser Grab bestellt, sage ich; da staunt Evi, aber nicht lange. Du musst rechtzeitig einen Pflegevertrag abschließen mit der Friedhofsverwaltung, sonst müssen deine Kinder sich um dein Grab kümmern, rät sie. Sie lasse ihre Asche verstreuen, anonym, das sei sauberer, praktischer und rücksichtsvoller, teilt sie mit, als mache sie dieser Entschluss zu einem besseren Menschen. Sie spricht von Patientenverfügung, Testament und Notar, vom Sparen für ein Einzelzimmer im Heim und dass sie jederzeit bereit sei für das Finale. Da wird sich Freund Hein aber freuen, er schätzt Ordnung und Sauberkeit über alles, sage ich.

Ab sofort lasse ich mir nicht mehr die Haare färben, kündigt Evi noch an, sie kündigt es seit fünfzehn Jahren an, sie halte die langen Friseursitzungen nicht aus. Haare färben sei würdelos, sie stehe zu ihrem Alter, die Chinesinnen würden sich auch nicht die Haare färben. Ab nächsten Monat lasse ich nicht mehr färben, verkündet sie resolut. Mach doch, sage ich. Mache ich nicht, ruft Evi empört, da sehe ich ja aus wie siebzig. Es wird dann doch noch ein lustiger Abend. Sie vertrage neuerdings nur noch ein einziges Glas Wein, hatte sie erklärt und bei zunehmendem Wohlbefinden drei getrunken und einen Grappa oben drauf.

Sie jonglierte das volle Grappaglas auf ihrem Kopf: Meinst du, dass ich noch mal einen Mann finde?

Hast du doch früher auch.

Da waren wir ja auch schöne alte Mädchen, kichert sie.

Ich war ein schönes junges Mädchen.

Ist doch egal jetzt, sagt Evi.

Meine alten Freundinnen sind kapriziöse Wesen. Sie treffen Entschlüsse, die sie am nächsten Tag rückgängig machen, äußern extreme Ansichten und pflegen seltsame Gewohnheiten. Rosi geht nach sechs Uhr abends nicht mehr aus dem Haus, sie hat Angst, überfallen zu werden, übernachtet aber bis Mitte November in ihrer Laube. Beate spricht von sich nur noch als »Rentnerin«, als würde der Hinweis auf ihren Status als Leistungsempfängerin sie aus allen anderen Zusammenhängen lösen. Ich bin Rentnerin, sagt sie, als enthebe sie das jeglicher Verantwortung für ihr Leben. Christine ist nicht erreichbar, Elli tot, Karin ist aufs

Land gezogen. Mit Hanna gehe ich ab und an aus, die gibt nicht auf, die lebt, da ist kein Ende in Sicht. Sylvie ist auch nicht mehr, wie sie mal war, werden meine alten Freundinnen sagen und Recht haben damit.

Meine jungen Freundinnen sind Frauen mit Vergangenheit, sie waren mal die Freundinnen meines Mannes, ich habe sie übernommen wie ein neuer Chef ausgewählte Exemplare der alten Belegschaft. Jedenfalls zwei von ihnen, kuriose Geschöpfe, eigenwillig, clownesk, mit Porzellanteint und schnellem Schritt. Ich partizipiere von dem guten Geschmack meines Mannes und der gerontophilen Neigung jener jungen Frauen. Ich finde, Großzügigkeit ist dem Alter nützlich. Ich bin nicht nachtragend, der Kummer und die Verzweiflung von einst – vergeben und vergessen. Die Frauen meines Mannes sind meine Freundinnen – ein leiser Triumph über Konkurrenz, Eifersucht und Liebeskummer und über das Alter. Wenn ich mit Tanja oder Johanna unterwegs bin, fragen die Leute: Ach, Ihre Tochter? Nein, nicht meine Tochter, eine Freundin. Nicht die Tochter also, was dann, die Geliebte vielleicht? Die Vorstellung, dass Frauen verschiedenen Alters Freundinnen sind, scheint abgelegen.

Mit meinen jungen Freundinnen kann ich siebzehn sein oder dreißig oder sechsundsechzig. Ich empfinde für sie Mitgefühl und Bewunderung. Wehmut auch. Sie haben vor sich, was ich hinter mir habe: die Erfahrung, dass die Jugend kürzer ist als das Alter. Jung ist man zwischen zwanzig und vierzig, also zwanzig Jahre lang. Alt ist man von vierzig bis achtzig, also vierzig Jahre lang; heutzutage kann man die erste Hälfte des Alters unter günstigen Umständen noch der späten Jugend zuschlagen.

Meine jungen Freundinnen sind im Alter meiner Töchter, doch sind sie etwas ganz anderes als Töchter. Mit ihnen zusammen kann ich Frau sein und Mädchen. Selbst von Mutter zu Mutter tausche ich mich mit ihnen aus. In meinen jungen Freundinnen erkenne ich mich wieder. Dieses Wiedererkennen ist frei von der Verantwortung und Fürsorge, die man seinen Kindern gegenüber empfindet. Der Umgang mit meinen jungen Freundinnen ist leicht und unbeschwert, albern, und ja, frivol ist er auch. Neulich habe ich Tanja Fotos meiner einstigen Liebhaber gezeigt, alle zwischen zwanzig und dreißig, alle mit weichen Mündern und dunklen Haaren, mein Beuteschema, wie man das heute nennt, lange her. Die sehen ja alle gleich aus, bemerkte Tanja herablassend, die wären mir alle viel zu jung. Du kannst das nicht verstehen, weil du auf Alte abonniert bist – enttäuscht steckte ich die Fotos zurück in den Briefumschlag, mit einem Anflug von Tristesse, weil mir einfiel, dass die jungen Männer auf den Fotos jetzt alte Männer sind, und dass das nicht zu ändern ist. Meine jungen Freundinnen sind rührend und witzig. Außer wenn sie auf ihre Rente zu sprechen kommen, mit Mitte Dreißig. Musst dich nicht sorgen, Omi, sage ich dann, deine Ansprüche sind ja nicht groß; Cabrio, Saint-Tropez, Schönheits-OP, das passt schon. Empört kontert Tanja: Du hast gut reden, deine Rente ist sicher.

Alte Männer halten lebenslang für möglich, dass eine junge Schöne kommt und sie auserwählt. Dass ein schöner junger Mann kommen und mich auserwählen könnte, halte ich für unmöglich, abgesehen davon, dass ich mich nicht auswählen lassen würde. »Nicht aus dem Fenster lehnen – Lebensgefahr« stand mal auf Schildern unter den Fenstern der D-Züge. Im Alter wittert man überall Gefahr, weil man die Fragilität des Lebens kennt, die Angst vor der schlechten Nachricht richtet sich in der Seele ein wie eine Untermieterin, die sich als Hauptmieter aufführt. Etwas in meinem Kopf ist offenbar der Meinung, dass man die schlechte Nachricht verhindern kann, wenn man sie nur genug fürchtet. Wenn es in seinen Jünglingsjahren an der Tür schellte, wurde Schopenhauer vergnügt, »denn ich dachte, nun käme es«. In späteren Jahren empfand er bei demselben Anlass etwas dem Schrecken Verwandtes, er dachte: »Da kommts.« Die erste Lebenshälfte wird, so sagt der Philosoph, von der unbefriedigten Sehnsucht nach Glück bestimmt, die zweite Hälfte von der Besorgnis vor Unglück.

In aller Frühe klingelt das Telefon. Hier ist der Malteser Hilfsdienst, sind Sie Frau Ludens? Ja. Ich möchte Ihnen eine Mitteilung machen, haucht eine Betroffenheitsstimme. Mir erstarrt das Blut in den Adern, ich sehe meine Töchter in verunglückten Autos, meine Enkelkinder in Fahrradunfälle verwickelt. Ich möchte Ihnen unsere Dienste anbieten, fährt die anteilnehmende Stimme fort, Sie bekommen einen Notknopf an Ihr Handgelenk, da können Sie draufdrücken; wenn es Ihnen schlecht geht, bekommen Sie Hilfe. Ich brauche keinen Knopf, ich brauche keine Hilfe, schon gar nicht morgens um halb acht, schreie ich ins Telefon und lege auf, unfreundlich und bleich vor Schreck.

Am Nachmittag, es ist November, tröste ich mich mit Tee und Himbeerkonfitüre über die Düsternis des Tages hinweg. Beim Blick aus dem Fenster entdecke ich gegenüber meines Hauses zwei Männer in blauen Overalls, die Dacharbeiten ausführen. Sie transportieren lange Stangen. Der eine balanciert mit der Stange auf einem schmalen Brett wie ein Seiltänzer; falls er fiele, würde er auf den darunter liegenden Balkon fallen, das wäre eher schmerzhaft als schlimm. Der andere übernimmt die Stange von seinem Kollegen und trippelt damit vorsichtig über das regennasse Dach; wenn er fiele, könnte es ein Unglück geben. So geht das eine Stunde lang, der eine zieht die Stange an einem Seil von unten hoch, der andere übernimmt sie und tastet sich mit ihr über das glatte Dach. Dunkelheit bricht ein, die Blauen machen weiter, bis sie im Nebel verschwunden sind. Ich beneide die Blaumänner, Gefahr ist ihr Alltag, sie wissen von ihr, aber sie fürchten sie nicht, sie halten sie für berechenbar. Angst habe nur ich. Weil ich die Faktoren dieser Rechnung nicht kenne; ich kenne selten die Faktoren.

Ich habe Angst vorm Zahnziehen, vor alten Männern und vorm Fliegen. Meine Flugangst erreichte eine neue Qualität, als ich, das war noch zu Zeiten der Sowjetunion, in einer Maschine saß mit zwei gut gelaunten betrunkenen russischen Piloten im Cockpit. Das Flugzeug startete mit unheilvoller Musik: »Ich tanze mit dir in den Himmel hinein, in den siebenten Himmel der Liebe«. Ich setzte meine Kopfhörer auf und hörte Leonard Cohen; wenn ich schon abstürze, dann wenigstens getröstet von einer erotischen Stimme. Erst ab sechzig fliege ich wieder, hatte ich damals beschlossen, da ist es egal, ob ich runterfalle oder nicht, da bin ich sowieso alt. Jetzt bin ich schon lange sechzig und fliege immer noch nicht, ich bin zu jung, um abzustürzen.

ECHO IV

Alte sind Jugendliche mit Überblick

Spackes Kerlchen. Hungerleidergesicht, Fassonschnitt, Kassengestell, offener Hemdkragen über dem Jackett, so trugen auch die FDJ-Funktionäre ihre Hemden. In den Fünfzigern nicht gerade ein Typ, der das Interesse der Mädchen erregte. Man wollte was sein und war nichts, sagt Kiedorf. Dekolehrling war er, in Sonneberg, Haus der Dame, HO. Mit einer nackten Schaufensterpuppe unterm Arm lief er durch die Sonneberger Straßen und wollte provozieren. Sein Freund und er waren von dem Wahn besessen, Künstler zu sein. Später mieteten sich die beiden Dekolehrlinge ein eigenes Atelier, Weimar, Belvedere 13, für zwölf Mark Miete im Monat, da haben sie sich einen Deko-Kamin aus Pappe reingestellt, sollte künstlerisch wirken.

Am Wochenende gingen sie »nymphen«, die Bahnhofstraße rauf und runter. Man traf sich im Centralhotel, dem ersten Haus am Platze. »In einer kleinen Schenke, dicht am Hafen, da saßen wir zwei / Und als sich unsre Blicke zärtlich trafen / da sagtest du mir: Die Luft ist so mild, ein herrliches Bild«. Darf ich bitten? Darf ich Sie nach Hause begleiten? Sie wohnte in Mengersgereuth-Hämmern, genannt Menhäm, fünf Kilometer entfernt. Nacht, Nebel, Nieselregen. Berg rauf, Haustür – kann ich mit hoch? Erst nach der Verlobung. Peng. Tür zu. Der Jüngling stand in Menhäm im Regen. Am nächsten Tag ging er zum Fleischer, hundert Gramm Leberwurst kaufen. Da stand sie, hinterm Tresen: Die Leberwurst schenke ich dir, weil du so nett warst. Hundert Gramm Leberwurst für zehn Kilometer im Nieselregen. Aber da war zum Glück noch Brigitte Blechschmidt, Änderungsschneiderin im Haus der Dame, hübsch, rundlich, Babyspeck. Sie hat ihn verführt, im Gebüsch, da war er einundzwanzig.

Vorigen Sommer ist er mit Roswitha, seiner Frau, in Liebenstädt gewesen, eine Erinnerungsreise. Hier, im Warthegau, hatte er seine Kindheit verbracht, in Liebenstädt, heute Mirosław, Polen. Sie haben sich alles angesehen, was Manfred damals erlebt hat. Manfredchen, was willste essen? – das polnische Dienstmädchen hatte den Kleinen verwöhnt, Maria hieß sie. Sie stellte ihm Sträußchen mit Blaubeeren, die sie im Wald gepflückt hatte, ans Bett, zum Abessen. Einer hat sich mal an seine Maria rangemacht. Manfredchen war fünf, er wollte den Rivalen mit einer Eierhandgranate in die Luft sprengen, das klappte nicht. Manchmal ging sie mit Manfredchen auf den Friedhof, heimlich, denn das war für Polen verboten. Maria konnte wunderbare Marzipankartoffeln machen; wenn sie ihm keine machen wollte, drohte er: Ich sag es meinem Vater, dass du mit mir auf dem Friedhof warst.

Er erzählt sie gern, die Geschichten erster Lieben und Liebeleien, da wird man schon beim Erzählen jünger. Mit vierzehn ist er jeden Mittwochnachmittag zu Annemarie Belert gefahren. Die hatte einen blonden Zopfkranz und trug einen Pullover mit Zopfmuster, unter dem sich zart was wölbte. Sie war beim Turnen vom Barren gefallen und lag lange in Gips. Ein einziger Kuss ereignete sich zwischen ihnen in all den Wochen seiner Krankenbesuche, er hat den Kuss nie vergessen.

Graf Kiedorf, so nennt er sich, ähnelt dem Dekolehrling auf dem Jugendfoto kaum, vielleicht ein Widerschein in den Augen, die klein und dunkel sind, vielleicht die Kontur seiner Gestalt, die immer noch schmal ist. Manfred ist ja so begabt, sagt seine Frau, die er Gräfin nennt, Manfred ist unheimlich tätig, er schreibt und zeichnet und modelliert, er kann alles. Und er hat seine Miniaturschlösser zu Ende gebaut, fügt die Gräfin stolz hinzu, denn es ist ihr Verdienst, dass er sich im Alter diszipliniert hat. Wie hat sie gelitten an seinen Eskapaden und Sauftouren all die Jahre! Aber jetzt ist es bestätigt: Graf Kiedorf ist nicht nur ein wahrer Künstler, er ist auch anerkannt: Ich kann jetzt zum Zahnarzt gehen, wann immer ich will, ich kann mir einen Rollator leisten und Schladerer Kirschwasser, ohne nach dem Preis zu fragen. Im Alter wird die verkorkste Jugend nachgeholt!

Die Heidecksburg in Rudolstadt hat die Rokoko-Reiche Dyonien und Pelarien angekauft. Die Jugendfreunde Bätz und Kiedorf haben ein halbes Jahrhundert mit wundersamer Spiellust an ihren Sehnsuchtsorten gearbeitet, ohne je einen Pfennig daran zu verdienen. Die Miniatur einer märchenhaften Monarchie mitten in der Deutschen Demokratischen Republik, eine feudale Gegenwelt aus Pappe, Gips und Draht im Maßstab 1: 50 war es ihnen wert, niemand wusste davon. Flucht in die Phantasie.

Kiedorf schenkt sich einen Cognac ein und hält sich seine eigene Laudatio, er trompetet, deklamiert und triumphiert: Früher war ich ein Taugenichts, ein Nichtsnutz war ich, heute bin ich Chevalier. Wenn ich in Rudolstadt über den Marktplatz gehe, grüßen mich die Leute. Eine Kneipe dort heißt »Kiedorf«, da hängen meine Zeichnungen. Und in der Heidecksburg sind unsere Schlösser ausgestellt, eine Dauerausstellung, hunderttausend Leute haben die gesehen. Er hat zusammen mit seinem Jugendfreund Bätz ein Lebenswerk geschaffen, ganz nebenbei. Hätte keiner gedacht von diesem Bohemien, der Bonmots wie Geschosse durch die Gegend zu schleudern pflegt. Dass er mit vierundsiebzig per Urkunde und Kreuz zum Ritter geschlagen wird. Früher haben Kiedorf und Bätz die Monarchie nur gespielt mit ihren winzigen Pappschlössern, heute sitzen sie mit echten Fürsten und Landgrafen in echten Schlössern beim Bankett: Wir haben uns in die Fürsten- und Landgrafenkreise hineingespielt, da, guck dir das an! – »Einladung für Graf Manfred Kiedorf und Frau Gemahlin aus Anlass der Eröffnung der Sonderausstellung ›Die Schlösser der gepriesenen Inseln‹.« Mein Freund Bätz und ich, wir sind berühmt. Wir sind alt, aber unsterblich.

Die Wohnung liegt im Hochparterre, die winzige verglaste Veranda ist sein Atelier. Wir sitzen bei Tee und Frankfurter Kranz. Alter ist relativ, sagt Kiedorf, nur weil er auf dem rechten Auge blind sei und an normalem Verschleiß leide, sei er doch nicht alt: Ich bin das Kind, das ich war, trotzig und altklug. Die Jugend hört nicht auf, Alte sind Jugendliche mit Überblick. Ich muss mir nichts mehr von Dummköpfen sagen lassen, nichts von Eltern, Lehrern, Abteilungsleitern, Polizisten. Die Autoritäten haben ihren Schrecken verloren, die Ängste sind weg, ich fühle mich frei. Ich muss nicht früh aufstehen und nach Neuhaus-Schierschnitz zur Arbeit fahren.

Der Tod? Kommt bei mir nicht vor, ignoriere ich. Du weißt ja, dass er kommt, aber du willst doch nicht klugscheißerischer sein als der Gevatter selber. Wie sagt doch Erich vom Sauerteige, der Hofdichter von Pelarien: »Der Dichter lebt in seinem Werk/ Drum macht ihm Sterben keine Not/Zum Spaß nur lebt des Königs Zwerg/Drum, wenn er stirbt, dann ist er tot«. Früher haben die Leute jahrelang an ihrem Sterbehemd genäht, um gut auszusehen bei der Ankunft im Paradies. Der Vorteil des Ritterkreuzes – man kann mich angemessen aufbahren, man möchte schließlich auch als Leiche was darstellen.

Ich war ein Biest

Das Paar auf dem Foto atmet den Zeitgeist der sechziger Jahre, klar, streng, entschlossen. Die Frau, ein Mädchen noch, mit glatten dunklen Haaren und hellen Augen. Der Mann, schmal und brünett, hat einen südlichen Blick. Thea und Roger, der Fotograf und die Modemacherin, blieben ein Leben lang zusammen. Voriges Jahr ist Roger gestorben, in einem Hospiz. Bei seinem Sterben hat sie die Angst vor dem Tod verlernt, sie hatten sich abgefunden, sie war bei ihm, die letzten zwei Stunden hielt sie seine Hand.

Nicht noch mal zwanzig sein, nicht noch einmal die Zweifel, die Enttäuschungen, das Alleinsein. Ihre Kindheit sei schön gewesen, die Jugend nicht. Die Mutter stattete ihre hübsche Tochter mit Kleidern aus, die sie als gelernte Schneiderin selber nähte. Sie putzte sie heraus, machte aus ihr ein kostbares Püppchen mit Wespentaille und Schwanenhals, die Mode der Fünfziger kam dem entgegen. Nachdem die Mutter eines Tages beim Friseur eine auffallend schöne Frau gesehen hatte, die Klavierlehrerin war, stand fest: Thea sollte Klavierspielen lernen, das gehörte zur gutbürgerlichen Mitgift. Die Tochter war das Renommierobjekt ihrer Mutter, sie sollte attraktiv sein für einen reichen Mann aus dem Westen.

Thea aber verliebte sich in einen kleinen Studenten aus Weißensee, eine bittere Enttäuschung, jegliche mütterliche Investition verpufft. Zu Hause hieß es ab jetzt: Du kannst nichts, du hast nichts, du bist ein Nichts, ein Garnichts. Noch mit achtzehn kriegte sie Ohrfeigen. Sie kam zu spät nach Hause, weil sie bei ihrem Freund eingeschlafen war – du Nutte, schrie die Mutter, jetzt wirst du rumgereicht, wenn du ein Kind kriegst, sind wir gesellschaftlich ruiniert, das war 1956. Die überzeugte Hausfrau verstand nicht, dass ihre Tochter studieren wollte, anständige Frauen haben keinen Beruf, sie heiraten. Der Vater war Architekt, er kümmerte sich um Theas geistige Entwicklung, sie war seine intellektuelle Ansprechpartnerin, nicht die Mutter, die eifersüchtig auf die eigene Tochter war. Der Vater kriegte Depressionen, wenn Thea mal eine Fünf schrieb: Ich war, was ich leistete.

Die Mutter ist heute siebenundneunzig und lebt im Altersheim, Thea besucht sie regelmäßig, die alte Frau beginnt zu begreifen, was sie angerichtet hat; dankbar und lieb ist sie jetzt. Umarmen können sich Mutter und Tochter immer noch nicht. Vielleicht hat sie ja mit ihren Püppchenkleidern und ihrer Schneiderkunst doch was Gutes bewirkt, sinniert Thea, schließlich wurde Mode mein Thema, es bestimmte mein Leben.

Du bist nun alt. Ja, sagt sie munter, alt sei sie ein vollkommen anderer Mensch, verständnisvoll, großzügig, nachdenklich. Die junge Thea sei hektisch, schnell und rabiat gewesen. »Das Auge kommt« hatten ihre Kollegen gesagt: Ich war ein Biest, dogmatisch, eigensinnig, aggressiv, undemokratisch, konsequent, durchsetzungsstark. Geliebt hat mich wohl keiner. Die Wandlung kam durch die Demütigungen der Wendezeit: Da war ich wieder ein Nichts, ein Garnichts, ein Dreck. Ihr Betrieb wurde aufgelöst, keiner im Westen kannte sie, keiner wusste was von ihr. Der Fall war tief. Von der Chefin zur Praktikantin, Adressen schreiben, Inserate ausschneiden, Küche aufräumen, da war sie Mitte fünfzig. Sie sah die Dinge nun von unten, erlebte den feindseligen Ton der ihr vorgesetzten Frauen und war am Ende froh, unter westlichen Bedingungen keine Mode mehr machen zu müssen. Schließlich rappelte sie sich auf und gab Bücher heraus über die DDR-Mode und über ihr Leben.

Auf ihr junges Gesicht blicke sie mit Distanz, auf ihr altes mit Nähe, das kenne sie inzwischen besser. Der Badezimmerspiegel zeigt nur ihr Gesicht, nicht ihren Körper: Nackt will ich mich nicht sehen, nee! Man sollte seine Umwelt nicht mit welker Haut belästigen, sollte im Sommer langärmelige Seidenblusen tragen, feines Gestrick, Leinenblazer. Da ist sie wieder, die Moderedakteurin, die Entwerferin, die Verkünderin des guten Geschmacks: Den Badeanzug nur zum Schwimmen, am Strand ein Pareotuch. Stil behalten, kritisch mit sich selber sein, diszipliniert, kontrolliert. Auf seinen Gang achten, auch wenn man Gesundheitsschuhe tragen muss. Man sollte nicht rebellieren gegen das Alter, sondern das Geschmackvollste daraus machen.

Wozu lebst du noch, hatte Thea sich nach Rogers Tod gefragt, warum stehst du morgens auf. Sie hatte das Bedürfnis, nicht mehr da zu sein. Und dann, nach Monaten, plötzlich der Gedanke: Du bist frei, du kannst machen, was du willst. Trauerphasen sind wie das Wetter, sie kommen und gehen, sagt sie, sie suche das Lachen.

Ciao Bella

Ich finde, dass ich total schön bin, der glatte Hals vor allem – Astrids Jugendfoto liegt zwischen uns auf dem Kaffeehaustisch. Da ist sie Anfang dreißig, entschlossenes Profil, voller Mund, klare Stirn, ernster Ausdruck. Sie trägt ein Karnevalshütchen, oft und gern hätte sie in ihrem Leben die Närrin gegeben, sagt sie. Astrid, der man getrost das Gütesiegel Vollblutweib anheften könnte, ist von stürmischer Herzlichkeit. »Astrid ist ruhig und zurückhaltend«, stand in einem Schulzeugnis: Ich war introvertiert, gerechtigkeitsfanatisch und las Dostojewski.

Als junges Mädchen hatte sie keine Chancen bei Männern, sie war Einmeterachtzig groß, lang und dürr wie der afrikanische Sommer – so wurde gespottet. Während der Weltfestspiele fand ein Freundschaftstreffen mit der chilenischen Delegation statt, man tanzte. Die schwarzhaarigen Chilenen stürzten sich auf die blonden deutschen Mädchen: Mich wollte keiner. Das war eine doppelte Kränkung, eine erotische und eine politische, ich war entbrannt für die Unidad Popular, was himmelten wir die Chilenen an! Unter dem Eindruck der Weltfestspiele war sie, ungeachtet der Kränkung durch die schönen Compañeros, in die SED eingetreten.

Das Foto auf dem Tisch ist 1982 gemacht worden, in einer Phase zwischen Euphorie im privaten und Verzweiflung im politischen Leben, Hoffnungen hatten sich nicht erfüllt, der Stillstand deprimierte sie. Trotzdem, sagt sie, verbinden sich mit dem Bild hauptsächlich positive Gefühle: Ich war in Berlin, hatte Fuß gefasst und fühlte mich nicht mehr einsam. Ich war endlich bei mir, als Mensch, als Frau, ich war in meinem Leben angekommen. Das sei immer so gewesen bei ihr – Unglück im Allgemeinen, Glück im Persönlichen. In der Wendezeit wurde ihre Redaktion abgewickelt, sie wurde arbeitslos und unglücklich. Plötzlich ist sie mit Glückshormonen geradezu überspült worden, sie war schwanger. Und sie heiratete einen Chilenen. Und ließ sich wieder von ihm scheiden. Und ist ihm freundschaftlich verbunden.

Wie sah deine Mutter aus mit Anfang dreißig? Ich empfand sie damals als alt, eine Hausfrau im biederen Kostüm, mit pechschwarzem aufgestecktem Haar. Sie war dick, was sie auf ihre drei Kinder schob. Heute ist sie dreiundachtzig, und ich sehe, dass sie schon damals ein wunderschönes Gesicht gehabt haben muss, denn sie hat es immer noch.

Ich bin jetzt beinahe doppelt so alt wie auf dem Bild, sagt Astrid, eine ältere Frau, wie man so sagt. Sie werde glücklicherweise noch immer über ihre Größe definiert, zudem trage sie immer noch gern hohe Absätze. So ne große Dunkle – das würde ihr als Beschreibung ihrer Person gefallen. Als sie fünfzig wurde, war sie in Rom. Da ist es zum ersten Mal passiert – die Bauarbeiter auf der Straße pfiffen nicht hinter ihr her. Ihr

Leben lang hatte sie die Straßenseite gewechselt, um solchen Pfiffen auszuweichen, plötzlich vermisste sie das heisere Ciao Bella.

Sie verliebt sich manchmal in jüngere Männer: Es ist dasselbe Gefühl wie mit achtzehn, nur intensiver. Man isst vor Aufregung nicht, man trinkt vor Aufregung nicht, man sieht gut aus, man ist eben verliebt. Dazu kommt allerdings der Gedanke: Ist es vielleicht das letzte Mal? Tröstlich am Älterwerden sei, dass man nicht mehr ausschließlich als sexuelles Wesen gesehen werde, die Erotik behindert nicht mehr die Freundschaft mit Männern.

Kürzlich hatte sie eine Affäre mit einem Mann, der erst sechsunddreißig war. An einem lauen Abend war sie mit Benjamin auf dem Weg ins Kino, da sah sie von weitem einen Bekannten, der, so schien es, ebenfalls ins Kino wollte. Sie sagte zu ihrem Liebhaber: Ach weißt du, Benni, es ist so ein schöner milder Abend, lassen wir das Kino, gehen wir spazieren! Sie fürchtete, dass der alte Bekannte fragen könnte: Dein Sohn? Frauen, auch ältere, verlieben sich immer, als wäre es das erste Mal, ohne Wenn und Aber, sagt Astrid, ältere Männer schleppen ihre Kränkungen ein Leben lang mit sich rum, sie lassen sich nicht mehr so unbedingt auf was ein.

Älterwerden hat durchaus komische Seiten, meint Astrid, sie sei neuerdings mitteilsam wie ihre Mutter: Gucken Sie mal, das ist meine kleine Enkeltochter, vertraute meine Mutter dem unbekannten Kassierer bei Edeka an, ihr Papa ist aus Chile, plauschte sie, und meine Tochter, die arbeitet im Bundestag. So was fand Astrid vor zwei Jahren noch unmöglich. Neuerdings beobachtet sie dasselbe an sich. Sie erzählt dem türkischen Gemüsehändler am Bahnhof, dass gestern die Fruchtblase ihrer Schwiegertochter geplatzt ist: Man kann in meinem Alter ruhig ein bisschen mehr von sich preisgeben, es spielt eh keine Rolle mehr. Sie führe neuerdings auch Selbstgespräche: Neulich habe ich mir zwei Windbeutel mit Sahne gekauft. Nachdem ich die zu Hause gegessen hatte, sprach ich in einer Mischung aus schlechtem Gewissen und großer Befriedigung vor mich hin: Was hast du denn jetzt wieder gemacht, zwei Windbeutel, zwei! Na, ja, willst du denn noch Model werden, nein, willst du nicht.

Wie sehn wir denn aus!

… denn wir sahen nicht unser eigenes Bild, unser eigenes Alter, sondern jeder sah wie in einem gegenüberstehenden Spiegel einzig das des anderen.

Marcel Proust

Sie trafen sich nach zwanzig Jahren in einem Haus auf dem Land, das umgeben war von Äckern und Feldern, der Hausherr feierte einen runden Geburtstag. Die alten Freunde waren sich lange nicht begegnet, sie hatten sich als Mittvierziger aus den Augen verloren und sahen sich als Sechzigjährige wieder; nach der Wende hatte jeder mit sich zu tun gehabt. Was für ein Wiedersehen! Jens, der einst auf Rollschuhen über das Parkett der Altbauwohnungen seiner Freunde gerollt war, um seine Unangepasstheit zu demonstrieren, kam in seriösen Herrenschnürschuhen und eleganter Hose, die seine breiter gewordenen Hüften umspielte. Anstatt über Andy Warhol oder Richard Avedon zu diskutieren, suchte er jemanden, der über sein, Jensens Œuvre, in der Zeitung schreiben könnte, es werde Zeit, dass seine künstlerische Arbeit umfassend gewürdigt werde. Jochen, der Engel mit den langen blonden Haaren, sah mit zwanzig Kilo mehr Gewicht richtig gemütlich aus, sein Gesicht war so rosig und glatt wie seine Glatze. Sein Äußeres passte jetzt bestens zu der Betulichkeit, die mal in merkwürdigem Gegensatz zu seiner Schönheit gestanden hatte. Vanessa, ein ehemaliges Model, hatte sich in einen völlig anderen Typ verwandelt. Ihr kurzes schwarzes Haar hatte sie blond färben und zum Worpswede-Bob schneiden lassen, ihre einst markanten Marlene-Wangen waren breit und prall, sie sah jünger aus, als sie war, dafür beliebig wie viele fünfzigjährige Blondinen, die was auf sich halten. Karen, die Visagistin, seriös gealtert, wirkte prekär in ihrer ungeschminkten Blässe.

Ästhetisch gesehen ist das Alter meist ein Verlust, aber nicht immer. Als sie jung war, wurde Margarete übersehen. Eine Gestalt ohne jegliche weibliche Rundung und das Vogelgesichtchen mit der großen gebogenen Nase trugen nicht gerade zur Stärkung ihres Selbstbewusstseins bei. Unauffällig und still war sie gewesen, wie nicht vorhanden. Und jetzt stand da auf den Dielen des Landhauses eine Frau mit einer auffallend guten Figur. Was die meisten Frauen als »Matronenspeck« fürchten, kam für Margarete gerade recht, Weichheit auf Wangen und Hüften. Ihre Nase hatte sie verkleinern lassen, ein schmaler Rock und schwarze Wildlederpumps zeigten, was für schöne Beine sie hat. Redegewandt war sie geworden, lustig und herzlich. Mit einem Freund zusammen betreibt sie eine Galerie mit elitärem Anspruch. Margarete ist eine Ausnahme im Kreislauf des Lebens, das Alter brachte ihr nicht den Herbst, sondern die lang ausgebliebene Blüte.

Gar nicht verändert hatte sich Wolf. Mit schwarzer Ledermütze über einem Rest langer Haare, die grau geworden waren, in schwarzen, engen Lederhosen und gestreiftem Matrosenshirt war er vor zwanzig Jahren derselbe gewesen wie heute. Als sei die Zeit stehen geblieben. Nur sein Jungsgesicht war irgendwie anders, ein altes Jungsgesicht eben. Wolf kuschelte sich in seine Rebellenkluft wie in ein Nest, eine verlorene Heimat. Er schreibt immer noch Verse, die jugendliche Rebellion verströmen. Vielleicht könnte er sie in Hose,

Hemd und Jackett von Peek & Cloppenburg nicht mehr schreiben. Micha, der Fotograf, zeigte nach wie vor eine unkaputtbare Ähnlichkeit mit Udo Lindenberg, in tapferer Treue war er mit seinem Idol gealtert, alles klar auf der Andrea Doria. Die alten Freunde sahen einander an und erschraken, ein jeder für sich. Ein jeder für sich verfiel in Nachdenklichkeit. Ein jeder für sich hatte insgeheim gehofft, vom Alter verschont geblieben zu sein. Nach dem ersten Schock sahen sie sich ein zweites Mal an, und Micha rief: Wie sehn wir denn aus! Einer schrieb die Worte mit roter Tusche auf eine große Pappe und hängte sie als Transparent über die festliche Tafel: Wie sehn wir denn aus!

In »Die wiedergefundene Zeit« beschreibt Marcel Proust Metamorphosen des Alters, eine Matinee hält er für einen Maskenball: »Im ersten Augenblick begriff ich nicht, weshalb ich nur zögernd den Hausherrn und die Gäste wiedererkannte und weshalb jeder einzelne von ihnen eine Maske angelegt zu haben schien ... Ich weiß nicht, was der kleine Fezensac auf sein Gesicht getan hatte, aber während andere teils die Hälfte ihres Bartes, teils nur ihren Schnurrbart mit einer weißen Schicht überdeckt trugen, hatte er, ohne sich bei solchen bloßen Umfärbungen aufzuhalten, ein Mittel gefunden, sein Gesicht mit Runzeln und seine Brauen mit struppigen Haaren zu versehen; all das stand ihm übrigens nicht, sein Gesicht machte einen verhärteten, zu Bronze erstarrten, zeremoniösen Eindruck ... Die weißen Partien in den bis dahin völlig schwarzen Bärten machten die menschliche Landschaft dieser Matinee zu etwas Melancholischem, ganz wie die ersten gelben Blätter der Bäume, wenn man glaubte, noch auf einen langen Sommer rechnen zu können, und – bevor man angefangen hat, ihn recht zu nutzen – feststellen muß, daß es Herbst geworden ist.«

Rüdiger kam auf Krücken, man hatte ihm bei einer Operation versehentlich den Nervus femoralis durchtrennt; nun war sein Quadrizeps ein schlaffes Ding, der Oberschenkel gelähmt und Rüdiger gehbehindert. Dafür habe ich jetzt einen Schwerbeschädigtenausweis, in der Straßenbahn habe ich Anspruch auf einen Sitzplatz und komme gratis in alle Ausstellungen, prahlte er und ließ sich in den Sessel fallen. Aber Frauen kriegense jetzt nicht mehr, bemerkte das Geburtstagskind, Addi hatte Rüdiger den Schlag bei Frauen immer geneidet, bei aller Freundschaft. Ich kann, anders als Sie, auf ein Reservoir zurückgreifen, entgegnete Rüdiger lässig, wer in der Jugend sät, erntet im Alter. Mathilde, die Bildhauerwitwe mit dem mondän geschminkten Mund, guckte ihn aus entengrützegrünen Augen unter dichten, schwarzen Kunstwimpern interessiert an, ihr verstorbener Mann hatte sein halbes Leben auf Krücken zugebracht und das sehr lebenslustig. Wie sehn wir denn aus! – die Worte prangten über der Geburtstagstafel als Banner und Bekenntnis. Neu ankommende Gäste waren zunächst baff und fügten sich dann heiter diesem Motto, das den kollektiven Schock in eine leichtsinnige Enthüllung verwandelt hatte.

»Da bemerkte ich«, schreibt Proust, »da bemerkte ich, der ich seit meiner Kindheit immer nur von einem Tag auf den anderen lebte und der ich mir von mir selbst und den anderen ein definitives Bild gemacht hatte, an den Metamorphosen, die sich an all diesen Leuten vollzogen hatten, zum ersten Mal die Zeit, die für sie vergangen war; das aber trug mir die bestürzende Offenbarung ein, dass sie ebenso für mich vergangen war. Obgleich an sich etwas Gleichgültiges, verstörte mich ihr hohes Alter, da es mir das Nahen des meinigen drohend vor Augen stellte ... Ich konnte mich nun wie in dem ersten wahren Spiegel sehen, dem ich begegnete, in den Augen von Greisen, die ihrer Meinung nach jung geblieben waren, so wie ich selbst es von mir meinte, und die, wenn ich mich ihnen gegenüber in dem Wunsch, sie dagegen protestieren zu hören, als Beispiel eines alten Mannes zitierte, in ihren Blicken, die mich so sahen, wie sie selbst sich nicht sahen, aber wie ich sie sah, auch nicht den Schatten eines Widerspruchs zu erkennen gaben; denn wir sahen nicht unser eigenes Bild, unser eigenes Alter, sondern jeder sah wie in einem gegenüberstehenden Spiegel einzig das des anderen.«

Addi, das Geburtstagskind, war mit Abstand der Älteste. Als Fünfzehnjähriger war er im Zweiten Weltkrieg in das letzte Aufgebot geholt worden. Als alles vorbei war, hatte er Berlin in Trümmern fotografiert, Dokumente von elegischer Poesie. Der grenzenlose Tierfreund hatte seinem Papagei das Wort Rumbalotte beigebracht. Rumbalotte, krächzte der Vogel alle paar Minuten: Rumbalotte ehrt die Flotte! Halt den Schnabel, Maximilian!, rief der Gastgeber, hier werden keine schweinischen Witze erzählt. Früher hatte man Schnaps getrunken bei solchen Anlässen oder Zitruslimonade mit Korn gemischt, heute trinkt man Wein, man ist schließlich älter geworden, und Schnaps konsumiert in diesen Zeiten nur die Unterschicht. Was heißt hier Unterschicht, bemerkte Liane, die zu Ostzeiten ihre Neigung zum Proletkult mit Strasskleidern und Glitzerohrringen demonstriert hatte in einer Gesellschaft von Ästheten, die in angesagtem Schwarz und modischer Melancholie gingen. Sogar öffentlich verteidigte sie den Geschmack der Arbeiterklasse. »Das Recht auf Lurex und Geblümtes« hatte sie ihre Kolumne überschrieben und damit die Ästheten verärgert. Auch sie war älter geworden, weniger blond, weniger strahlend, mit Grauschleier über dem Gesicht. Blazer statt Strasskleid, an Stelle schwarzer Lacksandaletten mit schwindelhohen Absätzen flache Clarks. Ihr Lachen war dasselbe geblieben, provozierend und laut, ein Lachen, das nach Unterschicht klang.

Rumbalotte, schrie der Papagei, Rumbalotte ehrt die Flotte! Ruhe, Maximilian!, befahl Addi dem Vogel, für Obszönitäten sind wir zu alt, ich sage nur »Ruhm und Ehre der baltischen Schwarzmeerflotte!« Alle kannten den Matrosenwitz, alle lächelten, der Witz war ein Stück aus der Welt von damals, als sie gemeinsam jung gewesen waren. Sie hatten ihren Frieden gemacht mit dem, worüber sie sich vor zwanzig Jahren aufgeregt hatten, mit dem, was sie begeistert, deprimiert oder ermutigt hatte. Die Luft war raus, wie man das so nennt.

Liane hatte einen seltenen Gast mitgebracht: das Genie. Ein lang aufgeschossener, dünner Mann in einem violetten Mantel, er behielt den Mantel den ganzen Abend über an. Liane hatte den Gast ohne Umweg in die Küche manövriert, wo sich ein überschaubarer Kreis von Schöngeistern um eine Flasche Nordhäuser Doppelkorn gruppiert hatte und sofort damit begann, das Genie zu umschwärmen und zu bewirten, diesen Zauberer und Weltenerfinder. Seit Christoph nicht mehr seine Opernwelt erschafft, suchen ihn Phantasien in einem Alltag heim, der von Engeln bevölkert ist, nummerierten Engeln, Engel Nummer neun ist seiner.

Er erzählte seinen Bewunderern von den Supermarktverkäuferinnen bei Kaisers, die hätten sich über ihn beschwert, weil er ihnen nicht Guten Tag sage, soviel Zeit müsse sein. Ich kann Ihnen doch nicht jeden Tag Guten Tag sagen, habe er erwidert. Er erzählte, dass in seiner Gegend auffällig viele Kinder geboren würden, die Frauen haben vorn und hinten eins zu hängen. Die massenhaften Zwillingskinderwagen seien ein deutliches Zeichen künstlicher Befruchtung, sie versperrten die Gehwege. Die Väter der Kinder kämen nur am Wochenende nach Hause und binden sich besitzerstolz die Babys vor die Bäuche, um sie auf angesagten Marktplätzen zwischen durchsanierten Häuserzeilen und verkehrsberuhigten Zonen vorzuführen. Das seien aber nicht die richtigen Väter, das seien alles Retortenkinder, der Samen käme aus der Ukraine.

Er fühle sich überwacht, klagte Christoph, neulich hätten sich mehrere Frauen in Gymnastikanzügen, alle so um die fünfundzwanzig, um ihn geschart, das seien die Polizistinnen des Viertels, einen richtigen Polizisten habe er dort nie gesehen. In den letzten Wochen seien mehrmals zwei Männer in seiner Wohnung gewesen, der Ältere hätte sich in den Sessel gesetzt, der Jüngere hätte eins von seinen Bildern genommen und sei damit verschwunden. Das habe sich mehrmals wiederholt: Der Ältere hatte sich in den Sessel gesetzt, der Jüngere ein Bild genommen und war damit weggegangen. Christoph habe nichts dagegen tun können. Die Bilder kommen alle nach Regensburg, habe der Ältere erklärt. Die Schilderungen des Genies wurden von der Runde mit Andacht verfolgt, als geniale Eingebungen eines Phantasten, der mit einer schnöde gewordenen Welt zurechtkommen musste.

Die Schwärmerei ging alsbald ins Allgemeine über. Man erzählte von früher, als die Theaterbühnen noch nicht von Gestalten in Unterhosen und Trenchcoats besetzt waren, die Cosi fan tutte oder Don Carlos zu spielen versuchten. Als es nicht um Geld gegangen war, sondern um Kunst. Als die Mädchen schönere Gesichter hatten und New York noch ein Sehnsuchtsort war. Gerd, ihr erinnert euch, der Architekt, der hat mal nachts um zwei zur laut gedrehten Figaro-Ouvertüre Twist getanzt. Mensch, der ist jetzt sechsundachtzig, bemerkte einer. Im Osten konnte man sich auf sein Alter freuen, sagte Addi, mit fünfundsechzig durfte man in den Westen, das hat sich nun auch erledigt. Wie sehn wir denn aus!, rief Liane theatralisch, was ist denn aus uns geworden? Und verließ die schwärmerische Runde.

Der alte Freund

Man braucht sehr lange, um jung zu werden.
Pablo Picasso

Ein alter Freund ist Kronzeuge der eigenen Jugend. Er kennt die Pläne, die realisierten und die nicht realisierten, er kann die Spanne zwischen Erwartung und Erfüllung, Idee und Verrat beurteilen. Er ist Mitwisser der Versprechen, der eingelösten und der nicht eingelösten, er weiß vom Anfang und ahnt das Ende. Ein alter Freund ist wie ein verjährter Taschenkalender, ein Erinnerungsstück. Von einem alten Freund erwartet man nicht so viel, er erfüllt die Funktion des Weißt-du-noch, doch es gibt keine Nabelschnur mehr. Möglich auch, dass Freundschaft gesetzmäßig abebbt, wie eine Welle, auf der man eine Weile gemeinsam geschwommen ist und die irgendwann versandet. Doch die Gischt bleibt lebenslang.

In jener Zeit, als man aus geöffneten Fenstern, selten, aber demonstrativ, Armstrongs »Sunny Side of the Street« hören konnte, als der Lyriker Jewgeni Jewtuschenko auf dem Majakowskiplatz in Moskau vor Tausenden junger Russen das Zeitgefühl seiner Generation zu Versen verdichtete und der englische Schauspieler Albert Finney in dem Film »Samstagnacht und Sonntagmorgen« den Aufruhr seiner Jugend mit einem ohnmächtigen Steinwurf beendete – damals begann unsere Freundschaft. Tom war aus den kleinen Ortschaften in die großen Städte gekommen. Mit dem warmen weichen

Herzen des Provinzlers und dem muffligen Charme eines seinerzeit beliebten amerikanischen Schauspielers eroberte er die Studierstuben der Hauptstadt. Die Fundamente seiner Lebensanschauung waren El Lissitzky und Raymond Chandler. Die revolutionäre Ästhetik des einen und die müde Männlichkeit des Philip Marlowe reichten vorerst aus, die eigene Persönlichkeit fest zu machen. Wie er das Klare schätzte in der Arbeit, hatte unser Freund im Privatleben das Geheimnisvolle geliebt. Zwischen den Lippen die F6, vor den Augen die dunkle Sonnenbrille, mit einer fremden Frau Eisenbahn fahren – das machte ihm Spaß. Keiner konnte Charleston tanzen wie unser alter Freund. Als hätte er ein erstes Leben in den zwanziger Jahren gelebt. Außerdem tanzte man verliebt nach dem Tennessee-Waltz.

Tom hatte sich viel vorgenommen. Weg mit den Schnörkeln und den Blümchentapeten, her mit weißen Tassen und weißen Wänden. Auf seinem Gebiet war er ein Stürmer und Dränger gewesen, ein Weltverbesserer dazu. Über die Gestaltung einer Kaffeemühlenverpackung redeten er und seine Freunde ganze Nächte lang. Sie verbrüderten sich bei Stierblut und Weinbrand Edel, einig im Radikalismus gegen Bürgerlichkeit und Kitsch. Als er sich einen Kühlschrank kaufte, hielt er das vor seinen Freunden geheim. Als er die Anschaffung eines Fernsehers gestand, gab das der Freundschaft den ersten Knacks. Aller Besitz, ausgenommen Bücher und Schallplatten, galt seinen Gefährten als Schritt auf dem Wege zum Spießer. Eigentum macht unfrei, meinten sie, er aber kaufte sich ein Häuschen in einem Vorort. El Lissitzky und Chandler blieben wohl bei ihm, auch sie wurden älter. Ganz allmählich ist aus dem Freund der alte Freund geworden.

Möglich, dass uns nichts weiter trennte als der Vorortzug, denn natürlich besaßen auch wir, seine Freunde, inzwischen Kühlschrank und Fernseher. Auch wir schlugen uns keine verrauchten Nächte mehr um die Ohren zwecks Formulierung von Idealen. Es hatte eine Zeit gegeben, da sahen sie sich fast jeden Tag. Dann alle zwei Wochen, dann einmal im Monat.

Heute besuchen die alten Freunde einander einmal alle fünf Jahre, es können durchaus zehn werden. Etwas liegt zwischen ihnen, nicht nur der Vorortzug. Vielleicht einfach die Zeit, der Alltag, Mangel an Gelegenheit und gemeinsamen Aufgaben. Man verliert sich aus den Augen, aber nicht aus dem Sinn. Alte Freunde gehören zum Repertoire des Lebens, auch wenn sie inzwischen Nebenrollen spielen.

Wir erfuhren es von Daisy, seiner Frau: Tom liegt im Bett und trinkt, den ganzen Tag, auch den nächsten und den übernächsten und alle, die noch kommen. Wenn er aufsteht, dann nur, um Nachschub zu organisieren. Er ruft ein Taxi und beauftragt den Fahrer, an der Tankstelle Rotwein zu kaufen. Die Flaschen versteckt er im Garten der Nachbarn, damit Daisy sie nicht findet. Fünfzehn Jahre schon geht das so. Unser cooler Freund war nicht damit fertig geworden, dass sein Talent nach der deutschen Vereinigung überflüssig war. Er wehrte sich nicht, er kämpfte nicht, der Entzug der Anerkennung machte ihn süchtig nach Vergessen. Der große Charlestontänzer versank in der Rotweinhölle, wo er an die Decke starrte und wartete, dass sein Leben zu Ende geht.

Nach Jahren besuchten wir unsere alten Freunde, sie hatten uns kurzfristig eingeladen. Tom war aufgestanden und erwartete uns in der Veranda seines Einfamilienhäuschens. Früher hatte er wie Jack Lemmon in »Manche mögens heiß« ausgesehen, jetzt saß da ein Hollywoodschauspieler in der gelungenen Maske eines zahnlosen, kranken, alten Mannes. Damals hat er sowas manchmal gespielt zu unser aller Gaudi, diesmal war es ernst, nicht Darstellung, sondern Sein, Schattendasein. Im Flur hing ein Jugendfoto von Daisy und Tom, die Primaballerina und der Formgestalter, in beider Augen schwebte Traum.

Wir haben zusammen gegessen und getrunken. »Aus zehn Metern Entfernung sah sie Spitze aus. Aus drei Metern Entfernung sah sie aus wie eine, die nur aus zehn Metern Entfernung gesehen werden sollte – Chandler«, zitierte Tom seinen Lieblingsautor. Ich schenk dir auch was, sagte Sylvie: »Ach wie bald, ach wie bald, schwindet Schönheit und Gestalt«. Jugendfreunde haben keine Anlaufschwierigkeiten, sie verzeihen sich fast alles, es gibt keine Barrieren, auf Abstand folgt immer wieder Annäherung. Es war, wie es vor vierzig Jahren gewesen war, die Vertrautheit, der Scharfsinn; nur dass da statt der jungen plötzlich alte Leute saßen. Als hätte man einen Eimer Schnee über ihnen ausgekippt.

Später holte Tom seine Mappen. Wir sahen uns mit Hingabe seine Entwürfe und Zeichnungen an, Design im Bauhausstil, alles aus Zeiten, als er ein gefragter Mann war. Wir hatten nicht mehr gewusst, wie gut er gewesen ist. Tom lachte sein altes Lachen hinter vorgehaltener Hand, bereits in der Jugend hatte ihm ein Zahn gefehlt im entfernt seitlichen, doch sichtbaren Frontbereich; seine Kommentare waren wie eh begleitet von gemimter Empörung und gespielter Aggressivität, das heimatliche Idiom war abgeschliffen, aber präsent, das ursächsische Wort »gebauchmietzelt« kam immer noch darin vor.

Wir haben mal einen ganzen Abend in Versen gesprochen, wisst ihr das noch?, fragte Tom, jeder Satz ein Reim – »Rotwein« auf »Totsein«, »Kennedy« auf »Ich kenne die«. Nicht nur einen Abend, nonstop, sagte Daisy, die Tom ansah mit einem Lächeln, in dem sich Rührung und Verzweiflung mischten. »Herbert von der Schiene«, der volkseigene Bahnarbeiter, das war deine Rolle, deine Glanznummer. Ich hab den nicht gespielt, ich *war* Herbert von der Schiene, sagte Tom in jenem empörten Ton, der zum Spiel gehörte. Daisy brachte das Dessert, Plinsen mit heißen Himbeeren, Tom ist Spitze gewesen, sagte sie. Jetzt spricht die Balletteuse, bemerkte Tom. Sylvia dachte an den Tennessee-Waltz.

Unser alter Freund war für einen Abend auferstanden, hatte alle seine Lichter angeknipst und das alte Leuchten um sich verbreitet, um am nächsten Tag wieder in der Rotweindämmerung zu versinken. Was denkt ihr denn, wer außer euch hierher kommt und sich seine Sachen anguckt, niemand, sagte Daisy beim Abschied draußen vor der Tür, Tom wird weitertrinken, morgen schon. Corriger la fortune? Leben lässt sich nicht korrigieren.

Ungefähr ein Jahr später rief er an, ganz wie früher. Mit kräftiger, nüchterner, fröhlicher Stimme: Ich habe einen Tumor. Auch Daisy klang froh: Tom hat Krebs, ich kann wieder mit ihm reden, er steht auf, er geht aus dem Haus, er kauft ein, er kocht für uns, und im Dezember fliegen wir nach Teneriffa. Wundersame Fügung. Eine Katastrophe hatte die andere abgelöst, Grund zum Glück.

Venedig – die Toteninsel

Venedig liegt im Herzen von Italien.
Und auf dem Breitengrad »Vergangenheit«.
Mascha Kaléko

Es ist kühl am Morgen, der Regen hat die ganze Nacht gerauscht und sich gegen Morgen zum Nieseln entschlossen. Die Heizung geht nicht, Konrad dreht vor und zurück, bis zum Anschlag, weg vom Anschlag, nichts. Du musst Signore Favelli holen, Konrad. Favelli ist der Vermieter der Ferienwohnung, er bewohnt die Zimmer nebenan, ein alter Witwer mit altem Dackel. Die Pullover und Jacken seiner Frau hängen in dem großen Schrank neben Sylvies breitem Bett, viel Kaschmir und Seide. Sie hat die Sachen angefasst und versucht, sich die tote Signora Favelli vorzustellen. Ein champagnerfarbenes Nachthemd mit schwarzer Spitze. Das zartgrün umhäkelte Taschentuch in der rechten Tasche des Morgenmantels deutet darauf hin, dass die Signora schon länger tot ist oder keine Papiertaschentücher mochte. Vermutlich haben die Favellis in dem Bett mit den venezianischen Schnitzereien geschlafen, früher; jetzt schläft Sylvie dort und sieht morgens auf einen dieser Kanäle, die abseits vom Canal Grande als seine Schmuddelkinder ihre Rotzbahn ziehen, und auf die Cafeteria, die bis nachts um zwei geöffnet hat, was selten ist in Venedig.

Am Morgen der Goldenen Hochzeit hat Konrad ihr ein Heft mit schmalen Seiten überreicht, in Goldkarton gebunden: Dialoge am Frühstückstisch, er hat sie über Jahre notiert. Szenen einer Ehe. Das Heft sei als Liebeserklärung gedacht, hat er gesagt, aber auch »gerichtlich verwertbar für eine Scheidung«.

K: Ich bin dein Mann, guck her, ich bin dein Mann. Hast du ihn dir so vorgestellt? S: Nicht direkt. K: Anstatt, dass du sagst: nicht zu träumen gewagt. S: Hab ich doch gesagt. Nicht direkt, habe ich gesagt.

S: Da ist ein Fleck auf deiner Hose. K: Das ist Puderzucker. S: Davon wird es auch nicht besser, dass man weiß, was es ist.

K: Ich finde mich nicht schön. S: Darum geht es nicht, es geht darum, das Beste aus dir zu machen. K: Tadel ist mein täglich Brot. S: Du kannst froh sein, dass ich dich nicht lasse, wie du bist.

K: Ich nehm doch nun wirklich nicht viel wahr. S: Aber wenn, dann das falsche.

K: Hab ich ein Glück mit dir! Du sagst nie, dass du Glück hast mit mir. S: Ist ja auch ambivalenter, du hast mehr Glück mit mir. So!

Neunundvierzig Seiten Kalendernotizen aus fünfundzwanzig Jahren, in fünfundzwanzig Wandkalendern aufbewahrt, für diesen Tag exakt abgetippt. Der letzte Eintrag: *K: Ich kann ja aus dem Leben scheiden, dann hast du es leichter. S: Du bleibst hier!*

Das Protokoll einer Knechtschaft, sagt Sylvie.

Das Gericht hätte ich auf meiner Seite, meint Konrad.

Leider, sagt Sylvie, leider muss die Verhandlung ausfallen, der Gerichtssaal ist nämlich nicht geheizt, ich leg mich wieder hin! Du musst Favelli holen, du bist zuständig, du bist der Diener.

In Venedig kann es kalt sein, man kann getrost auch alt sein.

Hol Favelli!

Stante pede, Königin, fürs Lever!

Kurz darauf kehrt Konrad mit Herrn Favelli und dem Dackel, der auf den Namen Ramon hört, zurück. Signore Favelli bedient das Bild des gepflegten alten Italieners klischeescharf, mahagonibraun gefärbtes Oberlippenbärtchen, Hose mit Bügelfalten, die Jacke aus feinem grauen Strick. Er greift hinter die Heizung, dreht irgendwo, lächelt irgendwie und verlässt in leicht gebeugter Eleganz den Raum, der früher das Zimmer seiner Frau gewesen sein könnte, der Dackel mit dem spanischen Namen folgt ihm. Caldo, sagt Favelli, caldo per favore. Grazie, bedankt sich Sylvie, grazie, Signore, tutto bene. Die Heizung wird warm. Erst spät am Vormittag bemerken sie, dass es schwül ist an diesem Sonntag in Venedig.

Wir wollten doch bei Cartuzzo vorbeischauen, sagt Konrad. Erst frühstücken gehen, schlägt Sylvie vor. Sie fahren mit der Gondelfähre zum Fischmarkt rüber, für fünfzig Cent. Eine Gondelfahrt, wie asiatische Touristen sie unternehmen, wäre nicht nur teurer, sondern peinlich. Obwohl der goldene Anlass in ihrem Fall die Mittel, also die Gondel, heiligen würde – es wäre lächerlich. Als Nutzfahrzeug für drei Minuten aber ist die Gondel traumhaft. Beim Aussteigen hält Sylvie ihren Mann leicht hysterisch am Jackenärmel fest, auf Wasserwegen ist sie generell besorgt um ihn, er ist Nichtschwimmer und wasserscheu.

Ich weiß, was du jetzt sagen willst: »Sonne! Morgenlicht auf den Kanälen, komm, bad' mein Angesicht in deinem Gold!« – Konrads venezianisches Standardzitat. »Morgenlicht auf den Garnelen!«, korrigiert er angesichts des rosaroten Gewimmels von Meerestieren auf den Markttischen der Händler, rote und grüne Markisen werfen magisches Licht.

»Das Licht flimmert in den Regentropfen; da war meine Jugend vorbei.«

Sylvie guckt besorgt: Ist was mit deinen Augen?

Nein, das hat Brecht auf einem Zeitungsrand vermerkt, im dänischen Exil, 1939, da war er einundvierzig.

Wir sind älter, aber unsere Jugend ist nicht vorbei, jedenfalls nicht heute, beschließt Sylvie.

Neben dem Fischmarkt ist die Frühstücksbar, zu der sie jedesmal gehen, wenn sie in Venedig sind. Sie sitzen auf einer Holzbank, essen Weißbrote mit Stockfisch, trinken Kaffee und atmen den Duft von frischen Fischen.

Fünfzig multipliziert mit dreihundertfünfundsechzig abzüglich Dienstreisen und sonstige Absenzen – sie haben rund gerechnet siebzehntausend Mal zusammen gefrühstückt. Siebzehntausend Mal demselben Menschen gegenüber sitzen, siebzehntausendmal als erstes am Morgen sein Gesicht mit der tief eingegrabenen Zornesfalte sehen. Seine Art, in den Toast zu beißen, den Tee zu trinken aus einer Tasse, die links vom Teller stehen muss, und am liebsten mit Kandiszucker. Seine Art, die Kiwi aufzuschneiden und das Herz der Frucht nicht mitzuessen, sondern Sylvie rüber zu schieben. Konrad ist der Mensch, den sie am längsten und genauesten kennt. Sie kennen sich, soweit zwei sich kennen können. Die Grenze, die zwischen Menschen verläuft, sie bleibt. Einmal Zwei ist Zwei.

Ich wundere mich, dass ich mich nicht langweile mit dir, wo du doch eigentlich langweilig bist. Konrad lächelt: Dein Kopfschütteln begleitet mich durchs

Leben. Nichts amüsiert ihn mehr, als wenn sie seine Mimik nachahmt, seit sich etwas misanthropisch Betrübtes, resignativ Vorwurfsvolles, ja Eingeschnapptes in seine Züge gegraben hat. Sylvie performt ihr Gesicht zu seinem, und Konrad lacht über den kuriosen Spiegel, der ihm da vorgehalten wird. In andere Spiegel als in Sylvies Gesicht sieht er ungern. Wer ist der mürrische Alte?, fragt er sich, wenn er auf sein Spiegelbild in einer Schaufensterscheibe stößt. Du musst anders denken, dann siehst du auch anders aus, rät Sylvie. Sie darf alles sagen, was Spaß macht, die Regeln sind eingespielt.

Wir wollten doch bei Cartuzzo vorbeischauen, sagt Konrad. Vorbei schauen, so was sagt er sonst nie: vorbei schauen! Sylvie hat eine Abneigung gegen Friedhöfe, Konrad glaubt, sie mit der Anspielung an einen fernen Flirt locken zu können. Cartuzzo, Italiener, berühmt, liegt auf der Toteninsel begraben. Möchten Sie meine Geliebte werden?, hatte er Sylvia nach einem flüchtigen Flirt gefragt. Nein, ich kenne Sie ja kaum, hatte sie geantwortet. Da ist er tief gekränkt gewesen, denn er war außerordentlich auf seine Mannesehre bedacht. An jenem Abend hatte er in Erobererlaune vor lauter Leidenschaft sämtliche Pässe verloren, fatal zu Zeiten des Kalten Krieges. Der Italiener hatte ihr leid getan, aber nicht so leid. Zur Toteninsel willst du? Konrad nickt, sie brechen auf.

Zu den Gräbern ihrer Eltern und Großeltern geht Sylvia nicht, vor Sargläden spuckt sie dreimal aus, das Requiem von Mozart stimmt sie traurig. Wenn in ihrer Kindheit im Radio das Lied vom Sonntag kam, was ihre Mutter stets mitsang, konnte sie die Tränen nicht zurückhalten: »Alle Tage ist kein Sonntag, alle Tage gibt's kein Wein, aber du sollst alle Tage recht lieb zu mir sein« – dann der gezielte Schuss aus dem Hinterhalt: »Und wenn ich mal tot bin, sollst du denken an mich, jeden Abend, wenn du einschläfst, aber weinen sollst du nicht« – Sylvie weinte vor allem, weil sie nicht weinen sollte. Konrad sieht das Totenwesen rein ästhetisch. Mozarts Requiem ist für ihn nicht der Tod, sondern eine Partitur. Traurigkeit müsse einen Grund haben, nicht nur eine Stimmung, Mozart ist das Leben, ob in bewegtem oder unbewegtem Zustand, deshalb könne er sich das Mozartstück auf seiner Beerdigung vorstellen.

Ist ein Requiem nicht ein bisschen beliebig? Warum nimmst du nicht die Zauberflöte?

Weil »Der Hölle Rache kocht in meinem Herzen« nicht passt.

Du bist doch sonst nicht so puristisch.

Bei meinem Tod hört der Spaß auf.

Schade, hatte Sylvie gesagt. Besser, du liegst platt wie eine Leiche und stehst plötzlich wieder auf, und der Spaß ginge weiter.

Da stimmte Konrad ein Lied an, das Sylvie schon immer gegruselt hatte: »Es ist ein Schnitter, der heißt Tod, hat G'walt vom großen Gott«. Er sang es wie ein Wiegenlied, in dem man das Totenglöckchen läuten hört: »Hüt dich, feins Blümlein«.

Letzten Sommer war ein Fest auf dem Hof vom Brecht-Haus in der Chausseestraße. Im Schein der Abendsonne, kurz vor Toresschluss, kamen einige Sommerfestgäste auf die Idee, den angrenzenden Friedhof zu besuchen. Mit vollen Weingläsern traten sie an die Gräber ihrer Freunde: Auf dein Wohl, Klaus! Prost Ingrid! Es wurde viel gelacht. Die Lebenden hatten den

Eindruck, dass die Toten ihnen das nicht übelnehmen, die Grenze zwischen Sein und Nichtsein verschwand. Prost Ekke! Auf dein Wohl, Heiner! Lebende und Tote gehören zusammen, ad plures ire sagten die Römer zum Sterben: Dahin gehen, wo die meisten sind.

Beerdigungen sind die Partys der Alten. Man hat sich darauf eingestellt und schätzt das Wiedersehen. Man trifft Freunde und Bekannte, die man lange nicht gesehen hat, früher begegnete man sich auf Empfängen, heute auf Beerdigungen: Man sieht sich ja sonst nicht. Man guckt, ob jemand da ist, den man erkennen müsste, ein Gleichaltriger, der älter aussieht als man selber, einer, der am Stock geht. Was war der mal für ein attraktiver Mann, was für eine Femme fatale ist die gewesen! Man registriert die Enttäuschung in einem Gesicht, das sich nicht wiedererkannt sieht. Die Freude einer Bekannten, die man begrüßt, als hätte man sich gestern erst verabschiedet; sie ist erkennbar, und doch sind die Verwüstungen, die das Alter der blonden Schönheit zugefügt hat, ein Schock, weil man weiß, dass die Verformungen auch das eigene Gesicht, die eigene Gestalt nicht verschont haben. Die Aktien des Lebens fallen, die Schlange der Kondolierenden wird kürzer. Die Überlebenden freuen sich, dass sie noch da sind, dass sie überlebt haben; ja, was denn überlebt, die Welt, die ihnen vertraut gewesen ist, die Freunde, die Kollegen, die Nachbarn? Die Zeugen des eigenen Lebens treten ab, bald ist keiner mehr da, der einen noch jung kennt. Der sich daran erinnert, dass man mal hübsch war, schlank, lustig, ungerecht. Wie man betrunken und kurzsichtig in der dunklen Nachtbar eine Serviette mit Messer und Gabel zu zerschneiden versuchte, in der Annahme, man habe ein Salatblatt vor sich. Wie obsessiv man seine Überzeugungen verteidigte, seine Meinungen, seine Sicht auf das Leben. Immer seltener kann man es sagen, dieses: Weißt du noch.

Je älter man wird, desto mehr Totenfeiern sind zu absolvieren. Man muss nicht lange überlegen, was man anzieht zum geselligen Ereignis. Man hat sich vor Jahren einen anthrazitfarbenen Anzug zugelegt, ein schlichtes Kleid angeschafft, grau, um nicht schwärzer zu erscheinen als die nächsten Angehörigen, das wäre overdressed. Natürlich büßt die Beerdigungsgarderobe mit den Jahren ihre Aktualität ein. Zu Beerdigungen kommen lauter Leute zusammen, die altmodisch gekleidet sind, die Revers sind schmal, wo sie neuerdings breit sein sollten, das Kleid hat Rüschen, auch wenn man längst keine Rüschen mehr trägt. Keiner guckt, wer was an hat auf einer Beerdigung, vermutlich doch dasselbe wie voriges Mal.

Und während man auf dem Friedhof steht und fröstelt, fragt man sich, wer der Nächste sein könnte. Vor zwei Jahren war es Markus, voriges Jahr Katharina, nun ist es Stefan, bilanziert eine Witwe, wir können eigentlich den halben Friedhof mieten. Dann will ich auf die andere Hälfte, murmelt Konrad mit unbewegtem Gesicht. Da kommt Dr. Fedrich, der Gynäkologe, angestürmt, in wehendem Regenmantel, und umarmt Sylvia: Mensch, der Stefan! Weißt du noch, wie wir seinen Nationalpreis begossen haben – war das ein Untergang!, juchzt der Doktor zwischen den Leidtragenden.

Wo das Leben tanzt, tanzt auch der Tod. Der Totentrunk nach Stefans Beerdigung fand dort statt, wo gemeinhin das Leben tanzt, in Clärchens Ballhaus. Clärchens Beinhaus, raunte Konrad. Es gab Bouletten mit Kartoffelsalat, die Kellner hatten eine lebhafte Gesichtsfarbe und einen erfrischend diesseitigen Ton. Die alten Ägypter ließen bei rauschenden Festen Totengerippe hereintragen, um die Feiernden zu gemahnen, dass mitten im Leben der Tod sie umfängt, warum soll nicht mitten im Weinen über den Tod das Leben lachen dürfen. Paul McCartney hat einen Song darüber geschrieben, wie er sich seine Beerdigung wünscht, mit tanzenden Kindern. Der Beatle hat irische Wurzeln; wenn in Irland jemand gestorben ist, feiern die Hinterbliebenen sein Leben.

An der langen Tafel in Clärchens Ballhaus wurde wie üblich zu solchen Anlässen der Toten gedacht, geweint und gelacht. Freut euch des Lebens, solange das Lämpchen noch glüht. »Denke, dass jeder Tag der letzte sein kann, der dir leuchtet«, empfahl Horaz, und Montaigne wusste der Allgegenwärtigkeit des Todes durchaus Positives abzugewinnen: »Sich in Gedanken auf den Tod einzurichten hieße, sich auf die Freiheit einrichten.« Nichts mehr sei schlimm im Leben für denjenigen, dem die Erkenntnis aufgegangen ist, dass es kein Unglück ist, nicht mehr zu leben.

Nicht jeder hat ein Ende wie Konrads Schulfreund Rudolf, der Chorleiter. Nicht jede Frau tanzt Striptease am Totenbett ihres Geliebten. Rudolf lag im Sterben. Ein Jahr zuvor hatte er Dana kennengelernt, blond, üppig, sexy nach Art von Marilyn Monroe, der Traumfrau seiner Jugend. Rudolf war mit Dana durch die Welt gereist, hatte ihr Vorträge über Architektur gehalten, im Restaurant teuren Wein bestellt und ihr ein Kostüm gekauft, das sie elegant erscheinen ließ. Dana war das Objekt seiner Begierde, seiner Sucht nach Sex und Nähe, seiner Eifersucht, denn sie war verheiratet. Ihr gefiel, dass Rudolf sie bewunderte, auch wenn sich die Bewunderung hauptsächlich auf ihren Körper bezog. Ihr Leib bedeutete für ihn das Leben an sich. Plötzlich wurde der alte Rudolf sterbenskrank. Entstellt lag er in dem weißen Klinikbett und verlangte nach nichts außer nach Dana, seiner späten Liebe. In der letzten Nacht machte er Anstalten, sich die Schläuche und Kanülen vom Leibe zu reißen, er wollte aufstehen und weggehen mit ihr, hallo Taxi! Morgen, sagte Dana, morgen gehen wir, Rudi. Sie hielt seine Hand, er griff nach ihrer Brust. Er wollte sie nackt sehen. Es war weit nach Mitternacht gewesen, auf dem Krankenhausflur herrschte neonbeleuchtete Stille, die Nachtschwester trank Tee und füllte die Pillenschalen für den nächsten Morgen. Dana zog sich aus, langsam, ernst. Sie trug die magentafarbene Wäsche, die sie zusammen in Amsterdam gekauft hatten, den Tanga und den Halbschalen-BH mit der lila Spitze. Er sah ihr zu, unbewegt, unentwegt. Sie sah ihn an, bis die Verzückung in seinen Augen erstarrte. Dann zog sie sich an, ging hinaus auf den Flur und teilte der Nachtschwester den Tod des Patienten mit, es war halb drei. Auf dem Weg nach Hause weinte sie, um das Leben, um sich und um den einzigen Mann, der sie je ernst genommen hatte.

Konrad hatte Rudi seit der gemeinsamen Schulzeit gekannt, er konnte wunderbar Klavier spielen. Der ist nur aus einem einzigen Grund Chorleiter geworden, sagte er, nur wegen der Choristinnen, die Macht, die er über sie hatte, machte ihn attraktiv. Und wenn, sagte Sylvia, sie fand, dass Rudi Mitleid verdiente: Da hat er nun jeden Tag sechs Vitamin-E-Pillen und acht Vitamin-C-Tabletten geschluckt, dazu abwechselnd drei Potenzmittel; und dann das! Auch sonst hatte er vorgesorgt. Er hatte sich ein Erdgrab direkt neben der Familiengrabstätte seiner Geliebten gekauft, in Danas Heimat, der Sächsischen Schweiz, weitab vom 16. Arrondissement in Paris, wo er die letzten zwanzig Jahre gelebt hatte; er konnte nicht von ihr lassen.

Stefan soll sich ja letztes Jahr auch noch mal verliebt haben, warf der aufgeräumte Gynäkologe ein, um auf die Hauptperson der Totenfeier zurückzukommen. Er ist mit ihr sogar auf die Malediven geflogen, obwohl er doch an Flugangst litt. Die Liebe, die Liebe ist eine Himmelsmacht, stimmte er an. Sie ist Grabsteindesignerin, warf jemand ein. Das passt ja nun wieder, fügte der Frauenarzt vergnügungssüchtig hinzu.

Sylvia hatte vor drei Jahren auf Drängen von Konrad der Reservierung einer gemeinsamen Grabstelle zugestimmt. Konrad hatte ihr das kleine Rasenstück unter einer Birke gezeigt. Es sei doch sehr schön, nah an der Straße, in Hörweite des Lebens, das verspreche Teilnahme, wenn auch passiv. Er pries die Grabstelle wie eine eben erstandene Eigentumswohnung: Ich weiß jetzt, wo ich hinkomme, wenn ich tot bin, da kenne ich mich aus, da liegen alle meine Freunde, und du musst nachkommen. Oder du, sagte Sylvie, das steht in den Sternen. Konrad findet es beruhigend, seine ewige Ruhe auf Nummer Sicher zu haben. Sie haben eine Urkunde, wo draufsteht, wie lange sie verweilen dürfen auf Platz 936, Nummer 393, und wieviel sie im Voraus dafür bezahlt haben.

Kümmere dich um das Grab, und lebe lange!, hatte Sylvie damals gesagt.

Vielleicht setze ich mich demnächst mal mit einem Buch an unser Grab, hatte Konrad erwogen, kann keiner was gegen sagen, ist ja reserviert.

Da könne er noch lange genug sein, wenn es soweit sei, hatte Sylvie eingewandt.

Ja, im Liegen, nicht im Sitzen, war seine Antwort gewesen. Dazu war ihr nichts eingefallen.

Einmal hat Konrad zusammen mit fünf anderen Freunden des Verstorbenen den Sarg getragen. Die Witwe hatte ihn aus rohem Holz tischlern lassen, vom Schreiner des Dorfes, in dem ihr Landhaus stand. Es war ein sehr massiver Sarg. Die intellektuellen Amateur-Sargträger mühten sich ächzend; es bestand die Gefahr, dass ihnen die ungewöhnlich schwere Kiste entgleitet, sie waren schließlich keine Möbelpacker. Er war Handarbeit, der Sarg, da konnte alles passieren. Die stumme Frage in ihren Augen: Ist der auch ordentlich zu?

Beerdigungen sind Trauerspiele, es ist die Stunde der Statisten, der Hauptdarsteller ist verhindert. Ein glatzköpfiger Schauspieler hat sich neben das Grab des toten Regisseurs gehockt, der ihn immer besetzt hatte, und heulte laut los, vielleicht schwante ihm, dass dieser Auftritt seine letzte große Rolle war. Die Witwe stand gefasst daneben. Einen der Trauernden überkam ein asthmatisches Röcheln – er unterdrückte ein Lachen.

Sylvie hatte vor ein paar Wochen die Totenrede für Lilli gehalten, eine ihrer ältesten Freundinnen. Du musst den kleinen Finger fest an den Daumen pressen, das hilft, hatte ihr wer geraten. Es half nicht, mit dem ersten Satz überfiel sie ein Schluchzen, sie konnte nicht weitersprechen. Du feige Memme, schimpfte ihre innere Stimme, du feige Memme heulst, weil du dich selbst bemitleidest, es geht dir gar nicht um Lilli. Das half. Sie kriegte die Rede hin. Der Schlusssatz ertrank dann doch in Tränen; er sollte lauten: »Da gibt es keinen Abschied.« Die tote Freundin erschien Sylvie im Traum, wie immer in Erdfarben gekleidet, mit einem Fotoapparat in der Hand. Wie ist es im Himmel?, fragte Sylvie in ihrem Traum. Wie auf der Erde, hatte Lilli geantwortet, nur dass keiner mehr Angst vorm Sterben hat.

Achtzehn Minuten trennen die Lebenden von den Toten. So lange braucht das Vaporetto von Cannaregio bis zur Toteninsel San Michele. Eine Frau in Schwarz hält drei weiße Lilien in der Hand und eine Thermosflasche. Alle anderen Passagiere wollen offenbar nach Murano, auf die Glasinsel. Ein trüber, schwüler Tag. »Wenn die Gondeln Trauer tragen«, so hieß er doch, der Film mit Donald Sutherland. San Michele kommt in Sicht, bleiche Festung der Gebeine, abweisend, kühl, distanziert, von Mauern umstellt. Als würden die Toten mit den Lebenden nichts zu tun haben wollen. Als wollten sie ihr Ausgeschlossensein, gegen das sie machtlos sind, als Macht präsentieren. Als fühlten sie sich bedroht, trotz der hohen Zypressen, die über die Mauer ragen wie Wachtürme. Sind sie Gefangene, die Toten? Entfernt von dem Ort, wo sie gelebt haben, befinden sie sich nun in Quarantäne – der Tod eine Seuche? Das Schiff legt an.

»Bis jetzt habt ihr gelebt wie ein Schwimmer oder ein Seemann, kommt nun zum Sterben in den Hafen!« – Seneca!, deklamiert Konrad beim Passieren des weißen Friedhoftors.

Zitieren, Kopieren, Ennuyieren! Kannst du auch mal was Eigenes sprechen?

Ich bin eben humanistisch gebildet, mein Vater war Operndirektor.

Meiner beherrschte, wie du weißt, eher die triviale Seite der Bildung. »Am Honig leckt der Bär …

… der braune, dein Vater«, vollendet Konrad.

Das schrieb er mir ins Poesiealbum.

Konni nickt: Ich habe dich aus der Gosse gezogen.

Es ist ein Spiel mit Regeln, es funktioniert wie Domino. Seit Jahrzehnten reden sie, als lernten sie sich gerade erst kennen. Jeder hat seine vertrauten Steine, immer dieselben, und legt sie an, Stück für Stück, bis sie alle sind, dann ist die Partie beendet. Sie erkennen sich sozusagen immer wieder aufs Neue neu, so geht ihnen nie der Gesprächsstoff aus. Sie spielen, dass sie sich nicht durchschaut haben. Einen Gewinner gibt es nicht und Verlierer auch nicht. Mitunter kommen Varianten ins Spiel. Heute fügt Sylvie dem alten Ornament einen neuen Stein ein:

Hättest du vor fünfzig Jahren schon so manisch zitiert, hätte ich dich nicht geheiratet.

Du irrst dich, damals habe ich mehr zitiert als heute, ich habe es dir nur nicht verraten, du solltest denken, es ist von mir.

Und ich habe dich bewundert, was für gebildete Reden du führst, und so schlagfertig!

Alles nur geklaut, sagt Konrad.

Die Prinzen, stöhnt Sylvie, schon wieder ein Zitat!

Herbst auf der Toteninsel, die frei auf der Lagune treibt. Gott schütze die Königin! ruft Diener Franke über den Friedhof; es ist niemand in der Nähe, sie stehen allein auf dem ummauerten Gräberfeld, einem von vielen. Drüben, in San Marco und in Dorsoduro, da ist das Leben, die Toten hier sind verbannt worden wie Schüler, die der Lehrer zur Strafe vor die Tür geschickt hat. Es riecht nach Moder und verblühten Astern. Eine ganze Insel für die Toten! Sie schlendern durch die Gräberreihen – wo ist das Grab von Cartuzzo? In verrotteten Vasen verwelken rote Rosen, das geht schnell im Süden, die Grabstellen haben keine Bepflanzung, sie sehen nackt aus, kahl, allein gelassen, kaltes Konzentrat der Morbidezza von Venedig. Viele Vasen stehen leer, aber die Ewigen Lichter flackern; wer kommt denn hier die Batterien auswechseln?

Konrad bleibt stehen: Das Foto im Venedig-Führer zeigt um die Gräber herum ein Blumenmeer, Rosen, Chrysanthemen, Gladiolen, Sonnenblumen.

Das haben die natürlich an einem Feiertag fotografiert, belehrt ihn Sylvie.

Dann blicke um dich, sagt Konrad, heute ist Allerheiligen, »Tutti i Santi« stand dick gedruckt auf dem »Il gazzettino«.

Die Zeitungen lügen, alle, in Venedig, in Berlin, in Los Angeles, sagt Sylvie im Weitergehen, und du klagst nun das angekündigte Blumenmeer ein. Wann ist Cartuzzo eigentlich gestorben?

Zehn Jahre nur dürfen die Beigesetzten in ihren Gräbern verweilen, danach werden ihre Knochen wegen Platzmangels im Beinhaus des Friedhofs aufbewahrt, anonym. Nur wer in Venedig wohnt oder geboren wurde, hat das Recht, hier zu sein. Die Leichen werden von Totenschiffern in Booten hergebracht. Konrad erinnert sich, dass auch Luigi Nono hier liegt, der vom Proletariat so begeisterte wie enttäuschte Meister der modernen Musik, dessen Alterswerk »Prometeo« die Stille preist, »den einen leisen Ton, auf den alles ankommt«. Und ihm fällt ein, dass der Komponist Hanns Eisler, als er auf einem Grabstein las »Wir sind nur Gast auf dieser Erde«, gefragt hatte: Wo ist der Wirt, ich möchte mich beschweren!

Grabsteine in der üblichen Form gibt es hier nicht. Dafür sind steinerne Tafeln aufgestellt, etwa in der Größe eines Dinnertabletts, blaue, braune, die meisten weiß, manche etwas kleiner, etliche größer. Eingraviert sind Geburts- und Sterbedatum sowie Beruf und Rang, daneben eine Porträtfotografie der Hingeschiedenen. Keine bigotten Sprüche, lediglich Auskünfte und das Lichtbild. Die flachen Rechtecke erinnern an die Cartes de visite, die in der Frühzeit der Fotografie in den Salons des Biedermeier in Mode kamen. Der Besucher ließ seine Visitenkarte mit Name, Titel und Konterfei da. Hier nun dasselbe auf Marmor. Jeder Tote hat nach seinem Besuch auf dieser Erde seine persönliche Karte hinterlassen, er sieht dich an, und du fühlst dich gemeint; eine riesige Ansammlung von Blicken ringsherum.

Die Toten lachen von ihren Porträts mitten aus dem Leben. Das Lachen der Toten aus Erdenzeiten, es bekommt jenseitige Bedeutung. Sie lachen, weil sie mehr wissen als wir, sie haben den Tod erfahren, sie wissen Bescheid. Öfter fehlt das Geburtsdatum. Giorgio Bartelli mit weißem Hut und großer Geste, in Bühnenpose, ein Künstler wohl, nur sein Sterbedatum steht auf dem Stein, das Geburtsdatum verschweigt der vitale Tote. Womöglich hat Bartelli sich zu Lebzeiten zehn Jahre jünger geschummelt, was die Hinterbliebenen über den Tod hinaus gelten lassen, was soll das Publikum sagen, wenn es im Nachhinein bemerkt, dass der Künstler älter war, als er sie glauben machte.

Ein guter Ruf reicht über den Tod hinaus, er wird sogar besser, de mortuis nil nisi bene, über die Toten nichts als Gutes. Konrad ist da anders, er streitet mit seinen Freunden über den Tod hinaus. Er streitet sich über das, worüber er zu ihren Lebzeiten mit ihnen gestritten hat, er nimmt ihnen übel, was er ihnen zu Lebzeiten übel genommen hat. Dass Rudolf ihm bei seinem Besuch in Paris Ziegenkäse untergejubelt hatte, gegen den Konrad eine unüberwindliche Abneigung hat: Hahaha, hast du gar nicht gemerkt. Der Camilla kreidet er in alle Ewigkeit die Wandlung ihrer politischen Überzeugungen an, einem anderen toten Freund seine blöde Fixiertheit auf Adorno. Für mich sind die nicht tot, sagt Konrad.

Ich will hier weg, verlangt er plötzlich, die Toten auf den Fotos sprechen, sie tun es im Chor: Eben waren wir auch noch da drüben, wo du nachher wieder anlanden wirst. Gestern waren wir noch shoppen in der Nuova Strada wie du, am Abend haben wir uns La Traviata angehört, sind danach auf einen Vino zu Gianni gegangen wie du, oder warst du bei Timon? Komm nur, komm zu uns, es ist schön hier und still, hörst du? Warte nur, balde ruhest du auch, frohlocken sie. Ich will hier weg, wiederholt Konrad nun dringlicher. Sylvia sieht ihn erschrocken an, seine Stimmung überträgt sich auf sie. Der Boden, so scheint ihr jetzt, schwankt, ihr ist, als höre sie das Wasser an die Insel schwappen. Die geisterblassen Steinengel heben die Flügel, als wollten sie sie an ihr kaltes Herz drücken. Die hohen Urnengrabmauern machen ihr Platzangst. Weg will sie, nach Murano will sie, auf die Glas- und Perleninsel gleich nebenan, Stockfisch essen.

Cartuzzos Grab war nicht dabei; Konrad will nicht zur Friedhofsverwaltung und die Listen der Berühmten sehen, soll der Signore doch beleidigt sein wie damals, als Sylvie ihm einen Korb gab. Er behauptet, dass er den Scirocco spürt, den schwülen, feuchten Wind, der Gustav Aschenbach anwehte kurz vor seinem Tod in Venedig: Der Scirocco, ich habe Herzschmerzen! Jetzt übertreibst du, sagt Sylvie in heimlichem Einverständnis: »Kommt Kinder, wir wollen die Puppen wegpacken und die Kiste schließen, denn unser Spiel ist zu Ende«. Wo hast du denn das her? fragt Konrad. Hab ich mir gemerkt, staunste, »Jahrmarkt der Eitelkeiten« von Thackeray.

Auf dem Vaporetto sind sie neben einem älteren Mann und einem brüllenden Kind die einzigen Fahrgäste und etwas ermattet von der Totentour, sie sind nicht mehr dreißig. Nach einer Weile sagt Konrad, Sylvia möge höllisch auf sich achtgeben, damit sie nicht vor ihm stirbt – dann käme er ihr hinterher, auf der Stelle!

Machst du nicht, entgegnet sie, es soll einer da sein, der an mich denkt, so.

Damit könne er nicht dienen, auch als Diener Franke nicht, er wolle einfach weiter mit ihr zusammen sein, das sei rein praktisch gedacht.

Das Gespräch ist zu Ende, die Toteninsel außer Sicht, sie sitzen schweigend. Andererseits, erklärt Konrad nach einer Weile, andererseits: Nur wenn ich am Leben bin, kann ich merken, wie du mir fehlst.

Dann legt das Schiff in Murano an. Dort gibt es Glasgeschäfte, nichts als Glasgeschäfte, die glitzern und glänzen wie Paläste auf einer Märchenbühne, durchsichtig, leuchtend. Schön hier, sagt Konrad, den für gewöhnlich nur Buchläden und Copyshops interessieren, so lebendig! Ganz gegen seine Gewohnheit begleitet der den Toten Entlaufene Sylvie in die Glaspaläste.

Sie kaufen drei gläserne Weihnachtsbäumchen für zu Hause und eine karmesinrote Perlenkette für Sylvie. Sie legt die Kette gleich um, Konrad schließt sie an ihrem Hals, als handele es sich um ein Diamantkollier in einem Film mit Elizabeth Taylor und Richard Burton, sie spielen Hollywood in Venedig.

Beim Essen streiten sie um die Einführung der Sommerzeit. Er behauptet, dass es die Sommerzeit zuerst in der DDR gab, nicht im Westen. Sylvie meint, dass sie in der DDR erst eingeführt wurde, nachdem ganz Europa auf Sommerzeit umgestellt war. Am liebsten allerdings hätte man im Osten alles auf Normalzeit gelassen, dann wäre die Tagesschau im Westfernsehen bereits vorbei gewesen, wenn der sozialistische Bürger um zwanzig Uhr seinen Apparat angestellt hätte. Die Sommerzeit gab es zuerst bei uns, beharrt Konrad. Sie wetten um fünfzig Euro. Sylvie weiß, dass Konrad verlieren und sie die fünfzig Euro nicht von ihm annehmen wird. Er zieht sein Handy aus der Jackentasche und ruft einen Freund in Berlin an. Der will ins Internet gucken und ruft zurück. Ach, so, murmelt Konrad, das Handy ans Ohr gepresst. Ach so. Ach, so. Dazwischen Pausen, in denen sich Enttäuschung breit macht: Ach, so. Auf Konrads Gesicht, das kann man sehen, reift die Einsicht, dass die Sommerzeit doch erst neunzehnhundertachtzig in der DDR eingeführt wurde. Als das Telefonat beendet ist, lächelt er wie ein ertappter Pennäler. Die Sommerzeit gab es schon bei den Nazis, daran kann ich mich genau erinnern, beharrt er trotzig, wie einer, der kapituliert, aber keine weiße Fahne aus dem Fenster hängen will: Herrmann Göring hat das damals im Radio verkündet.

Deine verdorbene Jungvolk-Kindheit schleicht dir dein Leben lang nach.

Dafür muss man allerdings mein Gedächtnis haben, ich weiß noch alles und lebe, wenn ich will, in Bromberg.

Bydgoszcz heißt das, Bydgoszcz, oder bist du dem Bund der Vertriebenen beigetreten.

Konrad hatte Sylvie mal von einem Nachmittag erzählt, der in seinem Gedächtnis eingraviert sei. Es gab einen Tag in Bromberg, da war er neun und saß bei seinen Schularbeiten am Schreibtisch im Herrenzimmer. Ein trüber Februarnachmittag, im Radio lief Trauermusik. Dass die Tage hin und hin gehen, unbemerkt und niemals wieder, als hätte es sie nie gegeben! Da hat er einen Entschluss gefasst: Der heutige Tag, dieser eine, der ereignislos wie alle anderen vorüber zu gehen schien, sollte bleiben, nicht vergehen wie alle anderen, so wollte es der kleine Konrad. Er schrieb mit seinem Federhalter das Datum dieses Tages auf den blumengemusterten Seidenschirm der Tischlampe. Die Trauermusik im Radio war wegen der Vernichtung der 6. Armee bei Stalingrad. Deshalb weiß er heute, welchen Tag er damals auf der Tischlampe verewigt hatte, es war der 3. Februar 1943.

Sylvie bittet den Kellner, ein Foto zu machen. Zu Hause werden sie feststellen, dass es nicht taugt als Hochzeitsreisebild aus Venedig. Konrad steht x-beinig da, eingeknickt, Verlierer in Sachen Sommerzeit. Sylvia sieht man die vergebliche Liebesmüh an, ein bisschen Glanz in die Szene zu bringen. Guck mal, was ich hier habe – sie kramt ein am Bildrand gezacktes Schwarzweißfoto aus ihrer Handtasche, das Original-Hochzeitsfoto vor dem Standesamt Berlin Prenzlauer Berg.

Ein trüber Tag vor fünfzig Jahren, Nieselregen, Sturm, dunkle Wolken. Trauzeugen keine, das Paar war allein. Ein Schuljunge kam vorbei: Hier, knips uns mal! Sylvie hat ein im Nacken gebundenes weißes Kopftuch um auf dem Foto und hält einen Strauß weißer Nelken eingewickelt in der Hand, keiner sollte sehen, dass eben ihre Trauung stattgefunden hatte, die Hochzeit war ihr Geheimnis. Konrad sieht in die Kamera mit einem unaufklärbaren Ausdruck von schlechtem Gewissen.

Warum guckst du eigentlich wie ein Heiratsschwindler auf unserem Hochzeitsfoto? Wollte ich dich schon immer mal fragen.

Ich gucke nicht wie ein Heiratsschwindler, ich blicke nachdenklich, ein reifer Mann, du dagegen musstest nicht viel nachdenken, du hast einfach einen guten Griff getan, mit achtzehn.

Du warst ein Sonderangebot, da greift man zu.

Sie hebt das Glas: Man darf, wie gesagt, nicht zu viel erwarten von der Ehe.

Sie stoßen an: Ich wusste schon immer, dass du mal Hängebäckchen kriegst, Sylvie.

Das hast du mir bereits vier Wochen nach unserem Kennenlernen gesagt.

Ich hätte auch sagen können: Mit dir möchte ich alt werden.

Da muss Sylvie ein bisschen weinen.

Sie bleiben bis zum Abend in Murano und trinken auf einem von dichten Bäumen umstandenen Platz Spritz mit Aperol, wegen der sonnigen Farbe, die in den trüben Tag leuchtet. Bis Januar haben wir frei, sagt Sylvie, kein CT- Termin, nichts. Die können uns alle mal, die Chirurgen, die Radiologen, die Urologen, sagt Konrad, die Sache ist traurig, aber nicht tragisch.

Wenn mir das mit dreißig passiert wäre, das wäre tragisch. Man weiß nie, wie spät es ist, hatte vergangenen Herbst ein Gastwirt in Quedlinburg gesagt, als sie überlegten, ob sie noch einen Korn trinken sollten zu später Stunde: Nehmen Sie ruhig noch einen, man weiß nie, wie spät es ist.

Irgendwann hört es auf zu regnen, und sie nehmen noch einen Spritz. Man weiß nie, wie spät es ist. Konrad hat seine Armbanduhr schon vor Jahren zehn Minuten vorgestellt und freut sich seitdem darüber, dass es nie so spät ist, wie es scheint.

ECHO V

Die Jugend, ach, die Jugend!

Vielleicht waren hunderfünfzig Euro doch zu wenig, grübelt der Puppenspieler am Stehtisch bei Lohrentz, einer der letzten Berliner Eckkneipen. Das alte Wirtsehepaar hinter der langen Theke zapft steife Biere, Zapfzeit sechs Minuten. Gestern hat der Puppenspieler auf einem Kindergeburtstag »Räuber Hotzenplotz« gespielt, für hundertfünfzig Euro, mit Gitarrenspiel davor und danach, die Bühne hatte er mitgebracht, die Beleuchtung, die Gitarre, alles, dafür sind hundertfünfzig Euro wenig. Er wäre so gern mal schuldenfrei, was für ein Glück wäre das!

Seit fünfunddreißig Jahren ist er Puppenspieler, »Räuber Hotzenplotz« hat er an die zweitausend Mal vorgeführt. Demnächst nimmt er »Gevatter Tod« in sein Repertoire auf, der Gevatter kann auch eine Gevatterin sein. Er wird das Stück erbaulich konzipieren, es soll gut ausgehen. Das hat er sich vorgenommen, als er kürzlich im Krankenhaus lag und dem Tod von der Schippe gesprungen ist. Klaus möchte »Gevatter Tod« in Altersheimen vorführen, die Alten sollen triumphierend rausgehen aus dem Stück. Man soll den Tod nicht ausschließen, sondern einbeziehen, das besänftigt ihn und macht ihn weniger böse, sagt Klaus.

Auch er hat über Freund Hein triumphiert, nach

zwei Operationen im letzten Moment, die erste ein Magendurchbruch, die zweite ein Defibrillator, eine seiner Herzklappen hatte nur noch acht Prozent Kraft, er bekam keine Luft mehr. Da sieht man die Welt anders, sagt Klaus: Jeder Mensch hat einen guten Stern, man muss nur an ihn glauben; ich habe meinen ziemlich strapaziert. Wenn ich Schnaps trinke, piept der Defibrillator, also lasse ich es, sagt der Puppenspieler und bestellt das nächste Bier.

Die Jugend, ach, die Jugend! Er hat sie noch im Ohr, die Sambaparty von Carlos Santana bei seinem ersten Konzert auf der kleinen primitiven Bühne in den Volkslichtspielen in der Salzbergtalstraße in Wernigerode. Klaus, genannt Titch, ein großer dünner Junge, Mittelscheitel, lange Haare, spielte mit seiner Band »Uhrwerk« auf einer Hagstrom-Gitarre: Wenn du die hattest, warst du wer. Sechs Wochen später wurde die Band verboten. Eigentlich wollte Titch an der Hanns-Eisler-Schule in Berlin Jazz studieren. Oder Gedichte schreiben. Oder Schauspieler werden. Zunächst einmal stand er Modell an der Kunsthochschule: Jutta, ich war ein Adonis!

Der Puppenspieler ist ein langer Kerl mit großen Kinderaugen und einem großen Herzen, wenn man es sehen könnte, treuherzig und zerzaust.

Viele denken, ich sei der Harmlosfröhliche, das täuscht, ich bin nicht die Frohnatur, die alle in mir sehen. Ich bin immer noch lebensgefährlich offen, das ändere ich nun auch nicht mehr, wenn man alt ist, ist das sowieso egal. Die Dünnhäutigkeit nehme zu im Alter, kaltschnäuzige Typen könne er nicht mehr ertragen. Wenn ich Depressionen habe, muss ich spielen. Die Kinder in ihrer Begeisterung holen mich aus dem

Tief heraus, ihre Lebensfreude macht mich glücklich. Und traurig. Weil ich weiß, was aus ihnen wird.

Der Puppenspieler liebte die Geselligkeit über alles, seit einigen Jahren jedoch wohnt er still und allein in Funkenhagen in der Uckermark, die nächste Kneipe ist zehn Kilometer entfernt, er schreibt, malt und baut Puppen. Ab und an fährt er nach Berlin, zu Regina, seiner Frau, und Lotte, seiner Tochter. Es gibt wieder eine Annäherung. Die Gründe für die Trennung sind weggefallen; zu wenig Platz, Stress, Alkohol. Vor allem der »Lampion«, jene legendäre Kneipe, die der Puppenspieler als Wirt mit sentimentaler Nachsicht für alle seine Menschenkinder geführt hat. In den »Lampion« kamen, die mühselig und beladen waren in den seltsamen Wendejahren. Ach, Kinderchen, ach, Kinderchen, sagte er und ließ seine betrunkenen Gäste auch diesmal wieder anschreiben. Wenn einer ihn Geschäftsmann nannte, stiegen dem Puppenspieler die Tränen in die Augen. Nein, er war kein Verräter an der Kunst, weil er abends seine Werkstatt zur Kneipe machte und damit Geld verdiente, er tat es für seine Puppen.

Die Liebe, ach, die Liebe: Ich sehe den Frauen gelassener hinterher, ich bin jetzt sechzig, es ist nicht mehr so bedeutend, ich habe ja Chantal. Seit fünfunddreißig Jahren überdauert diese Liebe alle anderen, Chantal in Paris. 1978 wollte er zu ihr, ein gescheiterter Fluchtversuch. Sie sehen sich alle zwei, drei Jahre, sie ist jetzt sechsundfünfzig, damals war sie fünfundzwanzig, eine Germanistin, die als Übersetzerin in der Stahlbranche arbeitet. Es sei trotz der Ferne eine magische Nähe zwischen ihnen, sagt der Puppenspieler: Sie ist in mir, mit Chantal kann ich alt werden.

Schöne Frauen haben es leicht. Zum Beispiel Leonore. Graziler Körper, reichlich geschwungener Mund, halblange blonde Ponyfrisur. In dem ernsten Mädchengesicht sind die Augen groß und grün. Leonore sieht aus wie sechsundzwanzig, sie ist sechsundvierzig. Ihr Leben lang ist sie bewundert worden. Sie musste nichts tun, nur anwesend sein, sich zurücklehnen und warten, was passiert. Aufmerksamkeit und Komplimente standen ihr zu, wie selbstverständlich. Fünf Männer haben sie angelächelt, bei einem hat sie zurückgelächelt.

Anja aus ihrer Klasse war dick, platschig, gar nicht hübsch. Aber zupackend und mit einer umwerfend sympathischen Ausstrahlung. Während die Schönen schicksalhaft das Vergehen ihrer Schönheit abwarten, das unaufhaltsame Abschmelzen dieses einträglichen Kapitals, sind die nicht so Schönen von Anfang an gezwungen, Strategien und Taktiken zur Vervollkommnung ihrer Persönlichkeit unabhängig von äußerlicher Attraktivität herauszufinden, sagt Leonore. Schöne Frauen sind anfälliger für den Verlust von Schönheit und Jugend als andere, schöne Frauen haben es schwer. Mit zwanzig wollte sie nicht alt werden. Höchstens vierzig. Da hat sie geraucht und gefeiert und getrunken: Na und, warum nicht, ich werde sowieso nicht alt. Für Alte habe sie neuerdings mehr Interesse als früher: Wie halten die es aus, alt zu sein?

Der Abstand zwischen ihrem Aufbruch und der Gegenwart käme ihr so kurz vor, sagt Leonore: Ich denke, jetzt geht es erst los, das Leben hat doch erst begonnen, und dann fällt mir ein: Ich bin sechsundvierzig! Ihre Freunde denken schon an die Rente, sie meinen, dass sie ihren Zenit bereits überschritten haben, sie erwarten auch von ihr, dass sie endlich etabliert ist: Du bist doch Designerin, du musst doch Geld verdienen. Leonore macht Industriedesign. Das Wesentliche einer technischen Anforderung herausfinden und durch die Form vermitteln – sie will keine Routine, sie probiert Neues, immer wieder, und sie leistet sich, das Scheitern einzukalkulieren. Solange sie das kann, fühlt sie sich jung. Noch mal zwanzig sein? Auf keinen Fall, da müsste ich ja alles hergeben, was mich ausmacht, ich würde in die Verunsicherung zurückgeworfen.

Leonore sieht sich in einer Übergangszeit, wo sie von ihrer Schönheit noch profitieren kann und sich gleichzeitig auf die weniger schönen Jahre vorbereitet. Erst jetzt beginnt sie, jene Strategien zu entwickeln, die Anja aus ihrer Klasse schon mit fünfzehn beherrschte. Sie legt ihre Schüchternheit ab, ist entschiedener, lauter, lustiger, leutseliger. Herumträgerin von Schönheit ist nicht mehr die einzige Rolle, die sie spielt. Clown sein oder Diva, selbstbewusste Künstlerin, reife Frau – das probiert sie jetzt, Scheitern einkalkuliert: Es werden andere Männer sein, die mir gefallen oder denen ich gefalle. Es muss doch noch Männer über vierzig geben, die jung sind, keine Vatis und keine Jünglinge.

Ihre Freundinnen sind alle jünger als sie. Sie finde kaum Menschen in ihrem Alter, mit denen sie reden könne: Die haben keine Pläne mehr, alles ist gelaufen. Anstatt Saxophonspielen zu lernen, solle ich lieber die Küche wischen, würden die mir raten. Ihr Mann war siebzehn Jahre älter: Bei ihm war ich immer die Junge, die Schöne, dafür musste ich nichts tun. Eines Tages hat ihr das nicht mehr gereicht. Sie bekam Platzangst: Geschlossene Perspektive bis zum Horizont. In zehn Jahren ist er Rentner, an unserem Leben wird sich nicht mehr viel ändern, ein Kind wollte er auch nicht.

Sie verließ ihn und bekam mit Anfang vierzig eine Tochter. Sie fühle sich nicht als alte, sondern als junge Mutter, sagt Leonore, doch die Zahl der Jahre werde unausweichlich höher: Mensch, ich werde siebenundvierzig! Für die Arbeit sei es gut, dass sie jetzt reifer wirke, zum Beispiel, wenn sie auf der Messe die Stände abklappere, um Aufträge zu akquirieren. Reif wolle sie wirken, aber eben nicht zu reif. Sie sei in ihrem Beruf darauf angewiesen, jung auszusehen: Da darfst du nicht als Matrone mit Lesebrille ankommen, moderne, junge, attraktive Frau gleich modernes, junges, attraktives Design, so ist das. Wie es in zehn Jahren sein wird, möchte sie dahingestellt sein lassen.

Aus dem Leben junger Frauen – Mädchenmomente

Das Schöne an der Jugend?
Elisa: Dass man sich leicht fühlt, unendlich leicht.
Saskia: Dass man attraktiv ist.
Lotti: Dass man junge Männer hat.
Aysel: Dass man mit seinen Kindern Pferd und Reiter spielen kann, und sie sagen: »Mama, ich liebe dir«.
Barbara: Dass man sich nach dem Alter sehnt.

Wohnungen junger Frauen sind fast immer klein, auch Lottis Wohnung ist klein, an der Wand hängt ein Stierkampfplakat aus Malaga und das Foto einer Bigband, in der sie drei Jahre lang gesungen hat. Junge Frauen haben Augen, in denen Erwartung ist, und Körper, die weich sind oder knabenhaft, sexy oder mütterlich, oder beides. Jede hat Anmut und keine ist ohne Makel, lebendige Schönheit. Barbara kommt aus Bonn, Elisa aus Serbien, Aysel ist Türkin, Lotti und Saskia sind in Berlin geboren. Sie kennen sich über ihre Ausbildung, spätes Abitur, spätes Studium, verlängerte Jugend; dreiunddreißig Jahre alt und lange noch nicht fertig. Sie treffen sich regelmäßig, Mädchenrunde nennen sie das. Jede hat was mitgebracht, Oliven, Halva, Pfannkuchen, denn heute ist der elfte Elfte, die Faschingszeit beginnt. Sie drehen sich Zigaretten, trinken Wein und möchten eigentlich nur lachen. Ist es schwer, jung zu sein?

Sie reden und lachen, alles durcheinander: Wir sind jetzt auf dem Höhepunkt unseres Lebens, auf dem Höhepunkt unserer Schönheit, und du weißt, dass es für Jugend und Schönheit keine zweite Chance gibt. Du weißt, das sind jetzt deine besten Jahre, und du fragst dich ständig, ob du sie auch nutzt, ob du die richtigen Entscheidungen triffst. Du hörst die Uhren ticken, ticktickticktick, noch ein Tick, und die Jugend ist vorbei. Diese Anstrengung, diese Zweifel. Sich ständig entscheiden zu müssen und sich ständig zu fragen: Hast du dich richtig entschieden? Die Schwierigkeit, Beruf und Familie zusammenzubringen. Das Existenzminimum aufzutreiben, fünf Jobs und das Studium. Die Angst, dass das jetzt das Leben ist, dieses konfuse Gefühl: Müsstest du nicht was ganz anderes machen? Ist das jetzt der richtige Partner, oder gibt es noch was Besseres? Bin ich glücklich, oder doch nicht? Kann man wertschätzen, was man hat? Lebe ich am Leben vorbei? Bin ich überhaupt schon erwachsen? Du bist emotional noch in den Zwanzigern, mit Dreiunddreißig hast du immer noch kein Kind, aber die Angst, dass es zu spät sein könnte. Die Zeit rennt davon, die Existenz ist ungesichert, du musst was machen aus deinem Leben, du musst. Unsere schönsten Jahre – unsere schwersten Jahre, und plötzlich ist man alt! Oh, Augenringe am Morgen, die hatte ich vor einem Jahr noch nicht. Das erste graue Haar? Erschrocken gucken und ausreißen!

Könnt ihr euch als alte Frauen vorstellen? Hängebrüste kann ich nicht kriegen, dafür sind sie zu klein, beginnt Elisa, ein bisschen Bauch werde ich haben, aber immer noch glänzende Augen, auch mit sechzig. Vielleicht bin ich frisch verliebt und habe meinen ersten Roman geschrieben, nicht so wissenschaftliches Zeug wie jetzt, sondern einen richtigen Roman. Ich bin geschieden, mein Sohn ist dann zwanzig.

Wie meine Mutter werde ich aussehen, sagt Aysel, aber ich werde nicht so korpulent sein wie sie. Ich werde stolz sein auf meine erwachsenen Töchter, meine Agentur »Pünktchen« ist nicht nur in Berlin, sondern auch in New York und in Sydney eine gute Adresse für Kinderbetreuung. Meine Zornesfalte ist tiefer geworden, das wird mir nicht gefallen. Ich habe mich noch nie so k.o. gefühlt wie jetzt, im Alter werde ich mich ausruhen können.

Saskia, die Malerin, sieht sich als extravagante Frau in gehobenen Verhältnissen, mit Stadtwohnung und Haus auf dem Land, vielleicht ein Hund, aber ein großer, kein Fipsi: Ich werde bunte Bleistiftröcke tragen, Seidenblusen und gut geschnittene Mäntel. Zwischenruf von Lotti: Du erbst ja auch mal einen ganzen Wald! Mal sehn, entgegnet Saskia und malt weiter aus: Meine Haare sind nicht grau, sondern gefärbt, blond oder rot. Ich werde allein leben und nur drei Tage in der Woche arbeiten, lieber verdiene ich zweihundert Euro weniger, als keine Gedanken mehr im Kopf zu haben; vielleicht verkaufen sich ja auch meine Bilder, und ich werde reich.

So eine gewisse Latino-Eleganz werde sie ausstrahlen, den Lippenstift von Dior, den kirschroten, werde sie immer noch benutzen und dicke Goldketten tragen, echte, glaubt Lotti: Ich werde etwas füllig sein mit sechzig, ein bisschen gewaltig, aber stolz. Ich werde immer noch mit Björn zusammen sein, ich habe mich nie gefragt, ob es was Besseres gibt als ihn, er reicht mir. »Speak low, sprich leise, wenn du von Liebe sprichst«, werde ich auch noch mit sechzig singen, auf der Bühne vom Admiralspalast vielleicht, und albern sein noch mit achtzig. Mein Beruf ist dann aber nicht mehr Lehrerin, ich bin eine in späten Jahren berühmt gewordene Komikerin.

Ich hoffe, dass ich im Alter über die geistige Leichtigkeit verfüge, die ich in meiner Jugend nicht hatte, dass ich cooler bin als heute, sagt Barbara. Dass ich mir nicht alles so zu Herzen nehme. Ich werde eine Menge Erfahrungen gemacht haben und wissen, dass das Leben trotz aller Probleme immer weitergeht. Körperlich habe ich mich kaum verändert, ich bin so sportlich und drahtig wie heute, Falten, na, gut, die habe ich jetzt auch schon. Finanziell komme ich gerade so über die Runden, aber mein Job macht mir Spaß. Und ich werde, das hoffe ich sehr, ein Kind haben, mein Lebenspartner wird vielleicht nicht der Vater des Kindes sein.

Aysel ist die einzige der fünf, die verheiratet ist und zwei Kinder hat: Jung- oder Altsein ist relativ, unter den vielen alten Müttern um mich herum fühle ich mich sehr jung. Als ich mit sechsundzwanzig heiratete, fragten meine deutschen Freunde voller Mitleid: O Gott, du heiratest schon, willst du nicht noch was machen? Für meine Angehörigen in der Türkei hatte ich mit sechsundzwanzig die letzte Chance auf ein anständiges Frauenleben. Elisa stimmt ihr zu: Für meine Familie in Serbien bin ich eine seltsame Person, die irgendwas studiert und irgendwelche Bücher schreibt. Für die habe ich meinen Lebensplan total verfehlt, für die bin ich verloren, Heirat zählt für sie mehr als Bildung. Die alten Frauen in meinem Dorf sind keine drei Jahre zur Schule gegangen, die sitzen abends auf der Bank vor dem Haus und erzählen den Jüngeren die immer gleichen Geschichten von Hochzeiten, Geburten und Todesfällen. Für die bin ich eine alte Jungfer. Auch in Deutschland giltst du mit Mitte dreißig unter Umständen schon als alt. In dem Kaufhaus, in dem ich als Verkäuferin gejobbt habe, haben sie einer Kollegin, die sich weiterbilden wollte, mitgeteilt, dass sie dafür zu alt sei, die war sechsunddreißig.

Es ist ja nicht unbedingt unattraktiv, Falten zu haben, sagt Barbara, sie zeigen, dass du schon einiges hinter dich gebracht hast. Es hinter sich zu bringen, ist vielleicht nicht der Sinn des Lebens, kichert Aysel, also bei Falten, da denke ich eher an Botox und Oil of Olaz. Ich sehe uns schon alle Botox spritzen, juchzt Lotti; wenn alle Mädchen schön sind, gibt es keine schönen Mädchen mehr, hat jemand gesagt. Botox spritzen? Niemals, da gönne ich mir eher einen Joint oder 'ne Nase Koks, um mich schön zu sehen, sagt Elisa. Sport treiben, sich vernünftig ernähren, fit sein, das reicht doch schon, meint Barbara. Wie ein Öko-Apfel, gesund, aber verschrumpelt, spottet Aysel. Zigarettenpause, Fenster auf. Ein historischer Moment, stellt Saskia fest, die Kassette können wir uns als alte Frauen noch anhören und uns wundern, wie wir mit Dreiunddreißig gedacht haben. Neunzig Prozent aller Frauen tragen den falschen Büstenhalter! – Lotti zeigt ihren Freundinnen einen aus schwarzer Spitze, den sie sich heute gekauft hat.

Kriegt ihr eigentlich Komplimente? Komplimente, ja doch, manchmal schon: Du siehst immer noch aus wie fünfundzwanzig. Du bist die Frau, die ich immer haben wollte. Habe ich gleich gesehen, dass du eine Intellektuelle bist. Hast du Sex gehabt, du siehst so toll aus. Ich konnte den Duft deines Parfüms nicht vergessen, zehn Jahre lang nicht. Eingeladen werden ist auch ein Kompliment, meint Saskia. Mein Freund, mit dem ich sieben Jahre zusammen war, hat mir in diesen sieben Jahren kein einziges Kompliment gemacht, erzählt Barbara, aber heute sagte mein Bearbeiter im Jobcenter zu mir: Sie sehen wunderbar aus, Frau Holster! Mein Bearbeiter!

Was ist im Kopf einer jungen Frau – ein Mann, ein Kleid, eine Idee? Unsere Jugend ist irgendwie einsam, findet Lotti, wir haben wenig Möglichkeiten, unsere Schönheit zu präsentieren, uns zu zeigen. Die Clubzeit ist vorbei, man geht nicht mehr aus, es gibt nichts als Alltag, die Abendkleider hängen im Schrank. Männer, die mir gefallen könnten, sehe ich nur noch bei Kaisers um die Ecke. Ich gehe noch aus, sagt Luisa, in das Berghain, da geht man Sonntagmorgen hin und tanzt bis Sonntagabend, die Technoszene ist altersunabhängig. Lotti beharrt auf der Einsamkeit ihrer Jugend: Es gibt nichts, wofür man Leidenschaft empfinden könnte, keine Gemeinsamkeit unserer Generation. So eine diffuse Unverbindlichkeit, stimmt Saskia ihr zu, manchmal finden sich für kurze Zeit Gruppen mit gleichen Interessen, aber es geht alles schnell wieder auseinander. Man bekommt nicht einmal mehr Einladungen von anderen Paaren, alle haben mit sich selber zu tun, mit ihrer materiellen Existenz, sagt Aysel.

Eine Überzeugung hat doch heute fast keiner mehr, beharrt Lotti. Na, hör mal, widerspricht Elisa, ich habe meine Ideale, was mach ich denn die ganzen Jahre in der Friedensforschung. Die Occupy-Bewegung, ist das nichts, dass Leute gegen Banken aufstehen, der Sturz von Diktatoren in der arabischen Welt, die Demokratiebewegung, die Piratenpartei? Lotti beißt wenig überzeugt in einen Pfannkuchen: Du bist Migrantin, Elisa, du hast eine Aufgabe. Achtundsechzig – das war noch was, meint Saskia in ihrem Hippiekleid aus Secondhandbeständen, wir werden keine Erinnerungen haben, wenn wir alt sind. Ich denke immer, da kommt noch was, sagt Lotti.

Aus dem Leben einer älteren Dame – Spätvorstellung

Das Leben ist ein Theaterstück. Zuerst spielt man die Hauptrolle, dann eine Nebenrolle, dann souffliert man den anderen, und schließlich sieht man zu, wie der Vorhang fällt.

Winston Churchill

Diesmal gehe ich da nicht hin, ich bin raus, was soll ich da. Man steht auf der Gästeliste, weil man irgendwann mal als Persönlichkeit geführt wurde, das passiert ohne Ansehen der Person, unpersönlich sozusagen. Man sagt seinen Namen und wird von jungen Frauen in hübschen Kostümen mit einem Lächeln abgehakt. Es handelt sich um den jährlichen Empfang einer überregionalen Zeitung. Wie hatten sie mir früher leidgetan, die verabschiedeten alten Männer, die bei solchen Gelegenheiten einsam durch überfüllte Gänge irrten, weil ihre Gegenwart niemandem mehr nutzt. Sie verwalteten keine Insidergeheimnisse mehr, konnten keine Karrieren mehr fördern und vertrugen keinen Alkohol; ihre Bedeutungslosigkeit drückte ihre Stimmung. Oder die Kolleginnen, deren einstige Attraktivität den späten Jahren zum Opfer gefallen war, und denen selbst die einsamen alten Herren in den überfüllten Gängen mit nichts als gelangweilter Höflichkeit begegneten.

Ich gehe da nicht hin, ich bin raus, was soll ich da. Lass uns hingehen, überredete mich meine Freundin, war doch immer lustig, hör nie auf, es hört von selber auf! Wir gingen also hin. Was zieht man an für so einen Anlass, wie kleidet sich eine ältere Dame angemessen. Ich entschied mich für die Variante Bürouniform mit Highlight, der praktische Look der Afterwork-Partys, die vor ein paar Jahren Mode waren; Hosenanzug, weiße Bluse, dazu eine Strasskette, die man sich morgens in die Handtasche steckte und deren Glitzern man am frühen Abend mit Gewinn einsetzen konnte. Mit Tanjas Jugend an der Seite fühlte ich mich sicherer, aber immer noch unsicher genug, um den Empfangsdamen am Eingang gleich zwei Proseccos vom Silbertablett zu nehmen, auch Weißwein wurde reichlich nachgeschenkt, mein Selbstbewusstsein hob ab. Zu allem Überfluss stellten sich zwei Kollegen vom Feuilleton ein, mit denen man in jenes leichtfüßige Pingpongpalaver kommen konnte, das einem fehlt, wenn man raus ist aus dem Alltag des Berufs. Man verlernt Ironie, man büßt Humor und Schärfe ein, die Schlagfertigkeit verkrümelt sich in verlassene Ecken. Was nicht trainiert wird, bildet sich zurück, was nicht gebraucht wird, landet auf dem Trödel der Talente.

Auf dem Gang traf ich einen pensionierten Textchef. Was er so mache. Ich redigiere, wie immer. Ach, wo denn? Ich redigiere zwei überregionale Zeitungen, nach Drucklegung, bei mir zu Hause, ein Büro habe ich ja nicht mehr. Sie redigieren die gedruckten Ausgaben? Ja, die gedruckten Ausgaben, das Redigieren hat mir immer Spaß gemacht. Ab nächstes Jahr höre ich mit den Zeitungen auf und nehme mir die Klassiker vor. Sie redigieren die Klassiker? Ja, Goethe, Fontane, das kann denen nicht schaden. »Eine Verrücktheit, sich die Zeitung zu abonnieren, um die Stellenangebote zu studieren, mit zweiundachtzig Jahren!«, zitierte er, machte eine Kunstpause und fügte hinzu: Thomas Bernhard, »Einfach kompliziert«, Berliner Ensemble, müssen Sie sehen! Der Pensionär wandte sich ab und schlängelte sich in die wogenden Tiefen des Gangs.

Auch was man einen Flirt nennt fehlte nicht. Tanja und ich teilten ihn uns. Mit ihrer Jugend und Schönheit animierte sie den Mann, der etwa in meinem Alter war, sie weckte Wünsche in ihm, die seine geistigen Kräfte anregten, er gab eine Spätvorstellung von Witz und Charme, das kam allen in der Runde zugute. Mir gehörte seine, wie man es nennen könnte, menschliche Seite. Die Atmosphäre war amüsant, übermütig, und so konnte es passieren: Zu später Stunde kam mir die Idee, mich in mich zu verwandeln. Die hinlänglich bekannte, unausweichlich ewige Identifikation mit der Jugend hatte mich im Griff und drängte mir eine Halluzination auf. Ich war nicht mehr die ältere Dame im schlichten Hosenanzug, ich war wieder so um die dreißig und in einem schwarzen dekolletierten Kleid und hochhackigen Pumps zum Spielen aufgelegt. In unserer Runde hielt sich ein Typ mit einem freundlichen, runden Gesicht auf. Er saß einfach nur da, stillvergnügt und schweigend, sein Beitrag bestand in seiner Anwesenheit. Plötzlich hörte ich mich sagen: Sie sind ja wirklich sympathisch, aber so langweilig! Der junge Mann guckte mich an und sagte nichts. Ich sagte dasselbe noch mal mit anderen Worten. Die Frau neben ihm verteidigte ihn lächelnd: Nein, da irren Sie sich, mein Mann ist nicht langweilig, er ist süß und witzig. Die spielten mein Spiel nicht mit, die verstanden gar nicht, was ich spielen wollte, sie akzeptierten mich nicht als Spielkameraden. Für sie war ich irgendeine ältere Person, die nicht mehr ganz nüchtern war und seltsame Reden führte. War ich ja auch. Ich hatte mich unangemessen verhalten; provozieren um der Unterhaltsamkeit willen, sowas tut man nicht als ältere Dame. Die Wahrheit: In meinem Selbstverständnis war ich keine ältere Dame, ich war ich.

Am nächsten Morgen trieb mir meine nächtliche Spätvorstellung die Schamröte ins Gesicht. Ich sah mich plötzlich wie jene Alten, die mir in meiner Jugend nicht geheuer waren, weil sie nicht bescheiden waren; Alte, die glaubten, sie könnten sich aufführen, als seien sie gar nicht alt. Gestern war ich eine von denen gewesen, eine freche Alte. Was hat die alte Hexe gesagt, mein Mann sei langweilig? Die soll zu Hause bleiben und ihre Falten zählen. Würdevoll altern, einen Schritt zurücktreten, sich dem Alter angemessen verhalten, keinesfalls albern oder übermütig. Dabei hat man erforscht, dass Verspieltheit im Alter positive gesundheitliche Wirkungen hat, die Wissenschaft spricht von »regenerierender Albernheit«. Dennoch sieht der Sittenkodex für Menschen über sechzig, insbesondere für Frauen über sechzig, gedämpftes Gemüt in allen Lebenslagen vor. Wenn das Alter beginnt, haben Temperament, Charakter und Individualität keine Rolle mehr zu spielen. Die Alten sollen leise treten, sollen sich ernst und still in das Bild fügen, das die Gesellschaft für sie bereithält. Sittsam, bescheiden und rein – so stand es früher in den Poesiealben für junge Mädchen, so könnte es heute in den Ratgebern für alte Mädchen stehen.

Goya, als er über siebzig war, gab sich in einem Selbstbildnis die Züge eines Fünfzigjährigen. Voltaire stand in diesem Alter nackt Modell, trotz oder wegen der Erfahrung, dass das Herz nicht altert. Traurig aber sei, es »in Ruinen zu beherbergen«. Goethe verliebte sich mit zweiundsiebzig in die siebzehnjährige Ulrike von Levetzow und machte sich durchaus Hoffnung auf Heirat: »Wenn Liebe je den Liebenden begeistet / Ward es an mir aufs Lieblichste geleistet / Und zwar durch sie.« Dem Alter angemessen? Auf einer Feier setzte sich einer neben mich, den ich schon lange kannte, ein Porzellanmaler mit grauen Locken, und sagte: Seit vierzig Jahren verzehre ich mich nach Ihnen, Frau Ludens, wollen wir uns nicht küssen, bevor wir ins Grab steigen? Was für ein Angebot! »Nimm dich in Acht vor alten Männern, denn sie haben nichts zu verlieren.« Bernard Shaw.

Ich habe sehr wohl was zu verlieren, wenngleich auf einem anderen Gebiet. Kalt erwischte mich der Bescheid, dass der Immobilienfonds, in den ich investiert hatte, aus Finanzkrisegründen geschlossen wurde und dass ich für unbestimmte Zeit keinen Zugriff auf mein Geld hätte, falls denn noch was übrig sein sollte nach Kassensturz. Parallel dazu lese ich auf dem Kontoauszug »Altwerden lohnt sich – Sparkassenaltersvorsorge«. Mein Bankberater schickte mir zum Geburtstag einen Glückwunsch, in dem mir empfohlen wird, zu beten: »Gib mir die Gelassenheit, Dinge hinzunehmen, die ich nicht ändern kann …«

Es gibt Schlimmeres, denke ich, das denke ich in letzter Zeit öfter. Vielleicht sieht so die viel beschworene Gelassenheit des Alters aus: Es gibt Schlimmeres. Karies unterm Kronenrand. Oder ein Bänderriss. Meiner ist seit sechs Monaten akut. Sie gehören zu dem einen Prozent Patienten, bei denen ein Bänderriss so lange braucht, um zu heilen, sagt mein behandelnder Arzt. Er hätte da Fußballer, bei denen sei so was in zwei Wochen erledigt. Es bereitet Schuldgefühle, mit einem lächerlichen Bänderriss so lange beschäftigt zu sein, weil meine Bänder, das meint er doch wohl, der Herr Doktor, weil meine Bänder aus verschlissenem Material sind, altersbrüchig und unfrisch, das dauert dann eben. Und der Mann sieht auch noch gut aus. Wie ist es denn passiert, fragte ein Bekannter, der mich auf der Straße humpeln sah. Ich habe in einem Laden eine Stufe nicht als Stufe wahrgenommen, sagte ich. Sag lieber, du hast es dir beim Sport zugezogen, riet mir der fitnesstrainierte Installateur, das wirkt cooler; er meinte wohl jünger, um nichts anderes geht es in jugendwahnsinnigen Zeiten: jünger aussehen, jünger wirken, jünger werden. Jung, jünger, am jüngsten – warum bin ich so giftig.

Als ich so vor mich hin hinkte, fiel mir die alte Frau ein, die mich vor Beginn einer Veranstaltung gefragt hatte, ob sie ihren Rollator neben mein Pult stellen dürfe. Der Zusammenhang zwischen meiner Person und einer Gehhilfe schien so absurd, dass ich sicher war, niemand würde eine Beziehung zwischen einem Rollator und mir herstellen. Großzügig erlaubte ich der alten Frau, ihren Gehwagen neben mein Pult zu stellen, so jung fühlte ich mich. Als ein Drehteam seine Scheinwerfer aufbaute, funkte mein Gehirn SOS: Du bist sehr wohl alt genug für den Zusammenhang! Ich bat die Dame, ihren Rollator doch lieber woanders abzustellen.

Mein Schwiegervater ging in hohem Alter am Stock. Jedesmal, wenn ihm Professor Schuck, ein ehemaliger Kollege, begegnete, verbarg er den Stock hinter seinem Rücken, der alte Schuck sollte nicht sehen, wie weit es mit Heinrich gekommen war. Später stellte sich heraus, dass auch Schuck einen Stock bei sich gehabt hatte und ihn ebenfalls hinter seinem Rücken versteckt hielt.

Das Leben ein Blues. An einem dunklen Nachmittag hörte ich mir auf Youtube »The Mooche« an, es war die Version von Duke Ellington aus dem Jahr 1928. Die elegischsten Bläsertöne über den Jammer und die Wonne des Lebens. Mitten im Blues rief Pedro an, seit Jahrzehnten in Brasilien ansässig. Die Zeit seines Anrufs war ungewohnt, gewöhnlich telefonierte er gern morgens um sechs, wenn er schon ein paar Gläser Rotwein intus hatte, in São Paulo war es dann so gegen zwei in der Nacht. Was heißt eigentlich The Mooche, Pedro? The Mooche, sagte er, sei ein Slangausdruck und bedeute Dealer; wenn er sich recht erinnere, hatte Charlie Parker das Stück seinem Dealer gewidmet, Moose The Mooche. Pedros Stimme klang verzagt. Wie geht es dir? Die Einsamkeit, sagte er, die Einsamkeit, du weißt nicht mehr, warum du da bist; mir fehlen die Gespräche mit Manon, sie war so streitlustig, das hat mich aufgemuntert.

Unser Freund, der seit ewigen Zeiten an der Universität von São Paulo als Professor für Musikwissenschaften lehrt, hatte nach langem Zusammenleben seine Frau verloren, die ihn mit ihren Kapricen, ihrer Eifersucht und ihren Ansprüchen auf Trab gehalten hatte. Er hatte nun niemanden mehr zu umsorgen, war allein und verzweifelt. Wir besuchten ihn in seinem Ferienhaus in der Toscana, damit er in der schweren Zeit Menschen um sich hatte. Wir bräuchten zwei Schlafzimmer, sagten wir. Kein Problem, das Haus sei groß genug. Eins von den zwei Zimmern war das von Manon, seiner verstorbenen Frau, da wurde ich einquartiert. Es war noch so, wie sie es verlassen hatte, das letzte Buch, die letzte Medizin, ihre hellblauen Pantöffelchen. Pedro hatte nicht aufgeräumt. Ich bezog das Bett neu und sprach mir Mut zu. Ich wollte die hinterlassenen Gegenstände mit Empathie und nicht mit Angst vor den mystischen Energien der Toten betrachten. Unten im Haus stand noch ihr Nagellack, im Bad ihre Haarbürste und ihr Parfüm. Ich hatte Manon nicht gekannt, ich lernte sie erst jetzt kennen und zwang mich, ihr Duschgel zu benutzen und Pedros sich wiederholenden Erzählungen über seine tote Frau mit gleichbleibender Aufmerksamkeit zu folgen. Ihre Urne hatte er vorübergehend auf dem Kamin deponiert, zwischen einen Holzleuchter aus Afrika und einen Cowboyhut. Wenn wir abends vor dem Feuer saßen, sah Pedro in die Flammen und fror, er zog sich dann den dicken blauen Pullover an. Den hat Manon mir aus Norwegen mitgebracht, sagte er. Er sagte es jeden Abend: Den hat Manon mir aus Norwegen mitgebracht. Nach unserer Abreise hat er ihre Asche ihrem Wunsch gemäß im Garten verstreut.

Sagt mal, habt ihr noch Kontakt zu Pedro?, hatte vor zwei Jahren jemand bei einem gemeinsamen Essen gefragt. Ja, wir telefonieren öfter. Dann hast du seine Telefonnummer in Brasilien? Ich kann dir die Nummer geben, sagte ich. Veronika, komm doch mal her, rief er rüber zum anderen Ende des Tisches, Sylvia hat die Telefonnummer von Pedro in São Paulo! Eine zarte Frau mit fliederfarbenem Pferdeschwanz stand auf und kam mit einem Hündchen auf dem Arm auf mich zu. Ich gab ihr einen Zettel mit einer sehr langen Telefonnummer und konnte im Fortgang des Abends der Verwandlung einer zurückhaltenden älteren Dame in ein übermütiges Mädchen zusehen. Pedros Telefonnummer brachte die Jugend in ihr Gesicht zurück, es wurde rosig und glatt; die bislang eher stille Frau lachte laut, erzählte angeregt, gestikulierte lebhaft. Obwohl sie nichts als Mineralwasser trank, hatte sie ein Rausch erfasst, der Rausch der Erinnerung. Sie hatten sich einst gekannt, Pedro und sie, das ist jetzt fünfzig Jahre her, fünfzig Jahre. Sie waren sich zum ersten Mal bei einem FDJ-Festival begegnet, Pedro spielte Piano in einer Band, die sich »Fünf Dumme Jungs« nannte, FDJ – Fünf Dumme Jungs; allein mit dem Namen begeisterte die Band ihr Publikum. Veronika fand Pedro lustig, gebildet, männlich auch, er war sieben Jahre älter als sie und hatte gerade die Musikhochschule abgeschlossen.

Zwei Tage später, in gewohnt deutscher Frühe, rief unser Freund bei uns an. Die für sein Alter erstaunlich sonore Stimme klang begeistert. Veronika Hoffmann hat mich angerufen, du hast ihr meine Telefonnummer gegeben. Mit der war ich doch mal zusammen, sagte er unternehmungslustig. Wir haben ein Kind, Veronika und ich, das war noch vor Manon. Von einem Kind hatte er uns nie was erzählt, damals nicht und auch nicht an den langen, ruhigen Abenden im Garten seines Ferienhauses, der Pedro, den wir kannten, hatte kein Kind. Ich wollte sie heiraten, sagte er, aber sie wollte bei ihrem Mann bleiben und kriegte das Kind, unsere Tochter ist jetzt einundfünfzig. Kennst du sie, deine Tochter? Er habe versucht, sie kennenzulernen, sie habe das nicht gewollt. Ich freue mich so, dass du Veronika meine Telefonnummer gegeben hast, sagte Pedro überschwänglich, wir haben gestern zwei Stunden telefoniert, sie ist ja nun auch verwitwet – morgen rufe ich sie wieder an. Die Telefonate waren das Schönste, wird Veronika später sagen.

Sie lud ihn zu sich nach Berlin ein und stand pünktlich am Flughafen, auf dem Arm Happy, das Hündchen. Sie wartete auf den Mann, der ihre Jugendliebe gewesen war. Die ganzen Wochen über hatte sie sein Bild vor sich gehabt: markantes Gesicht mit gebogener Nase, dunkles, längeres Haar; nicht sehr groß, muskulös. Schnell in den Bewegungen war er gewesen, wach im Denken. Eine Wiederbegegnung mit dem Urbild hatte sie natürlich nicht erwartet, allerdings auch nicht das, was jetzt auf sie zu kam: ein glatzköpfiger, kleiner alter Mann mit einem gewaltigen, nach oben gezwirbelten Schnurrbart und einer blauen Beule auf der Stirn. Er bewegte sich ganz langsam an Krücken und trug eine Halskrause. Pedro war in seinem Haus in Brasilien gestürzt und hatte sich einen Halswirbel gebrochen, noch mal gut gegangen, das wusste sie ja, aber die Folgen der Operation machten ihm sichtlich zu schaffen. Die frische Beule am Kopf stammte von einem zusätzlichen Sturz auf dem Londoner Airport. Veronika freute sich dennoch auf den Abend mit ihm. Nur, dass er gleich vom Flugplatz aus auf einen Empfang des Arnold-Schönberg-Kreises wollte. Mit Krücken ins Taxi, sie fuhr mit, und sie war enttäuscht. Das Wiedersehen nach fünfzig Jahren hatte sie sich anders vorgestellt. Dann nahm Veronika Pedro in ihrer geräumigen Altbauwohnung auf, wo er ein Vierteljahr blieb.

Er sitzt die liebe lange Nacht mit Rotwein wach und steht erst mittags ganz gemächlich auf, erzählte sie mir ein paar Wochen später am Telefon, der hat ganz andere Lebensgewohnheiten als ich. Sie sei Frühaufsteherin, gehe zeitig zu Bett und trinke keinen Alkohol. Pedro und ich, wir passen nicht zusammen, sagte sie traurig. Ich könne ihr glauben, würde sie ihn nicht schon seit ihrer Jugend kennen, würde sie das alles nicht akzeptieren, auch nicht seinen maroden Zustand.

Unsere Telefonate, sagte sie noch einmal, unsere Telefonate waren das Schönste.

Pedro und Veronika. Ich fühlte mich für ihr Glück verantwortlich. Ich hatte ihr seine Telefonnummer gegeben, ich hatte die beiden zusammengebracht, ich bin schuld, wenn es nicht gut geht; das ist irrational, aber es ist so. Was, wenn Pedro ein Pflegefall würde, das hatte Veronika nämlich gerade hinter sich mit ihrem verstorbenen Mann. Ein zweites Mal würde ich das nicht schaffen, hatte sie gesagt.

Ich wollte, dass sie gut ausgeht, die schöne späte Liebesgeschichte, so hoffnungsvoll, so rührend, die kann man sich doch nicht von der Realität kaputtmachen lassen. Ist vielleicht nicht so schlimm, wenn er erst mittags aufsteht, tröstete ich Veronika, dann haben Sie den Vormittag für sich, und wenn er abends lange aufbleibt, können Sie mit dem schönen Gefühl einschlafen, dass da jemand ist in ihrer Wohnung. Er wolle mit ihr zusammenleben, erwiderte sie, und sie wolle auch gern, so ginge das aber nicht.

Irgendwann löste sich die Krise. Die Gewohnheiten des einen und des anderen lassen sich nicht mehr ändern, aber sie gewöhnen sich daran. Sie wohnen nicht ständig zusammen, doch sie besuchen sich regelmäßig, sie fliegt nach Brasilien, er nach Berlin. Sie passen aufeinander auf. Als sie im Krankenhaus war, rief Pedro täglich aus São Paulo an und erkundigte sich nach ihrem Befinden. Als er wieder in Berlin war, brachte sie ihn zu Ärzten, die die Folgen der Operation reparierten. Sie treffen Freunde, gehen ins Theater, essen zusammen an weiß gedeckten Restauranttischen. Vor allem haben sie sich zwei lange Leben zu erzählen, eins in Ostberlin und eins in São Paulo. Ihre Berufe, ihre

Ehen, ihre Ideale. Ihr Kind, die Tochter. Auf den Erinnerungen einer Jugendliebe gründet sich keine himmelhochjauchzende Liebschaft, aber womöglich ein zuverlässiges Beieinandersein, lieber Zweisamkeit mit Makeln als makellose Einsamkeit. Man ist wieder wer für wen, man hat wieder jemanden, der an einen denkt. Ein Anruf, ein Blick, ein Streicheln. Eine Spätvorstellung der Liebe ist sie allemal, diese Weißhaarvariante einer amour fou. Sie zeigt, dass der Vorhang immer wieder aufgehen kann.

Das Leben ein Theaterstück. Zuerst spielt man die Hauptrolle, dann eine Nebenrolle, und schließlich sieht man zu, wie der Vorhang fällt. Ich werde nicht rebellieren. Wenn ich alt bin, werde ich weise sein, gütig und abgeklärt. Ich werde in der Straßenbahn auf meinem Platz sitzen bleiben, wenn ältere Leute zusteigen, ich werde alten Damen nicht mehr die Tür aufhalten, denn ich bin ja nun selber alt. Ich werde Dinge tun, die ich in meinem bisherigen Leben versäumt habe. Ich werde Blechkuchen backen, Brombeermarmelade kochen und am Abend Ingwertee mit Pfefferminze trinken. Ich werde Strümpfe stricken, in einen Chor eintreten und mir die Haare weiß färben lassen. Einen Rehpinscher werde ich mir anschaffen, zum Gottesdienst gehen und einem Wanderverein beitreten. Meine sonstigen Bedürfnisse werden sich auf die morgendliche Lektüre der Tageszeitung und einen Johannisbeerlikör am Nachmittag beschränken. Wenn ich alt bin, werde ich all die Briefe schreiben, für die ich niemals Zeit hatte. Mit der Hand, obwohl Schönschrift nicht meine Stärke ist.

Wenn ich alt bin, werde ich im Schaukelstuhl sitzen und aus dem Fenster die überschaubare Welt meiner

Straße betrachten. Ich werde dem Vergehen der Zeit nachspüren und auf diese Weise die Zeit, die bleibt, zu verlängern suchen. Ich werde alle Bücher noch einmal lesen, von Maupassant bis Dostojewski, vielleicht sogar die antiquarischen Nesthäkchenbände, die meine Mutter hinterlassen hat. Ich werde verblichene Briefe ordentlich falten und in goldene Kartons sortieren. Ich werde die alten Kinderfotos neben die neuen legen: Sophie im Tütü, Sophie vor der gefallenen Mauer, Sophie mit Baby. Julie im Streit mit ihrem dreijährigen Freund Valentin, Julie im Abendkleid auf der Bühne. Ich als Studentin Unter den Linden, ich schwanger in eben dem Schaukelstuhl, in dem ich heute noch schaukele. Wir als junges Paar im Regen, wir in Venedig.

Wenn ich alt bin, werde ich jeden Nachmittag mit Earl Grey Tea die Stunde genießen, in der der Tag versöhnlich zur Neige geht, und die man die blaue nennt. Ich werde der Dinge gedenken, die verschwunden sind oder demnächst verschwinden werden: Bahnhofsuhren, Telefonzellen, Kaffeekannen und Langspielplatten. Spielende Kinder auf der Straße, eiserne Wasserpumpen, die Mengenbezeichnungen Pfund und Dutzend, der Fleischwolf. Schreibmaschine und Glühbirne werden ebenfalls verschwinden. Was noch? Das Stofftaschentuch und die Deutsche Bank. Wenn ich alt bin, werde ich mit Nachsicht an die Zeiten zurückdenken, als die Lust am Leichtsinn noch zu meinem Alltag gehörte. Ich werde froh sein, dass ich aus meinem Leben nichts mehr machen muss, denn es ist gemacht.

Weil ich so alt niemals werde, denke ich immer noch, dass ich aus meinem Leben was machen muss. Ich grüble über jeden Texteinstieg, als hätte ich nie zuvor einen Text geschrieben. Ich bin weder weise noch abgeklärt. Meine Sehnsucht nach der Leichtigkeit des Seins ist ungebrochen. Der Schaukelstuhl ist nicht meine Welt, es zieht mich nach draußen. Ich trinke im Sommer Rosé und im Winter Nero d'Avola, Ingwertee nur, wenn ich Halsschmerzen habe. In der Straßenbahn stehe ich immer noch auf, wenn ältere Leute die Tram betreten, alten Herren halte ich die Tür auf und wundere mich, wenn sie mir zuvorkommen. Ich lasse mir die Haare immer noch immerblond färben.

Weil ich so alt niemals werde, lasse ich die Kartons mit den alten Fotos und den alten Briefen im Regal, denn ich sage mir, dass ich ja noch viel Zeit habe, alt zu sein. Aus demselben Grund nehme ich das Vergehen der Zeit nicht wahr, sie vergeht einfach. Man hört sie nicht, sieht sie nicht, fühlt sie nicht. Schmecken und riechen kann man sie auch nicht, die Zeit. Und dennoch vergeht sie, unauffällig, still, klammheimlich. Es ist ein sanftes Wehen, wie Sommerwind auf nackter Haut. Leben, als sei jeder Tag der letzte, kann ich nicht, will ich nicht. Stattdessen stelle ich mir überflüssige Fragen: Warum tragen ältere Frauen am Strand Badeanzüge und nicht Badekleider, warum riechen die Bäckerläden nicht mehr nach frischen Brötchen? Warum gibt es Navigatoren fürs Auto, aber keine fürs Leben, warum mache ich immer wieder dieselben Fehler und genieße sie auch noch.

Weil Alter nicht vor Jugend schützt, weigere ich mich, den Ernst des Lebens zu akzeptieren und nutze jede Gelegenheit, Ernst in Spiel zu verwandeln. Weil Alter nicht vor Jugend schützt, weiß ich, dass ich alt bin, aber glaube es nicht. Weil Alter nicht vor Jugend schützt, kaufe ich mir ein blaues Kleid, das mir irgendwie bekannt vorkommt, Siebziger-Jahre-Stil, so was hatten wir doch schon, ein Hemdblusenkleid, abgepaspelt mit bunten Streifen. Man sollte als ältere Frau niemals Kleider tragen, die man in seiner Jugend schon einmal getragen hat, also niemals Retro, das habe ich in einem Moderatgeber gelesen. So was vergesse ich glatt. Zu Hause entdeckte ich das Label in dem blauen Kleid: »Who is that girl« – Wer ist dies Mädchen? Ja, wer? Na, ich doch. Das Alter spielt mit mir Einkriegezeck, es lässt sich nicht kriegen, nicht abklatschen.

Neidisch bin ich auch. Auf den alten Dichter, der ein Kind gezeugt hat. Frauen müssen sich beeilen, Männer können sich Zeit lassen, können ein Leben lang Zeugung gegen Angst setzen. Ich möchte auch ein großer alter Dichter sein, möchte todestrunkene Stücke schreiben und mich an einem tristen Novembertag über einen selbstgemachten rosigen Babyhintern beugen. Dabei möchte ich Whisky trinken, Havanna-Zigarren rauchen und sechsundsechzig Jahre alt sein. Wie Picasso, der mit achtundsechzig sein viertes oder Charlie Chaplin, der mit dreiundsiebzig sein elftes Kind zeugte. Und die anderen alten Männer, die sich schnell noch mal reproduzierten, bevor sie von dieser Welt gingen.

Im Herbst sehe ich vom Balkon dem Laternenumzug der Kinder zu. Ich blicke voller Rührung auf so viel Hoffnung, dass aus den vielen kleinen Lichtern irgendwann ein großes Leuchten wird. Ich gehe mit meiner Laterne und meine Laterne mit mir, singe ich vor mich hin. Jetzt habe ich den Text vergessen, wie gehts weiter? Da oben, da leuchten die Sterne, da unten leuchten wir, ruft Konrad durch die Flügeltür.

Venedig – la festa

Auf der Gemüseinsel Vignole soll eine Trattoria sein, wo nur Einheimische verkehren, ein Geheimtipp, sagt Sylvie. Was soll ich da, hier gibt es genügend Trattorias – Konrad ist kein Freund von Ausflügen, Venedig an sich reicht ihm. Ist nur eine Viertelstunde mit dem Vaporetto, drängelt sie, er willigt ein. Das Schiff fährt genau vierzehn Minuten, und sie sind in einer Welt, die Flugstunden von Venedig entfernt scheint. »Spazieren Sie von der Schiffsstation auf dem Hauptpfad bis zum Brückchen und folgen Sie rechter Hand dem Weg durch die Gemüsefelder bis zur Trattoria alle Vignole«, steht im Reiseführer. Sie laufen durch Felder und Wiesen, durch Gemüsebeete und Plantagen. Kein Brückchen, keine Trattoria, dafür sticht die Sonne. Um Kohlköpfe zu sehen, müssen wir nicht nach Venedig reisen, mault Konrad, keine gute Idee. Wir sind gleich da, sieh mal, die Leute da mit den Koffern, denen laufen wir nach, die sind extra angereist, um in dieser Trattoria zu essen, der Geheimtipp scheint sich rumgesprochen zu haben.

Endlich, auf einem großen Grundstück mit alten Bäumen die Trattoria alle Vignole! Da steht, schön im Schatten, ein einzelner Tisch für zwei. Sie lassen sich erschöpft in die Korbsessel fallen und warten auf die Bedienung. Ist doch wunderbar hier, sagt Sylvie, guck mal, alles Einheimische, wir sind die einzigen Touristen. War eine gute Idee, lobt Konrad, hier bleiben wir, erstmal was trinken. Unser letzter Tag in Venedig, sagt Sylvia, die Goldene Hochzeit ist nun schon Vergangenheit, dabei war sie erst vor drei Tagen. Wo Venedig ist, ist Goldene Hochzeit, erwidert Konrad. Sylvie zaubert aus ihrer Handtasche kein weißes Kaninchen, aber einen weißen Leinenbeutel, den das Bild eines kleinen Jungen schmückt – für dich! Konrad als Dreijähriger in Hut und Mantel, weißer Kragen, früher Erobererblick, sie hat das Bild immer bei sich, in der Brieftasche. In einem Laden am Campo Margarita hat sie es auf den Beutel drucken lassen, ein Souvenir für Diener Franke, da kann er mit sich selber Brötchen holen gehen, der alte Mann mit dem kleinen Jungen. Mensch, war ich mal hübsch!, sagt Konrad.

In diesem Moment tritt die Bedienung an den Tisch, eine groß gewachsene Signora in festlichem Kleid, das von grauen Strähnen durchzogene schwarze Haar ist aufwendig hochgesteckt. Sie fragt nach dem Namen des ausländischen Ehepaars, come si chiama? Cognome? Ludens, antwortet Konrad verwundert, sonderbar, dass man in diesem Lokal vor der Bestellung seinen Namen nennen soll. Die Signora zögert einen Augenblick und sagt mit verlegenem Lächeln: La festa per la famiglia. Das hier sei ein Familienfest, alles Verwandte, aus Pontasieve, aus Rom, aus Calabria. Calabria magnifico!, sagt Konrad, da habe ich »Bella Italia« gedreht, deutsches Exil in der Nazizeit, die Signora lächelt ins Ungewisse.

Trattoria alle Vignole?, erkundigt sich Sylvie zaghaft. No, no, casa privata, ein Privathaus sei das hier, die Trattoria sei auf der anderen Seite, dietro, hinter der

Brücke, da ottobre chiuso, ab Oktober geschlossen. Die Leute mit den Koffern, denen sie so hoffnungsvoll gefolgt waren durch Gänseblümchenpfade und sumpfige Wiesenstücke, sind also geladene Gäste dieser venezianischen Familie, die heute ein Fest feiert, Hochzeit oder sechzigsten Geburtstag, ein Ereignis jedenfalls, zu dem man die ganze Familie zusammenruft, mit Sack und Pack, Schlafanzug und Zahnbürste. Um einen Todesfall scheint es sich jedenfalls nicht zu handeln, unter den alten Bäumen steht eine lange, fröhlich gedeckte Tafel mit Weinflaschen, Blumen und Girlanden. Jemand spielt auf dem Akkordeon Bella ciao, das Volkslied, das auch Partisanenlied war. »O partigiano, portami via … – oh Partisanen, oh nehmt mich mit euch, denn ich fühl, der Tod ist nah.« Italiener scheuen sich nicht, immer wieder die alten Lieder zu singen, die Vergangenheit hat einen Stammplatz an ihren Tischen, ohne Volare und Bella ciao wäre das Land verwaist.

Ein deutsches Ehepaar in Korbsesseln, ratlos, eine Signora unter Bäumen, ratlos. Scusi, signora, scusi! Non fa niente, macht nichts, sagt die Frau des Hauses. Bleiben Sie sitzen, trinken Sie ein Glas Wein bei uns, bestimmt sie, il vino bianco, molto bene! Wo wir uns nun schon den Weg gemacht hätten und die Trattoria geschlossen sei, sollten wir uns doch ein wenig ausruhen hier, es sei schwül heute und heiß, oggi caldo. Resolut stellt sie uns zwei Gläser und eine Karaffe auf den Tisch. Sie trinken Wein im Garten einer unbekannten Familie, näher sind sie den Venezianern nie gekommen.

Hast du die Zeit gesehen, Konni?

Eben war sie noch da, jetzt ist sie weg, vielleicht ist sie schüchtern, meint er.

Ich finde, sie steht gerade still, sagt sie, seit deiner Operation steht sie still.

Sie liebt mich eben, die Zeit, sie will bei uns bleiben, sie geht nicht weiter ohne uns, behauptet er.

Als sie ausgetrunken haben, verabschieden sie sich, Arrivederci, tante grazie. Sylvie lässt wie immer einen Rest in ihrem Glas, bloß nichts bis auf den Grund leeren, nichts bis zur Neige auskosten, eine Vorsichtsmaßnahme. Das Vaporetto, mit dem sie zurück in die Stadt fahren, hat viele freie Plätze. Sie setzen sich ganz nach vorn, auf die Spitze, das Meer aalt sich in der Herbstsonne. Frutti di mare, sagt Konrad, ich will frutti di mare.

Dank

An Franziska Günther, meine Lektorin.
Für Laisser faire und Nichtlockerlassen.
Für Mitdenken, Mitfühlen, Mitlachen.
Für Ideen und Wirklichkeiten.

Und an die sechzehn Freunde, die mir ihre Geschichten erzählt haben.

Inhalt